SILKE BURMESTER

MUTTER-BLUES

Mein Kind wird erwachsen, und was werde ich?

Kiepenheuer & Witsch

MIX
Papier aus verantwor-
tungsvollen Quellen
FSC® C083411

Verlag Kiepenheuer & Witsch, FSC® N001512

4. Auflage 2016

© 2016, Verlag Kiepenheuer & Witsch, Köln
Alle Rechte vorbehalten. Kein Teil des Werkes darf in irgendeiner
Form (durch Fotografie, Mikrofilm oder ein anderes Verfahren)
ohne schriftliche Genehmigung des Verlages reproduziert
oder unter Verwendung elektronischer Systeme verarbeitet,
vervielfältigt oder verbreitet werden.
Umschlaggestaltung: Barbara Thoben, Köln
Umschlagmotiv: © Jenny Sturm – Fotolia.com (Kopfhörer)
Foto der Autorin: © Eva Häberle
Gesetzt aus der Apollo
Satz: Buch-Werkstatt GmbH, Bad Aibling
Druck und Bindung: CPI books GmbH, Leck
ISBN 978-3-462-04952-7

Inhalt

Einleitung

Der Mensch, den ich vor 17 Jahren geboren habe, steht in der Küche und brät sich ein Ei.

Es ist Sonntag kurz nach drei Uhr am Nachmittag, ich sitze am Esstisch mit einer Tasse Tee und schaue auf dieses lange Etwas, wie es sein Frühstück zubereitet. Wie es dasteht und mit immer noch etwas kantigen Bewegungen das Ei rührt, ein Messer sucht, um das Brot zu schneiden, wie es mit beneidenswerter Ruhe Remoulade auf das Graubrot schmiert, Gurke aufschneidet und sich Milch einschenkt, während das Ei vor sich hin dunkelt. Ich blicke auf diese 194 Zentimeter, an denen T-Shirt und Jogginghose schlabbern, die nackten Füße, die nie zu frieren scheinen, sehe das hübsche, frische Jungsgesicht, die verwuschelten Haare, die mal wieder gewaschen werden könnten, und versuche zu begreifen, wo mein Kind geblieben ist.

»Mein Kind« – das ist etwas Kleines. Etwas Bedürftiges. Etwas, das mich braucht. Vor mir steht Ben und erzählt von seinem gestrigen Abend. Davon, dass sie in einen Club nicht hineingekommen seien, weil zwei Mädchen dabei waren, denen man ansehen würde, dass sie noch nicht 18 sind. Davon, dass in der U-Bahn einer war, der komisch drauf, aber total lustig war, und dem sie beim Aussteigen ein Bier geschenkt hätten. Ich blicke auf diesen langen Menschen, der in wenigen Monaten volljährig sein wird, den das Gesetz damit für mündig erklärt und der dann jede Ansage von mir zum Teufel schicken kann, und möchte verstehen, wie das alles

7

zusammenpasst. Das kleine Kind, das ich mal hatte, mit seinen Ringelshirts und diesen kleinen, ewig klebrigen Händen, die es mir immer ins Gesicht drückte. Dieser blonde Junge, der so bereitwillig die Hand ergriff, wenn man sich außerhalb der gewohnten Umgebung bewegte. Wie dieses unglaublich süße vierjährige Wesen, das als »Ringo Starr« auf Pappkartons Konzerte gab, während ich die kreischenden Mädchen spielte, wie das zusammenpasst mit dem Menschen, mit dem ich heute zusammenlebe wie mit einem sehr angenehmen Mitbewohner. Jemand, bei dem ich mich nicht mehr aufrege, wenn er sonntags erst um drei Uhr aufsteht, weil ich denke, es ist ja sein Sonntagnachmittag. Jemand, den ich frage, ob er heute Abend mitisst oder ob er unterwegs sein wird. Jemand, dem ich sage, er sei mit Badputzen dran und den ich bitte, die Gläser in seinem Zimmer zusammenzusuchen, weil wir langsam keine mehr haben. Und der das dann tut.

Ich sitze am Tisch mit meinem Tee und gucke Ben an, als könne ich die Antwort finden, wenn ich nur lange genug auf seine Bewegungen schaue, auf seine Gestik, auf seine großen Füße. Die Antwort darauf, wie das Heute und das Früher zusammenpassen. Wie etwas zusammenpasst, das sich wie Schwarz und Weiß gegenübersteht. Wie Laut und Leise, wie Watte und Beton.

Dabei kenne ich die Antwort genau. Und am liebsten würde ich sie ignorieren, denn sie benennt etwas, das verloren scheint: die Jahre dazwischen.

Die Jahre zwischen dem Kleinkind und dem großen Wesen, das jetzt in der Küche steht und mir erzählt, wie sein Abend war und dass es gleich wieder abdüst, um sich mit seinen Freunden zu treffen.

Ich frage mich, wo die Jahre geblieben sind. Ich habe das Gefühl, als hätte ich sie nicht gelebt. Als wäre sie gelebt zu haben, ein Wissen, für das es keine Erinnerung gibt. Es gibt nichts, das greifbar ist, außer ein paar Bilderfetzen und einigen wenigen Begebenheiten, die der Kopf dankenswerterweise bewahrt hat.

Ich schaue auf Ben und es ist, als sei das Abtasten mit den Augen der Versuch, diese Jahre wiederzufinden. Das festzuhalten und dingbar zu machen, was sich wie ein Gas einfach verflüchtigt hat und in absehbarer Zeit vollends beendet sein wird: unsere gemeinsame Zeit.

Als ich vor 17 Jahren meinen Sohn bekam, war es, als läge die Zeit mit meinem Kind wie die Milchstraße vor mir: Kein Ende erkennbar. Unüberschaubar. Ein immerwährendes Funkeln.

Ich wollte eine Mutter sein, mit seiner Geburt bin ich eine Mutter geworden. Und sehr bewusst habe ich gedacht: »Egal, was jetzt passiert, selbst, wenn Dein Kind stirbt, Du wirst nie wieder nicht Mutter sein.« Und wie wohl die meisten Eltern war ich so sehr im Hier und Jetzt, so sehr mit der Aufgabe, das Kind großzuziehen, beschäftigt, dass ich mir nicht vorstellen konnte, dass es jemals enden würde. Die Jahre, die vor uns lagen, schienen eine ungeheure Masse an Zeit. Ich war damals 30 – die 18 Jahre, bis Ben ausziehen würde – das war mehr als mein halbes Leben. Aus den Erzählungen, aus Büchern und Filmen und dem Widerhall in den Medien hatte ich eine Ahnung von dem, was kommen würde. Erst die leichte, unbeschwerte Zeit im Kindergarten, dann die Grundschule mit ihren Elternabenden, vielleicht mit ersten Besuchen bei der Schulleitung, weil das Kind sich nicht regelkonform verhielt. Dass die weiterführende Schule für Grauen und viel elterliche Verzweiflung schlechthin stünde, schien klar – ich kannte es aus meiner eigenen Jugend nicht anders. Obendrauf würde sich die Pubertät setzen wie ein Monster mit fauligem Atem und würde mit all ihren Streitereien, Grenzkämpfen und der elterlichen Sorge wegen Alkohol, Drogen und der schiefen Bahn, das

Leben bestimmen. Die Jahre, bis das Kind reif für den Auszug wäre, würden so mühevoll und anstrengend sein, dass ich froh sein würde, wenn ihr Ende in Sicht käme.

Ihr Ende ist in Sicht. Und ich kann es nicht anders sagen: Mir geht es beschissen.

Ich leide. Ich leide wie Hund. Ich weiß nicht, wie ich das aushalten soll, den Schmerz um das zu verlierende Kind.

Mein Sohn wird in fünf Monaten 18 Jahre alt, nächsten Sommer macht er Abitur, dann wird er wahrscheinlich zwei, drei Monate brauchen, bis er aufbricht, sich die Welt anzugucken. »Work and Travel« will er machen, ein Jahr, anderthalb Jahre ins Ausland gehen, um das Leben außerhalb des Bekannten zu entdecken. Wenn er wiederkommt, wird er anfangen zu studieren oder blöd dem Nichtstun verfallen. Vielleicht wird er noch mal ein paar Monate bei seinem Vater oder mir einziehen, aber lange wird das nicht sein. Seit Jahren malt er sich aus, mit Freunden in einer WG zu leben, in so einem Jungsding mit festgetrockneten Essensresten und Spiegelei zum Frühstück.

Ich finde das alles richtig, ich finde das alles gut. Ich werde ihn nicht festhalten und sagen: »Bleib doch noch!« Ich werde dahinter her sein, dass er seinen Hintern hochkriegt und loszieht, und wenn ich merke, dass er sich im Hotel Mama beziehungsweise Papa festzusetzen droht, dann werden die Hoteliers klarmachen, dass das Einnisten nicht von Dauer sein kann.

Ich sehe Ben vor mir, wie er mit seinen Jungs – oder vielleicht doch dem ein oder anderen Mädchen – in einer wahrscheinlich liebenswert chaotischen WG lebt, die man als Mutter lieber nicht zu oft besucht, weil man dann zu nerven beginnt, mit Vorschlägen wie dem, doch mal aufzuräumen, und dass es doch schon hülfe, das Altglas wegzubringen.

Ich bin, was meinen Sohn anbelangt, bedingungslos optimistisch. Er wird das schon machen. Er wird trotz aller Pizza und Spezi nicht mangelernährt sein. Er weiß, wie man Wäsche sortiert, und er wird das Gesaufe im Griff haben, selbst wenn es nach mütterlichem Ermessen zu viel ist. Er wird – wenn es nicht mehr zu vermeiden ist –, aufräumen und so zur Uni oder sonst wo hingehen, dass er sich sein Berufsziel nicht verbaut. Er wird das alles machen. Hinkriegen. Und doch bin ich grenzenlos enttäuscht. Enttäuscht, traurig, verletzt.

Ich empfinde einen unsagbaren Schmerz darüber, dass unsere gemeinsame Zeit vorbei sein wird. Dass ich nicht mehr Mutter sein soll, sein kann. Dass mein Kind von mir weggeht. Ich spüre diesen Schmerz körperlich. An schlimmen Tagen habe ich das Gefühl, er zerreißt mich. Dann gucke ich dieses Kind an, dieses große Etwas, das mich nicht mehr braucht, weder zum Eierbraten noch um seinen Tag zu strukturieren, und weiß nicht, wie ich das aushalten soll.

Vor allem frage ich mich, warum ich nicht wusste, dass es so kommen würde, dass es nur 14, 15 Jahre sind, bis die Ablösung in vollem Gange ist, und sich dies so schlimm anfühlen würde.

Ich weiß, dass ich mit diesem Gefühl nicht allein bin. Ich weiß, dass es anderen Müttern auch so geht. Längst nicht allen, aber etlichen. Ich weiß von Müttern, die regelrecht Angst vor dem Auszug ihres Kindes haben und jetzt, während die Brut noch da ist, eine Menge dafür tun, sie an sich zu binden. Sie sollen es so schön finden, »bei Mama« oder bei »Mama und Papa«, dass sie zu Hause wohnen bleiben, auch wenn die Ausbildung abgeschlossen ist und eine andere Stadt ein interessanteres Studienangebot anbietet.

Die Wissenschaft hat ein Wort für das Leiden von Frauen wie uns: »Empty Nest Syndrome«, das »Leere-Nest-Syndrom«. Psychologen und Familiensoziologen beschreiben damit die Auswirkungen, die der Auszug der Brut auf die Eltern, insbesondere auf die Mütter, hat und begreifen ihr Verhalten als Anpassungsstörung. Als Unfähigkeit, sich auf eine veränderte und neue Situation einzulassen. Doch ich finde mich weder in dem Horrorbild einer der Depression anheimgefallenen Frau wieder, die diese schwierige Lebensphase mithilfe von Alkohol und/oder Tabletten aushalten will, wie es mancherorts beschrieben wird, noch an einem anderen Punkt: dem des Zeitpunkts. Das Leiden der Mütter am Auszug der Kinder festzumachen, ist in meinem Fall, und sicher auch in dem vieler anderer Mütter, zu spät. Die Phase des Abschieds und der Trauer beginnt früher. Sie beginnt mit der Pubertät.

Für diese Frauen, für all jene Mütter, die wie ich unter dem Erwachsenwerden ihrer Kinder leiden, schreibe ich dieses Buch. Denn wenn wir heutigen Mütter auch nicht die ersten sind, denen dieser Lösungsprozess zusetzt, so fällt doch auf, wie sehr er den Müttern meiner Generation Schmerz bereitet. Egal, wo ich in meinem Umfeld schaue, mit welchen Frauen ich rede, bis auf sehr wenige Ausnahmen empfinden alle eine tiefe Trauer. Und das, obwohl wir alles andere als eine passive Heimchen-am-Herd-Generation sind. Das Gegenteil ist häufig der Fall: Viele von uns sind ziemlich emanzipiert, selbstständig, üben einen Beruf aus und haben anderes zu tun, als den Kindern geschmierte Brote hinterherzutragen. Doch genau in diesem Wandel, in dem Wandel des Mutterbildes, der Gesellschaft und dem der Altersstruktur liegt die Krux. Die Krux des Schmerzes. Und darum soll es gehen. Um den Schmerz und darum, zu begreifen, warum das Fortgehen der Kinder uns anders und vielleicht stärker trifft, als er unsere Mütter traf. Es soll um die Wut gehen und um die Trauer, die auf den Lösungsprozess der Kinder folgen. Aber auch um dieses unsagbar schöne Gefühl, wenn man auf sein großes, auf einmal so eigenständiges Kind schaut, das als Persönlichkeit vor einem steht und durch seine Selbstständigkeit verdeutlicht, dass man vieles richtig gemacht hat. Und dass man sehr zufrieden sein kann. Mit seinem Kind. Und mit sich.

Bald ist Ben volljährig und in einem Jahr ist er mit der Schule fertig. Mir ist bereits zu diesem Zeitpunkt klar, dass rund um das letzte Schuljahr viele Ereignisse liegen, die »ein letztes Mal« passieren und ein Ende signalisieren und symbolisieren. Wie schwere dunkle Meilensteine liegen sie vor mir, und mir graut schon jetzt vor dem, was kommt. Ich befürchte schon jetzt, dass ich bei der Abiturverleihung weinen werde. Ich höre schon jetzt mein Kind genervt sagen: »Oh, Mama!«, weil es keine Lust auf diese sentimentale Mutter hat, die ständig ihr Kind drücken möchte in Anbetracht der großen Ereignisse, die der Nachwuchs allenfalls als lästige Hürde wahrnimmt.

Das Vorhaben, dieses Buch zu schreiben, wird mich durch diese Zeit und die Auseinandersetzung mit ihr begleiten. So kann ich mir zumindest im Ansatz bewusst machen, was passiert, warum diese Phase so schwierig ist, anstatt einfach nur von ihr gebeutelt zu werden. Ich werde dabei nicht allen Frauen, nicht allen Situationen gerecht werden können. Es ist nicht möglich, alle Facetten einzufangen und abzubilden. Und auch wenn ich mich intensiv damit beschäftige, wie die Mütter von Töchtern diesen Prozess erleben, so fehlt es mir als Mutter eines Sohnes doch naturgemäß an der spezifischen Erfahrung. Ebenso wenig kann ich erwarten, dass alle Frauen mir folgen werden, dass alle die emotionalen Tücken dieser Abschiedszeit ähnlich erleben und sagen: »Genau so ist es!« Ich kann nur das Angebot machen, auf das zu schauen, was uns diese Zeit so schmerzhaft erleben lässt und versuchen, durch dieses Hinschauen etwas von der Schwere und der Isolation, die dieses Gefühl mit sich bringt, aufzulösen. Denn es gilt die Erfahrung der Frauenbewegung der 70er Jahre: Festzustellen, dass man mit seinem Gefühl, mit seinem Schmerz nicht allein ist, ist ein erster Schritt, dem Übel seinen Schrecken zu nehmen. Und es erträglich zu machen. Dazu soll dieses Buch dienen. Anzuerkennen, was ist, um – im besten Fall – gestärkt daraus hervorzugehen.

Dies ist ein Sachbuch, kein Fachbuch. Es erhebt nicht den Anspruch auf Vollständigkeit und wissenschaftliche Wasserdichte. Es erhebt lediglich den Anspruch, ehrlich zu sein, weil ich glaube, dass Aufrichtigkeit das einzig wahre Mittel ist, einen Umgang mit seelischem Schmerz wie diesem zu finden.

Weil ich nicht das Maß der Dinge bin und weil mich interessiert, wie andere Mütter und auch Kinder diese Situation erleben, habe ich viele Gespräche geführt, die in dieses Buch einfließen.

Das wird manchmal peinlich sein, manchmal lustig und ab und zu auch traurig. Sich so zu öffnen, ist nicht immer leicht und nicht immer angenehm. Deshalb habe ich die Namen der Personen und die Orte, aus denen sie stammen, geändert.

Um einer Verwirrung vorzubeugen: Dass die Jugendlichen, die im Buch vorkommen, fast ausnahmslos nach Abschluss der Schule oder der Ausbildung reisen wollen und ins Ausland gehen, ist keine bewusste Auswahl. Es ist ein Zufall, der auf der anderen Seite symptomatisch für diese Generation an Mittelschichtskindern steht.

1

14 oder: Keiner fragt:
»Bist Du so weit?«

Als mein Sohn sich zu lösen begann, war er 14. Der Zeitpunkt mag variieren, bei manchen ist es mit 13 Jahren so weit, bei anderen mit 15, aber in diesen Zeitraum fällt bei den meisten Jugendlichen der erste große Schritt der Ablösung.

Mein Problem war, dass ich lange nicht verstanden habe, was vor sich geht. Ich habe die Veränderungen bei meinem Sohn bemerkt. Habe bemerkt, dass er auf Distanz geht, dass er weniger körperliche Nähe will und dass mich alles nichts mehr angehen soll. Aber es hat lange gedauert, bis ich wirklich begriffen habe, was los ist. Nicht bei ihm. Bei mir.

Das, was bei uns Einzug gehalten hatte, war das, was als »Pubertät« einen zweifelhaften Ruf genießt. Noch bevor die Pubertät im Haus angekommen ist, weiß man: Die ist übel. Das wird hart.

Tatsächlich stand, als Ben 14 Jahre alt war, »Pubertät« über allem. Alle sahen das Kind und das Geschehen rund ums Kind unter diesem Begriff. Die Lehrer, die Nachbarn, die Oma, der Orthopäde. Egal, was es zu bedenken gab, welche Situation, welches Verhalten, welches Wachstum zu beurteilen war, Ben war »in der Pubertät«. Aber nicht nur das Kind wurde mit dem Pubertätsstempel versehen: Ich, Du, er, sie, es – wir alle waren Gefangene dieser Zeit. Bereitwillig hatte sein familiäres Umfeld die entsprechenden Positionen bezogen: Ben war in der Zelle, wir Teil des Gefängnisapparates darum. Als Wächter, als Direktoren, für die spätere Resozialisierung zuständig.

Wutanfälle und ausflippen, müffeln, das Horten schlechter Klassenarbeiten unter dem Teppichboden in der Abseite des Dachbodens – das war die Pubertät.

Auch ich hatte mir diese Erklärung und die damit verbundene Wertung zu eigen gemacht und verbuchte diese Zeit unter diesem Etikett. Ich hatte mich damit abgefunden, nun – leider ein paar Jahre – unter einer Art Käseglocke leben zu müssen. Ein in sich geschlossener Kosmos, in dem man es aushalten muss, dass einer durch sein merkwürdiges Verhalten die Situation zu dominieren versteht. Und weil sein Verhalten eine Provokation für uns als Eltern ist, es mitunter sehr laut wird, vielleicht Sachen durch die Gegend fliegen, Türen knallen und es aufgrund der Hormone zu starker Geruchsentwicklung kommen kann, stülpt man am besten eine gläserne Glocke darüber. Dann bleibt alles schön drinnen, aber die anderen, die Freunde, Lehrer, Nachbarn und der Rest der Gesellschaft haben die Möglichkeit, dem Treiben unbehelligt zuzuschauen und es mitleidsvoll zu kommentieren. Die Pubertät, darauf hat sich die Gesellschaft geeinigt, ist ein monströses Übel, das sich unserer Kinder bemächtigt, auf dass alle leiden müssen.

Anders als vor über 30 Jahren, als meine Generation in dieser Phase war, wissen heute viele Eltern von den biochemischen Prozessen, die den Wandel begleiten und bedingen. Immer mehr Bücher kommen auf den Markt, immer mehr Artikel erscheinen in Zeitschriften, die darlegen, wie sich mit Beginn der Pubertät, in manchen Fällen schon im Alter von zehn Jahren, die Verknüpfungen im Gehirn lösen, um sich in einem langjährigen Prozess neu zu verbinden. Und dass man diesen Zustand mit einer riesigen Baustelle vergleichen kann, auf der an allen Ecken und Enden gearbeitet wird. Die verschiedenen Bereiche brauchen unterschiedlich lange, bis sie wiederhergestellt sind, und – aus Elternsicht – ist es dummerweise die Region, die für die Vernunft zuständig ist, die als Letztes fertiggestellt und wiedereröffnet wird. Mit etwa 17 Jahren.

Es hatte etwas Tröstliches zu wissen: Ben kann nichts für sein bescheuertes Verhalten. Wenn ihm Termine und wichtige Dinge egal waren, er nichts für die Schule tat, die Haustür offen stehen ließ und nie an irgendetwas Schuld hatte. Wenn das Fahrrad nicht da war zum Beispiel, weil er es an der Schule stehen gelassen hatte, so war das natürlich nichts, wofür er in seinen Augen irgendeine Verantwortung trug. Ebenso wenig, wie es irgendetwas mit einem Versäumnis seinerseits zu tun hatte, wenn er montagsmorgens am Frühstückstisch saß und sagte: »Ach, übrigens, die Klassenreise ist am Mittwoch.« Und ich fragen musste: »Welche Klassenreise? Welcher Mittwoch?!?«

In solchen Situationen war das Wissen um die Baustelle hilfreich. Dann war es gut zu denken: »Das ist die Biochemie. Sein Hirn ist im Umbauzustand, ich muss sein Verhalten nicht persönlich nehmen, auch kann ich nicht verlangen, dass es wie bei einem Menschen funktioniert, der diese Umbauphase hinter sich hat.« Außerdem wusste ich ja: »Das geht vorbei.« Das irrationale Handeln, diese Ist-mir-doch-egal-Haltung oder besser noch, die Außer-Dir-ist-das-allen-Menschen-egal-Haltung – das wird eines Tages verschwunden sein. Irgendwann ist der Baustellenprozess abgeschlossen, und es wird ein Mensch hervortreten, an dem ich nicht länger zweifeln muss.

Ich gebe zu, dass dieser Gedanke nicht immer da war. Ich räume ein, dass er oft genug verloren ging und ich vergaß, dass ich ihn denken könnte. Ich habe mich mit aller Inbrunst und über die Maßen aufgeregt. Geschrien und gezetert.

Im Nachhinein wünschte ich mir, ich hätte einen Zettelkasten angelegt, mit Sätzen, die helfen. Es wäre gut gewesen, sich ab und zu den Satz: »Es ist nur eine Phase, das geht vorbei!« oder auch: »Die Biochemie ist schuld!« anzusehen. Das hätte mir geholfen runterzukommen, ruhig zu bleiben und nicht daran zu verzweifeln, dass man mit jemandem auskommen muss, der sich so verhält, als hätte er gar kein Gehirn mehr in seiner Kopfkugel.

Das Monster Pubertät überdenken

Als Erwachsene hatte ich das angenommen, was die Gesellschaft für mich vorgesehen hatte: Einen Umgang mit der Pubertät, der diese Phase als lästig und hoffentlich schnell vorübergehend betrachtet.

Die Abkehr von dieser Haltung war ein leiser, schleichender Prozess. Es gab keinen konkreten Auslöser dafür, aber ich erinnere mich, dass es mich störte, dass man die Kinder so wenig ernst nimmt. Dass wir Erwachsenen uns immer mit der schlimmsten aller Arten über sie erhöhen: indem wir uns über sie lustig machen.

Egal, ob unsere Kinder auf einmal beginnen, ihre Haare auffallend zu stylen, sie sich einen anderen Namen geben oder wir ihre Telefongespräche nicht mitbekommen sollen – wir Erwachsenen tendieren dazu, alles zu veralbern. Jede Abgrenzung, jede modische Extravaganz ist »die Pubertät«. Ja, natürlich ist das »die Pubertät« – doch warum soll es deswegen nichts wert sein? Ich stellte auf einmal fest, dass mich diese Haltung schmerzt, dass jedes Tun, jedes Handeln durch die Feststellung, dies ginge auf das Konto der »Pubertät«, abgewertet wurde. Alle Bemühungen, das Innere darzustellen, durch Kleidung, Musik, Vergötterung von Stars oder spezielle Eigenarten, scheint durch uns Erwachsene – die wir uns regelmäßig vom Friseur die Haare färben lassen, die wir Marken kaufen, um ein bestimmtes Bild abzugeben und »um wer zu sein« – zwanghaft lächerlich gemacht werden zu müssen. Ich empfand das als ungerecht. Zumal wir in unserer Jugend ja nicht anders waren. Wir hatten doch auch durch Kleidung und Musik unserem sich wandelnden Ich Ausdruck verliehen. Und das war mitunter ästhetisch betrachtet fragwürdiger, als die heutige Jugend es tut.

Um meinen Sohn und seinen Ausbruch aus dem Kinderzimmer-Kosmos ernst zu nehmen, half es mir, die Erinnerung an meine Zeit mit 13, 14, 15 und 16 Jahren wieder hervorzukramen. Wie wir waren, was wir taten, wie wir dachten. Noch heute ist der Mai, als ich 14 war, der schönste Mai in meinem Leben. Ich erinnere mich noch daran, wie es sich anfühlte, das in der Badewanne türkis eingefärbte Männernachthemd über der Pumphose zu tragen, darüber eine Weste, die meine Oma gehäkelt hatte. Ich hatte lange Haare, um den Hals trug ich ein Lederband mit einem gravierten Gabelstiel als Anhänger und immer irgendein indisches Tuch. Ich war eng mit Ina befreundet. Auch sie trug »Freak«-Klamotten – gefärbte Nachthemden, Tücher und weite Hosen. Wir rochen nach Patschuli und Sandelholz. In diesem Mai 1980 haben wir viel Zeit mit denen aus dem Jugendzentrum, dem »Juz«, verbracht, die am anderen Ende der Stadt in einer Einfamilienhaussiedlung mit großzügigen 50er-Jahre-Häusern und alten Villen wohnten. Es war ein ungeheuer warmer Mai, selbst der Abend duftete noch satt nach Flieder. Die Luft war dick und schwer von all den Düften, die die dicht bewachsenen Gärten ausströmten, an denen wir auf dem Weg zu unseren Freunden vorbeikamen. Wir fuhren mit den Fahrrädern durch diesen

Geruchspark, durch diese unbekannte und doch beschützende Gegend, eine bei der anderen auf dem Gepäckträger. Wir trugen Stoffschuhe mit dünnen Sohlen, die uns fast eins werden ließen mit der Umgebung, dem Gras, dem warmen Boden, und die so leicht waren, dass ich diese Zeit als eine in Erinnerung habe, in der ich schwebte. Jeden Tag trafen wir uns mit den anderen, von denen manche schon 15 und 16 Jahre alt waren, bei einem von ihnen im Garten, flochten uns Blumen ins Haar, und einige kifften. Unsere Eltern waren weit, weit entfernte Wesen, zu denen man am Ende des Tages zurückkehren musste, um in ihrem Haus zu übernachten. Sie waren nicht wichtig für uns. Wir waren wichtig für uns. Es ging um das, was wir fühlten, was wir redeten und welche Musik wir hörten. Wir waren getragen von der Leichtigkeit der Jahreszeit und unserer Jugend. Wer bin ich, frage ich mich, wenn ich an diese Zeit denke, meinem Sohn eine solche Erfahrung absprechen zu wollen? Wer bin ich, so ein Erleben, so eine erste, intensive Zeit des Eigenen durch »Das ist die Pubertät« abzuwerten und zu erwarten, er bleibe zu Hause und mache etwas für die Schule?

Als mir diese Gedanken bewusst wurden, als ich begriff, dass ich als Vernunft gesteuerte Mutter etwas von ihm verlangte, was zu verlangen dämlich war – zu Hause zu sein, sich für die Schule zu interessieren – wurde mir nicht nur klar, warum wir ständig stritten. Mir wurde auch klar, dass ich Ben nicht gerecht werde. Und mir, die ich mich gerne an meine Jugend erinnere, nicht. Und nicht dem, was die Pubertät ist.

Pubertät ist eben nicht nur das grauenhafte Übel, das über die Familien kommt und sie in den Wahnsinn treibt. Pubertät ist zuallererst eine Zeit des Wandels. Das Kind wandelt sich. Es verändert sich. Vor unseren Augen wird dieses bekannte, vertraute und so unglaublich geliebte Etwas zu etwas Neuem, das wir noch nicht kennen. Wir wissen nicht, was am Ende des Prozesses herauskommen wird. Wir wissen nicht, ob das gut sein wird und ob das, was sich herausbildet, noch irgendetwas mit dem zu tun hat, das wir verlieren. Und was wir verlieren, ist viel. Für mich fühlte und fühlt es sich so an, als verlöre ich mein Kind. Jedenfalls das Kind, das ich kannte.

Das Problem lag bei mir

Ich habe lange Zeit nicht verstanden, was los ist. Was mit mir los ist. Ich war unausgeglichen, ungerecht und bin Ben gegenüber schnell laut geworden. Lange habe ich die Ursache dafür fern von mir gesucht. Ich dachte, das sei etwas von »außen«. Es sei Ben mit seinem: »Das geht Dich nichts an!«, mit seinen immer schlechter werdenden Schulnoten, seinem: »Ey, chill mal runter!« und seinem mülligen Zimmer, das natürlich nur im Auge der mütterlichen Betrachtung müllig war. Dabei habe ich nicht zu fassen bekommen, was sein Wandel mit mir macht. Denn bei allem, was in dieser Zeit passiert, geht es um dieses Eine, unendlich Traurige: den Abschied.

Fängt das Kind an, abends auszugehen, bedeutet das den Abschied von den gemeinsamen Abenden. Geht es jetzt mit Freunden Klamotten kaufen, bedeutet das nicht nur den Abschied von dem manchmal sehr netten Miteinander des gemeinsamen Einkaufs, sondern auch von der mütterlichen Einflussnahme auf das Erscheinungsbild. Zu sehen, wie es sich die Welt erschließt, bedeutet, sich davon verabschieden zu müssen, den wichtigsten Kosmos für das Kind darzustellen. Vom Maßstab und Orientierungspunkt hinter die (oft neuen) Freunde in die zweite Reihe zu rücken. Wenn nicht in die dritte, vierte oder gar an den Rand des Kosmos unserer Kinder gedrängt zu werden.

Das auszuhalten, finde ich extrem schwierig. Dabei sollte ich es gewohnt sein. Etwas erlernen, selbstständig werden – fast jeder Entwicklungsschritt im Laufe der Kindheit bringt das Erlebnis mit, als Mutter weniger gebraucht zu werden. Doch in all den Jahren, bis Ben 14 wurde, hielt die Nabelschnur. Egal, was mein Sohn lernte, was er auf einmal konnte, er blieb stets mit mir verbunden. Wie an einem langen, elastischen und festen Band gehörte er zu mir. Er war meine Brut, wir waren eine Einheit in zwei Teilen. Wir waren Mutter und Kind.

Mit 14 begann er, das Band an seinem Ende langsam zu lösen. Er kappte es nicht, er löste nur nach und nach den Knoten.

Ich durfte immer weniger wissen. Das Wort »privat« bekam mehr Bedeutung. Türen wurden geschlossen. Ich durfte im Bad nicht mehr dabei sein, oder wenn er telefonierte. Nicht wissen, was er bei Facebook machte, er versteckte schlechte Arbeiten. Schule war eh so ein Thema, das mich nichts mehr angehen sollte.

Für mich war das eine Art Angriff. Angriff durch Zurückweisung. Ich war gekränkt. Ich konnte mit seiner Abgrenzung nicht umgehen. Weil ich die Situation nicht begriffen habe, haben wir viel gestritten. Dabei war es ganz einfach: Ben wollte Verantwortung für sich übernehmen. Jeder Jugendpsychologe wäre begeistert, doch ich, die ich mich doch unbedingt kümmern wollte, konnte nur die Zurücksetzung darin sehen. Und, natürlich, die böse »Pubertät«, die das alles mit sich bringt. Die mein Kind aufmüpfig macht und rebellisch und das ganze »Der-löst-sich-jetzt-von-seinen-Eltern-Programm« abspult.

Es war ein schleichender Prozess, die Pubertät anders sehen zu wollen. Sie nicht länger als zersetzendes Gift zu begreifen, sondern zu sehen, wie spannend und aufregend sie ist. Mich daran zu erinnern, wie großartig sie für mich war, wie bereichernd und aufregend, hat dazu geführt, mich auf die Seite meines Sohnes stellen zu können. Alle elterliche Verantwortung beherzigend, begann ich, anders auf Ben und seine Wünsche zu schauen. Ich fragte mich, wie nachvollziehbar und notwendig sie aus seiner Sicht sind, und was dagegen spricht, sie zu realisieren. Ich versuchte, ihm Dinge zu ermöglichen, anstatt sie abzuwehren, nur weil man das als Elternteil eben so macht. Ich erinnere mich noch gut, wie mein Vater zu mir sagte: »Du bist um acht Uhr zu Hause«, und als ich ihn fragte, warum um acht, warum es nicht halb neun oder neun sein könne, konnte er mir keine Antwort geben. Er hatte keine Begründung für diese Uhrzeit. Aber weil er sie einmal ausgesprochen hatte, konnte er davon nicht mehr abweichen. Er wollte nicht »klein beigeben«, seinen Machtanspruch nicht infrage stellen lassen. Im Gegenteil: Er meinte ihn dadurch zu manifestieren. Nach dem Motto: »Das ist so, weil ich es sage.«

Ich sehe diese Tendenz auch bei Eltern der jetzigen Generation. Man sagt Dinge, weil man sie als Eltern so sagt. Weil man es als Kind auch nicht anders erlebt hat. Und weil Jugendliche auch mal ein Nein hören müssen. Aus Prinzip. »Nein, da gehst Du nicht hin!«, »Nein, Du schläfst zu Hause!« Nein. Punkt, Ende, aus.

Ich bin dazu übergegangen, Ben nach seiner Einschätzung zu fragen, was er für eine passende Uhrzeit hält, wenn er abends unterwegs ist. Gemessen an dem, wo er hingeht, am Weg, der Entfernung, der Jahreszeit, der Frage, ob er allein unterwegs ist oder in Begleitung. Oft genug nannte er eine frühere Uhrzeit, als die, die ich für okay hielt. Lag sie zu weit hinten, sagte ich das, nannte meine Bedenken, und wir fanden einen Kompromiss. Zum Beispiel den, von unterwegs aus anzurufen. Wenn er dann um 22.30 Uhr oder später um 24.00 Uhr anrief, besprachen wir die Situation – wo ist er, mit wem, in welchem Zustand, wie sind die anderen da, haben sie denselben Weg? – und verabredeten eine Uhrzeit. Er war immer pünktlich. Und: Ich kann mich nicht erinnern, dass wir diesen typischen Krach: »Du bist dann und dann zu Hause!« – »Du verstehst mich nicht, leck mich doch am Arsch!« hatten. Es wird ihn ein-, zweimal gegeben haben. Aber er war nicht so maßgeblich, wie er zum Beispiel zwischen meinen Eltern und mir zelebriert wurde oder wie ich ihn bei Freunden erlebe.

Der Sohn bricht auf, ich brech zusammen

Erst in dieser Betrachtung meines sich verändernden Sohnes und der Freude für ihn an diesen Veränderungen ist mir deutlich geworden, was seine Pubertät für mich bedeutet: einen unglaublichen Schmerz. Während mein Sohn sich vorbereitet, in die Welt aufzubrechen, bricht für mich meine Mutterwelt zusammen. Die Natur mag Ben mit 14 Jahren für reif halten, sich zu lösen, ich bin es nicht.

Mein Gefühl ist: Hallo, ich bin erst seit 14 Jahren Mutter! Ich habe nicht vor, das aufzugeben! Ich will noch tun und machen und mich über Socken hinter der Heizung aufregen können. Ich will Mutter sein und somit lästig und nervig und vor allem liebevoll. Ich möchte mich kümmern können und die erste Adresse sein, wenn das Herz schmerzt. Ich möchte Tränen trocknen und Pflaster kleben und mich im Bett dazulegen und an der Zimmerdecke Figuren suchen. Ich möchte auf den Bauch pusten und bunte Sandalen kaufen. Ich möchte mit Gummibärchen überraschen und sagen können: »Jetzt wird der Fernseher ausgemacht, morgen kommt das Sandmännchen wieder!«

Kurz, ich möchte noch die sein, die ich war. Nicht nur diejenige, die im Hintergrund agiert, die dafür sorgt, dass saubere T-Shirts im Schrank liegen, die miese Klassenarbeiten unterschreibt und sich ansonsten bitte heraushält.

Zu merken, dass meine Zeit als Kümmer-Mutter vorbei ist, hat mich in eine tiefe Krise gestürzt. Nicht, weil ich nichts anderes mit meiner Zeit anzufangen weiß. Sondern zum einen, weil es mich so unvorbereitet getroffen hat. Zum anderen, weil ich schlicht nicht reif dafür war. Ich hatte immer gedacht, wenn diese Zeit käme, dann wäre ich automatisch bereit dafür, die Rolle zu wechseln. Ich wäre dann abgegessen vom Kümmer-Mutter-Dasein. Von den Nervereien, ausgezehrt von den pubertätsbedingten Anstrengungen, den Kämpfen und Streits. Ich hatte gedacht, die Entwicklung meines Kindes und meine würden Hand in Hand vonstattengehen. Gemeinsam würden wir in das Morgen aufbrechen wie in einem Film mit Happy End. Tun wir aber nicht. Während mein Kind ein neues Boot besteigt, ein Boot namens »Abenteuer«, bleibe ich am Ufer stehen und kann zusehen, wie es langsam am Horizont verschwindet.

Längst nicht so kitschig, aber so groß fühlt es sich an. Entsprechend könnte ich Rotz und Wasser heulen.

Es hilft in dieser emotionalen Situation nur wenig, zu denken, er wird groß, er entwickelt sich, aber er wird ewig dein Kind bleiben. Ich habe stattdessen das irrationale Gefühl, alles zu verlieren. Dabei, und das ist das Absurde, ist es eh schon lange vorbei. Der süße kleine Sohn, der so selbstverständlich und vertrauensselig die Hand ergreift, der Schutz sucht und dessen neben seinem Vater wichtigste Person ich bin – dieser Sohn existiert schon lange nicht mehr. Stattdessen ist da ein Jugendlicher, der sein Leben mittlerweile ziemlich gut im Griff hat und bald sein Abitur macht. Doch aller Ratio zum Trotz herrscht und beherrscht mich das Gefühl des Verlustes. Von Ende und Abschied. Als werde alsbald etwas unwiederbringlich vorbei sein.

Und das wird es auch. Am Ende von allem, am Ende von Bens Großwerden, von seiner Pubertät und unserem Bemühen, dass er die Schule halbwegs gut hinbekommt, wird sein Auszug stehen. Da gibt es kein Drumherumkommen. Und so sehr ich meine Vernunft auch bemühe und so sehr ich versuche, »erwachsen« zu fühlen, »vernünftig« zu sein, meinen Nachwuchs wohlwollend aus dem Nest zu bugsieren und froh darüber zu sein, endlich Ruhe zu haben – es gelingt mir nicht. Ich bin traurig, verzweifelt und wütend. Manchmal möchte ich schreien. Es mischt sich eine Wut unter die Trauer. Die Wut über die Ohnmacht gegenüber diesem Gefühl, über die Passivität und die Ausweglosigkeit. Denn natürlich ist es kein Ausweg, zu klammern, das Kind an sich zu binden oder ihm einzureden, es wäre besser, es bleibe noch ein wenig. Nein, wenn das Kind so weit ist, muss es raus in die Welt. Das alles ist gut und richtig so. Die Natur hat das für die meisten, wenn nicht für alle ihre Kreaturen so vorgesehen. Vom Verstand her kann ich absolut folgen.

Aber irgendwie ist da eine Lücke. Eine Entwicklungslücke meinerseits. Die Natur, so mein Eindruck, hat es versäumt, einen Entwicklungsprozess für Eltern einzubauen. Sie hat versäumt, mich während Bens Pubertät emotional reifen zu lassen.

Es ist am Ende ganz einfach: Mein Sohn ist bereit, ich bin es nicht. Eine Reife der Mutter ist nicht vorgesehen. Sie ist der Biologie egal.

2

Kalt erwischt
oder: Warum
warnt einen keiner?

Ich frage mich, ob ich naiv war. Ob ich wirklich angenommen habe, das Leben mit meinem Kind würde unendlich so weitergehen. Mama und Kind bilden eine Einheit, und in dieser Einigkeit, in der die Mutter die Hand des Kindes in der ihren fühlt und das Kind seine kritiklos geliebte Mama strahlend anlächelt, geht das Leben weiter … Nein, natürlich habe ich das nicht gedacht. Natürlich war mir immer klar, dass Kinder groß werden und dann Haus, Hof und Eltern verlassen. Nur ist es das eine, etwas zu wissen, und das andere, sich den Zeitpunkt realistisch zu vergegenwärtigen.

Im Nachhinein bin ich überrascht, wie wenig der Lösungsprozess der Kinder und sein mitunter früher Termin ein öffentliches Thema ist. Über alles wird in dieser Gesellschaft gesprochen, Bücherregale biegen sich unter der Ratgeberliteratur, die Eltern zum Thema Kinder angeblich brauchen. Und auch Frauen im eigenen Umfeld scheuen sich nicht, die Aufzucht der Brut ab dem Moment der Geburt mit Rat und Hinweis zu begleiten. Egal ob Sohn oder Tochter, Patenkind, Nachbarn oder Freunde ein Kind bekommen, zu allen möglichen Aspekten wird – oft ungefragt – Stellung bezogen. Aber über das Flüggewerden der Kinder, welche Gefühle dies auslöst und welchen Schmerz es mit sich bringen kann, spricht keiner. Jedenfalls nicht öffentlich. In den Psychotherapiepraxen, die so viele von uns rund um den Zeitraum, in

27

dem die Kinder groß werden, mit unserer »Lebenskrise« aufsuchen, mag es ein Thema sein. Aber ein gesellschaftliches Thema – auch als Erklärung für das verstärkte Auftreten von Lebenskrisen oder Depressionen bei Frauen mittleren Alters – ist es nicht.

Ich erinnere mich, ein paarmal den Spruch »Die Jahre gehen so schnell vorbei!« gehört zu haben, vor allem von Frauen im Oma-Stadium, aber das war es auch. Eine oberflächliche Aussage von Personen, die ich als nostalgische Wesen wahrnehmen musste. Die so Dinge sagen, die Omas eben sagen. Jetzt, im Nachhinein wünschte ich, irgendjemand hätte mir vermittelt, was das heißt: »Die Jahre gehen so schnell vorbei.« Irgendjemand hätte gesagt: »Es ist am Ende nur eine kurze Zeit, es sind nur wenige Jahre, die Du mit Deinem Kind in einer wirklichen Einheit verbringst. Man glaubt es nicht, wie früh die sich lösen, aber mit 14 ist eigentlich alles schon durch. Dann fangen sie an, ihren eigenen Weg zu gehen, und Du kannst nur noch zugucken.« Das hätte den Umstand nicht besser gemacht, aber ich wäre vielleicht nicht so hilflos in das Dilemma hineingerasselt.

Meine Mutter starb, als ich 25 Jahre alt war, sie hat ihren Enkel, den ich mit 30 Jahren bekam, nicht mehr erlebt. Aber ich habe genügend andere Frauen um mich herum, die Kinder großgezogen haben. Nicht zuletzt meine Schwiegermutter hat uns, trotz der Trennung von Bens Vater, als Ben vier war, die ganzen Jahre über begleitet.

Vielleicht, so denke ich, hat auch jemand etwas gesagt, nur wollte ich es nicht hören. So, wie man als junger Mensch nicht hören möchte, wie sehr man sich freuen soll, noch alles vor sich zu haben, habe ich vielleicht gedacht: »Ach, red doch nicht!«, weil die Zeit mit dem Kind mir so unendlich erschien. Vielleicht kam es aber auch schlicht nicht bei mir an, weil Phrasen die Tendenz haben, an einem abzuprallen. Allein, ich glaube es nicht. Ich glaube eher, es hat keiner das Thema angesprochen.

Unsere Mütter – im Aufbruch

Natürlich erinnere ich mich, dass unsere Mütter sich schwertaten, als wir in der Pubertät waren. Dass es noch mehr Streit mit dem Ehemann gab als ohnehin schon, dass die Frauen sich einsam fühlten und dass nicht nur bei meiner Mutter Alkohol eine Rolle spielte. Aber die frühen 80er Jahre waren eine andere Zeit.

Ende der 70er Jahre hatte sich gerade die Erkenntnis verbreitet, dass Hausarbeit Arbeit ist und nicht Vergnügen. Johanna von Koczian hatte das Thema mit dem Lied »Das bisschen Haushalt« in die deutsche Gesellschaftsmitte gesungen, und unsere Mütter hatten im Zuge der Emanzipationsbewegung begonnen, das bis dahin Selbstverständliche infrage zu stellen – und waren in der Regel auf Ehemänner gestoßen, für die das ärgerlich und lästig war. Es lag nicht in ihrem Interesse, dass die Frauen nicht länger bereit waren, in der Hausarbeit aufzugehen, und stattdessen anfingen, sich nach »außen« zu orientieren. Unsere Mütter taten das. Sie begannen, arbeiten zu gehen, meist halbtags. Nicht, weil das Geld nötig gewesen wäre, sondern weil sie das wollten. Weil sie eben mehr wollten als »Das bisschen Haushalt« und am Abend in der Volkshochschule Makramee-Blumenampeln herzustellen oder einen Kurs in »Mengenlehre« zu besuchen, damit sie uns bei den Hausaufgaben helfen konnten. Der Buchmarkt war voll mit Literatur, die vom Auf- und Ausbruch dieser Generation handelte. Unsere Mütter lasen »Die Scham ist vorbei« und »Ich bin ich«, die ganz Mutigen vielleicht sogar Alice Schwarzers »Der kleine Unterschied«, und sie begannen, ihre Unzufriedenheit zu artikulieren. In der Partnerschaft, in der Gesellschaft. Nur, sie hatten kein Alternativmodell. Für meine Mutter und die Mütter meines Umfelds war da (noch) nichts. Kein Inhalt. Kein Ersatz. Und der neue Kontakt mit einer Welt außerhalb der heimischen, schien, so hatte ich den Eindruck, häufig den inneren Konflikt zu vergrößern.

Im Fernsehen liefen zu dieser Zeit massig Komödien à la »Als Mutter streikte«. Man fand das witzig. Und war gleichzeitig hilflos. In meiner Erinnerung sind die Frauen von damals im Auf- und Umbruch. Nur blieben die Männer an ihrer Seite dieselben. Die Väter, an die ich mich aus dieser Zeit erinnere, sind Männer, die vielleicht grummelnd die Berufstätigkeit ihrer Partnerin akzeptierten, die sich aber sonst nicht bewegten. Ich weiß, dass es bei uns unendliche Diskussionen darüber gab, dass mein Vater auch mal abwaschen könne. Und dass es dabei nicht nur um den Abwasch ging. Hinter diesem Versuch meiner Mutter stand die Hoffnung, er möge ihre Situation sehen. Und ihren Wunsch verstehen, das Leben anders zu gestalten. Sie hatte die Hoffnung, er würde den Weg, den sie wie so viele andere Frauen in Deutschland jetzt gehen wollte, mitgehen. Aber das hat er, wie die meisten, die ihre Bequemlichkeit wie Felle davonschwimmen sahen, nur widerwillig getan. Wie ein Kind, das sein Zimmer aufräumen soll, hat er mit einem lang gezogenen »Naaaaa guut« ab und zu mal abgewaschen. Eine solidarische Unterstützung, ein innerer Halt war das nicht.

Für uns Kinder waren der Konflikt und auch das innere Alleinsein unserer Mütter spürbar. Sie waren traurig, suchend, mitunter verzweifelt. Meine Mutter hat ihren Alkoholkonsum auf tagsüber ausgeweitet, die Mutter meiner besten Freundin lag tagelang weinend im Bett und bei meinem ersten Freund, den ich mit 16 hatte, war zweimal die Woche »Saunaabend« – ein ritualisiertes Miteinander zweier Schwestern und ihrer Ehemänner, bei dem sich vor allem die Frauen im schicken, heimischen Bungalow zwischen den Saunagängen gepflegt volllaufen ließen.

Als wir Kinder uns lösten, ließen wir Frauen zurück, die etwas Verlorenes an sich hatten. Frauen, die etwas Überholtes verlassen wollten, aber noch nicht im Neuen angekommen waren. Ein selbstbestimmtes, autonomes Leben war die Utopie in einer unbestimmten Ferne.

Plötzlich allein

Weil mein heutiges Dasein so anders ist, so deutlich unabhängiger und eben selbstbestimmt, weil ich das Geld für mein Kind und mich nach der Trennung von Bens Vater immer allein verdient habe, weil ich sehr bewusst wahrnehme, wenn ich zu viel trinke, habe ich das Erleben meiner Mutter nicht auf mich bezogen. Ihre Frustration, als ich mit 16 Jahren für über ein Jahr als Au-Pair nach England ging, bevor ich mit 19 Jahren endgültig auszog, war in meiner Wahrnehmung das Resultat ihres traurigen Daseins an der Seite meines stumpfen Vaters. In diesem Leben war ich ihre Verbindung zur Welt. Immer sollte ich erzählen, was ich erlebt hatte, was »draußen« so vor sich ging. Wie der Fernseher brachte ich das Außen in ihre Wohnhöhle – ich kenne heute keine einzige Frau, deren Situation vergleichbar ist. Selbst wenn sich ihr Kosmos um ihre Kinder und das Zuhause dreht, so haben Frauen heutzutage doch autonome Bezüge zur Außenwelt. Sie haben

Hobbys, machen Sport, sind durch das Internet und über unterschiedliche Aktivitäten im Außen verankert.

Nein, als Ben anfing zu sagen: »Ich bin dann mal weg!«, traf mich das völlig unvorbereitet.

Beziehungsweise, was mich traf, war, wie ich mich damit fühlte.

Äußerlich betrachtet war es – ähnlich wie bei meiner Mutter – das plötzliche Alleinsein. Gut, ich war nicht allein, weil ich seit vielen Jahren wieder in einer Beziehung lebe, aber das, was eben noch selbstverständlich war, gemeinsames Abendbrot, ein Spieleabend, zusammen »Der letzte Bulle« zu gucken oder am Wochenende an den See zu fahren, war für Ben jetzt nicht mehr interessant. Für mich aber schon, denn es war »unser Gemeinsames«. Also saß ich auf einmal da mit dem, was eben noch »Miteinander« war. Mit meinen Plänen für den Abend, mit der Idee, zusammen Pizza zu machen oder Federball zu spielen, Memory zu spielen oder die Oma zu besuchen, und das Kind sagt: »Nö, sorry, muss noch chatten!«

Ich kann nicht leugnen, ich fühlte mich zurückgewiesen. Was ich ja auch war. Etwas anderes war interessanter, wichtiger. Das kann man rational begreifen, verstehen, im Sinne der Entwicklung des Kindes für folgerichtig halten – nur emotional damit klarzukommen, ist etwas anderes. Eine Freundin brachte es schön auf den Punkt: »Jahrelang ging ohne mich nichts. Jetzt auf einmal geht alles nur noch ohne mich. Ich muss schon ziemlich mein Erwachsenen-Ich hervorholen, um das locker wegzustecken. Manchmal würde ich mich am liebsten in die Ecke zurückziehen und schmollen.«

Natürlich kann man versuchen, ein wenig dagegen anzuarbeiten. Kann sagen: »Ich möchte, dass wir gemeinsam zu Abend essen, damit wir wenigstens 15 gemeinsame Minuten am Tag haben«, aber auch das trägt nur eine gewisse Zeit. Irgendwann wird auch die Verabredung zum gemeinsamen Spiel uninteressant. Es ist ja schon Herausforderung genug, 16-Jährige dazu zu bringen, mit einem in den Urlaub zu fahren, wie soll man da mit einem Spieleabend begeistern?

Aber es war nicht nur so, dass ich allein zu Hause saß, mit meinen Pizzaplänen und »Dem letzten Bullen« – ich fühlte mich auch innerlich allein. Natürlich wusste ich, dass Ben mich als seine Mutter liebt, dass ich für ihn wichtig bin, dass er zu mir kommt, wenn irgendetwas Schlimmes passiert, aber ich war von jetzt auf eben auch nur noch das. Der Notnagel. Die Frau im Hintergrund.

Ich hatte keine Ahnung, dass mich das in eine tiefe Krise stürzen würde. Dass ich unausgeglichen sein und mich hilflos fühlen würde. Und ungerecht werden, in meiner Wut darüber, dass ich mit meinen Bedürfnissen so allein gelassen werde. Was eben noch gemeinsam war, war auf einmal nur noch meines. Und ich war die Doofe. Die alberne Mutter, die hoffte, ein Federballspiel oder ein Nudelauflauf könnten gegen Bens Freunde ankommen.

Der große Betrug

Im Nachhinein wünsche ich mir, es hätte mal jemand in so einer Therapeutensprache gesagt: »Das macht einen ganz schön traurig. Man fühlt sich zurückgesetzt und ausgenutzt. Denn man ist ja immer noch für alles zuständig. Soll immer da sein, wenn es nötig ist, aber es kommt nichts mehr zurück. Früher wurde die mütterliche Fürsorge belohnt. Durch Kuscheln, durch die intensive Bindung. Man wird belohnt durch all die wunderbaren Momente des Miteinanders. Das Lustige, das Schöne, die Liebe. Auf einmal aber tut und macht man, doch das Gegenüber kündigt die Wechselseitigkeit auf. Das verletzt. Das kränkt. Und es macht wütend.«

Aber es war kein weises Weib zur Stelle. Und statt zu merken, dass ich ein Problem habe, habe ich mein Kind als das Problem ausgemacht. Das war ganz einfach: Ich habe Ben in seinem Handeln beobachtet und nach Dingen gesucht, deretwegen ich an ihm rummeckern konnte. Das fiel mir leicht, denn die Kinder machen es einem in der Pubertät ja sehr leicht, solche Dinge zu finden. Totales Chaos im Zimmer, kein Engagement für die Schule, kleinste Kleinigkeiten, die sie nicht hinbekommen, wie die Spülmaschine auszuräumen, den Entschuldigungszettel beim Lehrer abzugeben, das Fahrrad aufzupumpen.

So war es auch bei uns. Die ganze Zeit hatte ich an Ben etwas auszusetzen und habe gar nicht gemerkt, dass es oft genug um etwas anderes ging. Um mich. Denn es war ja nicht schlimm, dass er ständig woanders schlafen wollte. Blöd war das nur, weil ich ihn gern am Wochenende zu Hause gehabt hätte. Mutter, die ich nun mal bin, dazu noch als Getrennterziehende, die eh nur alle zwei Wochen das Kind am Wochenende bei sich hat, wollte ich meine Brut einfach gern um mich haben. Oder das Abendessen: Ich war sauer oder eher noch beleidigt, wenn er zum Essen nicht da war und sich stattdessen mit Freunden traf. Für mich ging es darum, in diesem zerfledderten Alltag eine gemeinsame halbe Stunde zu haben, damit die Chance besteht, mitzubekommen, wie er beieinander ist. Elterliche Kontrolle zu behalten. Zu prüfen, ob die Dinge so sind, wie sie sein sollen, damit man wenigstens halbwegs vorbereitet ist, wenn irgendwann die Schule anruft oder die Polizei in der Tür steht. Aber statt zu denken: »Mist, wenn das so weitergeht, reden wir bald gar nicht mehr miteinander!«, fühlte ich mich zurückgewiesen. Was totaler Blödsinn war, schließlich ist es nicht schwer nachzuvollziehen, dass es dreimal toller ist, seine Zeit mit Seinesgleichen in einem Asia-Imbiss zu verbringen, als mit der seit 15 Jahren bekannten Mutter, bei der man nie weiß, was sie nun schon wieder zu meckern hat, am Tisch zu sitzen.

Ich wurde immer saurer. Und Bens Abkehr größer, denn wir stritten immer mehr. Gebessert hat sich das Klima erst, als mir bewusst wurde, dass ich gerade beobachte, wie sich mein Kind von mir löst, und dass mich das unendlich traurig macht. Und dass ich das nicht will. Dass ich noch gern die Mutter eines Kindes wäre, das mich braucht, und nicht die eines jungen Menschen, der versucht, zusehends ohne Eltern klarzukommen.

Doch diese Einsicht macht die Trauer nicht besser. Ich glaube sogar, es macht sie noch schlimmer. Denn dadurch, dass wir uns weniger stritten, konnte ich meinen Sohn nicht mehr so blöd finden. Bis dahin hatte der Ärger mich gepanzert. Ich hatte den elterlichen Groll über das Kind wie einen Schutzschild vor mir hergetragen. Diese Abgrenzung Ben gegenüber, die Betonung seiner Unzulänglichkeiten und der pubertätsbedingten Blödheit, die Streitereien hatten sich vor die Zugänge gelegt, an deren Ende die große Liebe für mein Kind wie ein zu hütender Schatz lag.

Und wenn diese Liebe, als Ben klein war, völlig klar und rein war, so hat sie, seit der Lösungsprozess sich zwischen uns geschoben hat, trübe Flecken. Ich kann diese Liebe nicht mehr empfinden, ohne dass Schmerz sich daruntermischt. Der Abschieds- und Verlustschmerz breitet sich bis heute unweigerlich in jedem guten Moment aus und macht mich zum angeschlagenen Muttertier: Ich fühle mich verwundet.

Manchmal ist es, als schleppte ich mich angeschossen durch den Wald. Oder mit einer entzündeten Wunde, weil ich mit dem einen Bein in eine Falle geraten bin. Träfe ein Jäger auf so ein Tier, er würde es erschießen. »Damit es nicht leidet.« Wir Mütter müssen – wie bei anderen Verlusten auch – durch die Trauer durch. Müssen den Prozess aushalten und können nur hoffen, dass es irgendwann aufhört.

All das hätte ich gern vorher gewusst. Einfach, damit ich mich nicht so betrogen fühle. Denn so fühle ich mich: betrogen. Es ist, als hätte ich etwas Großes gekauft, etwas, für das man richtig viel Geld ausgegeben hat – ein wunderbares, großartiges Bild vielleicht – und von dem man denkt, das habe man nun für ewig. Und es wird einem verschwiegen, dass man es nach 15 Jahren wieder abgeben muss. Dass ein Lieferservice kommt und das, was man so mag und das so unweigerlich zu einem gehört, wieder abholt. Das fühlt sich beschissen an. Ein Gefühl der Ohnmacht steigt auf. Und eines der Wut. Und der Gedanke: Das hätte ich wissen müssen. Ich hätte mich sicherlich nicht gegen das Bild entschieden. Aber ich wäre vorbereitet gewesen.

Das letzte Jahr

Vor ein paar Wochen ist mein Sohn in die 12. Klasse gekommen, seine letzte.

Noch ist nicht klar, wie es nach der Schule mit und für Ben weitergeht, ob er ein Jahr »chillen« wird, so wie die Tochter einer Freundin. Ein Jahr zu Hause abhängen, nicht viel tun und dadurch den Eltern auf die Nerven gehen.

Es könnte aber auch sein, dass Ben etwas machen will. Reisen oder ein Soziales Jahr. Oder dass er zu studieren anfängt. Vorstellen kann ich mir das nicht. Er ist so faul und phlegmatisch, ich nehme an, er wird sich für die Variante des gepflegten Lotterlebens entscheiden. Aber darum geht es nicht. Es geht darum, dass noch nicht klar ist, was kommt, ob er auszieht oder zu Hause wohnen bleibt. Und ich trotz dieser Unklarheiten das Gefühl habe, dies sei »mein letztes Jahr«. Es ist, als sei irgendwo festgeschrieben, dass mit dem letzten Schuljahr auch unser letztes gemeinsames Jahr beginnt. Und mit diesem Gedanken mache ich mich verrückt. Alles, was in dieser letzten Schulzeit passiert, ist mit Bedeutung aufgeladen. Alles ist besonders. »Das letzte Mal«. Mein Hirn ist geflutet von »Das-letzte-Mal«-Momenten. Ich könnte entspannt sein, aber ich mache sein letztes Schuljahr zu meinem letzten Schuljahr. Zu meiner Verabschiedung aus dem Schülermuttersein.

Das Tagebuch

Entsprechend beginne ich, ein Tagebuch zu führen. Ein schönes pinkfarbenes Heft mit einem schwarzen Rand wie ein

Trauerrand wähle ich aus und schreibe in hübscher Schrift mittig »Mein letztes Schuljahr« darauf. So sehr das im Nachhinein gegen mich spricht, so sehr spricht für mich, dass es nur zwei Einträge gibt. So luschig ich oft als Mutter war, so wenig ich mich um Dinge wie »Ist das Turnzeug sauber?« gekümmert habe, so wenig habe ich den Ehrgeiz, das Heft wirklich zu füllen. Immerhin lustig sind die beiden Einträge:

»20.8.2014: Morgen beginnt mein letztes Schuljahr. Nach all den Jahren, nach der Sonnenblumeneinschulungszeremonie, den vielen, vielen Jahren, die erst mit der einen Lehrerin, dann mit der anderen – alle laut Kind natürlich blöd und unfähig – vorbeigeplätschert sind, beginnen morgen die ultimativen 365 Tage, die schon jetzt nicht mehr vollzählig sind.

Ich sehe sie vor mir, die Bilder der Einschulung. Es ist, als spule ein alter Super-8-Film vor meinen Augen ab, so wie die Filme meiner Kindheit. Verwackelte Bilder mit dem Gelb der Sonnenblumen, die die Kinder in den Händen halten. Stolz, Freude, Erwartung – alles, was vor einem liegt, gefangen in wenigen Bildern.

Morgen geht es los. Der erste von den letzten Tagen. Ich wollte Ben gern Spiegelei zum Frühstück machen. Was Leckeres, Deftiges, was Vorbereitendes aufs Brot.

Aber es ist kein Ei mehr da. Er hat sie alle aufgegessen, zusammen mit dem Mädchen, mit dem er den heutigen Tag im Bett verbracht hat.

Ich bin gerade nach Hause gekommen. Ich war aus. Aus mit einem, der 39 ist. Immerhin das geht noch.«

Auch im zweiten Text geht es ums Essen. Es scheint mein immer wiederkehrender Ausdruck mütterlicher Bekümmerung und Liebe zu sein:

»21.8.2014: Wüsste ich, wie viele Schultage Ben dieses

Jahr hat, könnte ich sagen, ich habe heute das so und so viel letzte Schulbrot geschmiert. Und in der Folge jeden Tag runterzählen.

Mutter sein, Brote schmieren – es gibt wenig so Deckungsgleiches.

Zum Abendbrot Fischstäbchen. Mein Sohn wird bald 18, und ich mache immer noch Fischstäbchen. Schnell, unkompliziert. Der einzige Unterschied zur ersten Klasse: Ben geht heute los und kauft sie.

Beim Essen haben wir eine wunderbar lustige Konversation, die in einem völlig überraschenden Losprusten auf beiden Seiten gipfelt. Ein schönes, inniges Lachen. Ein Burmester-Lachen, 2 ergibt 1. Ein Lachen, eine Situation, die es wert ist, dass man bis 20 Uhr auf sie wartet.«

Das war es dann auch schon mit den Einträgen. Und ich bin gottfroh, dass es nicht mehr geworden sind. Die Vorstellung, ich hätte weiterhin über das Essen geschrieben, lässt mich doch sehr an mir zweifeln.

Trotzdem ist »das letzte Jahr« ein besonderes. Weil es einen Rahmen steckt, hinter dem sich die Auflösung bereithält. Und schon jetzt beinhaltet dieser Rahmen Eckpunkte, vor denen es mir graut. Bens 18. Geburtstag im Oktober geht in die Richtung, ist aber nicht so schlimm. Schlimm ist die Zeit der Abiturprüfung und all die mit dem Ende der Schulzeit verbundenen Festivitäten wie der Abiball samt Zeugnisvergabe. Denn immer ist es »das letzte Mal«, immer bringt mich dieses »letzte Mal« dem ultimativen Abschied näher.

3

Der Schmerz der Mütter
oder: Worüber
reden wir eigentlich?

Ich bin unglaublich gern Mutter. Das war ich immer. Zu jedem Zeitpunkt. Auch wenn das Kind natürlich manchmal
nervt. Wenn einem alles zu viel wird. Der ganze Kram, um
den man sich kümmern, den man regeln und arrangieren
muss, während es noch so schreckliche Dinge wie »Haushalt«
gibt und man auch noch arbeitet und das Auto zur Reparatur
gebracht und die Steuer abgegeben werden muss und dann
da ja vielleicht auch noch so etwas wie eine Beziehung ist,
die am Leben erhalten und gepflegt werden will. Oder eben
auch keine Beziehung. Also das Alleinsein bewerkstelligt
werden muss, ausgehalten und ertragen, und man inmitten
des zu erledigenden Alltags mit Kind obendrein das Gefühl
hat, allein dazustehen. Ungeliebt und ununterstützt und einfach scheißdrecksmäßig allein. Ich kenne diese Zustände alle.
Die Versuche, innerhalb der Beziehung alles hinzubekommen. Und die schlimme Zeit allein. Sechs Jahre war ich nach
der Trennung von Bens Vater ohne Beziehung, und manchmal habe ich gedacht, es läge ein Fluch auf mir. Irgendetwas
Unsichtbares stünde auf meiner Stirn, das alle interessanten
Männer lesen könnten. »Unfähig« steht da. »Lass bloß die
Finger davon«. Oder »Macht Bauchweh«.

Rückblickend war es eine schwere Zeit, und auch für Ben
tut es mir leid. Ich war in diesen Jahren oft unleidlich und

unausgeglichen und sicherlich nicht immer die Mutter, die man gern sein möchte. Diejenige, die leichtfüßig und guter Dinge das Kind umschwirrt und es ab und zu mit dem Zauberstab elterlicher Ansage berührt, auf dass es geführt und geleitet seinen Weg geht, gut durch die Schule kommt und voller Freude sein Zimmer aufräumt. Nein, ich war die Mutter, die meckert, die motzt, die laut wird, und zwar mehr als nötig. Schlicht, weil es mir oft genug nicht gut ging und ich keine Kraft hatte, erfüllt von Leichtigkeit meinem Kind den Weg zu weisen. Und wie alle Kinder mit Eltern, die eine Krise erleben, deren Ehe hinüber ist, wo die Schulden drücken, Arbeitslosigkeit das Miteinander belastet oder sich ein Elternteil in die Arbeit flüchtet, wird es für Ben nicht immer lustig gewesen sein.

Aber ich war immer gern Mutter. Ich habe vollstes Verständnis für Frauen, die keine Kinder wollen und für diejenigen, die den Schritt, welche bekommen zu haben, bereuen. Ich aber habe an meinem Muttersein nie gezweifelt. Nie den Tag verflucht, an dem ich schwanger wurde. Und mir auch nie ausgemalt, was ich alles tun könnte, wenn ich kein Kind hätte. Ab dem Moment, als Ben da war, war ich eine leidenschaftliche, hingebungsvolle Mutter. Auch wenn ich mich bis heute weigere, Cupcakes zu backen, und nicht zu denjenigen gehöre, die mit den Lehrern reden, damit ihr Kind eine bessere Note bekommt.

Diese besondere Beziehung zwischen Eltern und Kindern beeindruckt mich noch immer. Es ist die Bedingungslosigkeit, die mich so fasziniert, und auch wenn die mit den Jahren wohl zu beiden Seiten weniger wird, wenn mein Sohn so viel kritischer mir gegenüber wird und ich im Gegenzug den ein oder anderen Umstand erdenken kann, der meine Liebe schmälern würde, so wird doch wohl ewig dieses sehr spezielle Band zwischen uns bestehen.

Es ist jetzt, kurz vor seinem 18. Geburtstag, nicht so, dass

Ben mich gänzlich nicht mehr braucht. Fast seinen gesamten Alltag organisiert und lebt er ohne mich, und er bekommt das gut hin. Und dennoch merke ich, dass ich nicht egal bin. Dass er noch nicht ganz ohne Mutter leben will. Es sind die Anrufe, die SMS, in denen er fragt, ob ich zu Hause bin oder wann ich da sein werde. Manchmal fragt er das, um zu erfahren, ob er die Wohnung für sich allein hat, aber häufig geht es um eine Rückversicherung. Ich bin nicht mehr nötig, damit es warmes Essen gibt oder er die Schulsachen beieinander hat, für all diese Dinge braucht er mich nicht mehr. Aber er braucht mich innerlich. Ebenso wie seinen Vater. Wir sollen noch da sein, aber im Hintergrund. Unser Dasein ist erforderlich, damit er frei agieren kann. Damit er sich wie ein Erwachsener in der Welt da draußen bewegen und sie erkunden kann.

Mir gefällt das. Keine Ahnung, welchem Teil meiner Psyche das schmeichelt, aber es ist ein schönes Gefühl. Beziehungsweise ein schönes Wissen. Entsprechend genieße ich dieses Miteinander. Dieses Leben mit einem fast Erwachsenen, mit dem man nicht länger über Pippi Langstrumpf spricht, um ein gemeinsames Thema zu haben, sondern über Politik und den gestrigen Sonntagstalk von Anne Will. Über den Sinn und Unsinn eines Alkoholverbots in der Innenstadt und den neuen Kinofilm von Fatih Akin. Es ist das Zusammenleben mit »jemandem, bei dem man sich nicht mehr groß einmischen muss«, wie eine Mutter von drei Kindern im Alter von 15 bis 19 es benennt.

Und doch fehlt mir etwas. Eben das: das Kümmern. Verantwortung zu übernehmen. Das, was es mit Kindern so anstrengend macht, dieses ständige Zuständigsein, Ansprechpartnerin für jeden kleinen Kram, ist es, was mir fehlt. Einerseits. Denn das trifft die Situation nur oberflächlich. Es geht auch um das, was an dem Kümmern hängt. Die Kinderwelt, die sich daran anschließt. Diese hinreißend süße, schräge Kleinmenschenwelt. Es ist das eine, zum Abendbrot Möhren und Rote Bete aufzuschneiden, damit das Kind Gesundes isst. Es ist das andere, daraus einen Turm zu bauen oder die Teile wie eine Sonne auf dem Teller zu drapieren und mit so etwas Banalem eine Freude zu machen. Oder die Socke vor dem Anziehen über die Hand zu ziehen und sie wie eine Puppe sprechen zu lassen, auf dass der Dreijährige kichert und lacht und mit dem Strumpf einen Dialog beginnt. Oder in der ersten Klasse jeden Morgen etwas auf die Brottüte zu malen, einen Fisch vielleicht, und »FISCH« dazuzuschreiben, weil man meint, das könnte die Entwicklung zum schlauen Kind voranbringen. Oder sich hinzusetzen, wenn man merkt, dass das Kind krawallig ist und Streit sucht, die Uhr zu stellen und drei Minuten lang abwechselnd alle schlimmen Wörter zu sagen, die einem einfallen, bis man am Ende bei »Bananenkackaarschpupsabendbrot« angekommen, die negative Energie aus dem Kind gewichen ist und wieder ein süßes Etwas vor einem sitzt.

Es ist dieses Einlassen auf die Kinderwelt, diese Reise, die so großartig ist und so bereichernd. All diesen wahnsinnigen und lustigen Figuren zu begegnen, ob in Büchern, auf der Kleidung oder in der Sesamstraße. All den wunderbaren Illustrationen und verrückten Ideen, die für Kinder bereitstehen, und sie mit einem Menschen zu erleben, der in dieser Welt aufgeht. Es ist so ein unglaublicher Spaß, unser komplexes Dasein auf das Niveau von Zwei-, Drei-, Vier- und Fünfjährigen herunterzubrechen und zuzusehen, wie sie es aufnehmen und begreifen und versuchen, sich diese Welt zu erschließen. Und das, ohne jemals doof dabei zu sein oder zu werden. Schlicht, weil diese Wesen keine Missgunst kennen. Weil es für sie immer um »das Gute« geht, nicht aber darum, anderen aus Berechnung wehzutun.

Naive Liebe im besten Sinne

Ich finde es immer noch einen der größten Momente, einem Zweijährigen ein einziges Gummibärchen in die Hand zu drücken und zu beobachten, wie das Glück diesen Menschen ergreift. Wie so ein dummes Bärchen ausreicht, die Welt für einen Moment komplett und eine kleine Person glücklich zu machen. Und so, wie jemand mit diesem geringem Aufwand so leicht zufriedenzustellen ist, waren für mich diese ersten Jahre als Mutter erfüllend. Dieses Kind zu erleben, wie es völlig ungebrochen Nähe sucht, wie es ohne jeglichen Argwohn vertraut, wie es im besten Sinne des Wortes »naiv« ist, hat etwas Überwältigendes. Und Befreiendes. All dieser Blödsinn, den wir in unserem Erwachsenenleben veranstalten, um zu gefallen – die Kleidung, die wir wählen, der Schmuck, den wir uns umhängen, die Handys, die wir kaufen, das Auto, das wir fahren, die Arbeit, mit der wir uns schmücken – das ist im Zusammensein mit einem Kind so unglaublich egal. Dieser Mensch wendet sich einem zu und vertraut, egal, wer man ist. Egal, wie dumm oder hässlich man ist, welche Geschlechtsidentität man hat und welchen Beruf. Egal, ob man schon ein Handy hat, das sprechen kann oder ein völlig unmodernes, altes. Und so, wie man als Elternteil auf einmal einem anderen Menschen den Hintern abwischen kann, ohne würgen zu müssen, und Durchgekautes mit den Fingern vom Tisch oder der Kleidung sammelt, so geht es plötzlich um das Wesentliche. Liebe, Nahrung, Miteinander.

Ich glaube, das Erfüllende dieser Zeit rührt daher, dass man diese Erfahrung nicht allein macht, sondern mit und durch den neuen Menschen.

Niemand hat mein Herz so erobert wie mein Kind. Und

ich sage bewusst nicht »Mein Sohn« oder »Ben«, weil mir klar ist, dass es jedes Kind hätte sein können, das aus mir herausgekommen wäre oder das man mir als Baby überlassen hätte. Es ist nicht dieser eine Mensch. Jeder Mensch wäre es gewesen. Es ist völlig egal, ob ich Ben geboren habe oder Elisa oder ein intersexuelles Kind. Ob mein Kind weiß ist oder eine andere Hautfarbe hat oder nur einen Arm. Es ist das, was zwischen mir und der neuen Person entstanden ist, das so besonders ist. Es ist nicht einzigartig, schließlich erleben es Millionen von Eltern, aber es ist immer besonders. Und nicht zu ersetzen. Aus ebendieser Begegnung, aus diesem Gemeinsamen erwächst eine Liebe und eine Zuneigung, die das Verhältnis zu meinem Sohn für mich so bedeutungsvoll sein lässt. Die Besonderheit ist genau dies: Diese Jahre des ungebrochenen, echten Miteinanders, einer Nähe und Liebe, die ganz anders ist, als all die anderen Liebesbeziehungen, die es im Leben geben mag.

Und selbst in diesen ersten Jahren bekommt man es schon mit dem Thema Abschied zu tun. Etwa bis Ben fünf Monate alt war, habe ich ihn voll gestillt. Dann habe ich begonnen zuzufüttern. Zum Schluss hat er einmal am Abend die Brust bekommen. Ich weiß noch genau, dass ich eines Tages dachte, ach, ich lass das heute mal weg und guck, was passiert. Ob er meckert, ob er schreit, ob er nach der Brust greift. Also habe ich ihm zur üblichen Zeit nicht die Möglichkeit zum Trinken gegeben. Und es hat ihn überhaupt nicht interessiert. Mein Kind hat nie wieder nach meiner Brust verlangt. Kein Quengeln, kein Gewohnheitsnuckeln, nichts. Für ihn war das Thema durch. Ich war, ehrlich gesagt, etwas beleidigt.

Der Wunsch nach dem kleinen Kind

Mit der Einschulung entfernt man sich deutlich aus dieser Nähe, aus diesem innigen Miteinander. Theoretisch hat man also Zeit, sich an das Loslassen zu gewöhnen. Damit, so wie jetzt, wenn das Kind groß ist und in die Welt aufbrechen will, ich als Mutter sagen kann: »Es ist alles gut. Geh Du nur.«

Aber so ist es nicht. Ich habe das Gefühl, die Jahre dazwischen haben ihre Wirkung nicht in genügendem Maße getan. Da geht nicht der Sohn, der groß und reif ist, sondern ich verliere das, was ich in Wahrheit schon vor langer Zeit verloren habe, dessen Verlust aber nie in der Tiefe spürbar geworden ist: das kleine, über die Maßen geliebte Kind und die gemeinsame Zeit.

Wie sehr der Wunsch danach, Mutter eines kleinen Kindes zu sein, noch immer existent ist, hat mir ein Traum vor Augen geführt, der mich ziemlich schockiert hat. Ich träumte, ich wäre zusammen mit einer anderen Person in einer Wohnsiedlung. Es ging um ein Mädchen, vielleicht fünf Jahre alt, das dort abgeholt werden sollte, weil die Eltern sich nicht kümmerten, es viel allein war. Als wir in der Wohnung ankamen, war da auf einmal auch ein Säugling. Die Person, mit der ich unterwegs war, drückte mir das Baby in den Arm, um sich um das fünfjährige Mädchen zu kümmern. Ich hielt also den Säugling auf dem Arm, schaute aber zu der Person und der Fünfjährigen. Als ich irgendwann den Kopf senkte und auf das Baby guckte, hatte es intuitiv meine Brust gesucht und saugte. Wie nur im Traum möglich, waren ohne Zutun mein Pulli und BH weg, die Brust war bloß, und das Kind trank. Und nun folgte, was mich wirklich umhaut und erschreckt: Es kam Milch. Da stand ich in meinem Traum als die reale Person, die ich bin: Silke, 48 Jahre alt, vor 17 Jahren das eigene Kind abgestillt, danach nie wieder schwanger. Und wie selbstverständlich kommt Milch aus meiner Brust. Alles noch da. Alles bereit. Man muss mir nur ein Kind anlegen, und die Milch läuft.

Mich hat dieser Traum tagelang mitgenommen und beschäftigt, und er schockiert mich noch immer. Weil er – was immer Psychologen darin erkennen mögen – mir zeigt, wie groß die Liebe zum und die Sehnsucht nach diesem Muttersein sind. Da ist nichts abgehakt, da ist nichts vorbei. Da scheinen sogar die natürlichen Grenzen der biologischen Bereitschaft ausgehebelt.

Mir ist schon klar, dass nicht alle Mütter so wie ich empfinden. Dass nicht alle Mütter das Gefühl haben, sie würden bei lebendigem Leib entzweigerissen. Ich weiß, dass es genügend Mütter gibt, die froh sind, wenn ihre Kinder das Haus verlassen. Und das sind nicht nur Frauen, die kein gutes Verhältnis zu ihren Kindern haben. Es sind Frauen, die lange genug Mutter waren, die vielleicht mehrere Kinder aufgezogen und nicht wie ich nur einen Durchgang erlebt haben, sondern die sich 20, 25 Jahre lang ununterbrochen gekümmert haben und für die es einfach auch mal gut ist. Oder jene, die sich auf die Zeit mit ihrem Partner freuen. Die das Gefühl haben, dass die Beziehung gelitten hat oder mit Kindern schlichtweg eine andere ist. Es sind aber auch jene Frauen, die das Ganze aus irgendeinem mir unerklärlichen Grund einfach besser wegstecken. Die zwar einen Trennungsschmerz empfinden, ein paar Wochen etwas trübselig durch die Gegend gehen, die aber nicht so in der Tiefe leiden.

Ich, Mutter mit 'ner Macke

Als das Thema für mich relevant wurde, dachte ich, ich wäre die Einzige, der es so geht, die so leidet, alle anderen hätten die Situation besser im Griff. Und: Ich kam mir blöd vor. Ich hatte das Gefühl zu übertreiben, weil das, was passiert – Kind wird groß –, und das, was daraus folgt – Mutter ist in Trauer –, im Verhältnis nicht passt. Gleichzeitig war der Impuls nur schwach zu sagen: »Jetzt reiß Dich mal zusammen!« Ich wusste, damit ist es nicht getan. Zwar konnte ich versuchen, den überbordenden Gefühlen rational Einhalt zu gebieten, indem ich mir sagte »Ben ist ja nicht tot!, er stirbt auch nicht. Er wird nur groß, es passiert nichts Schlimmes!«, aber das schien mir hilflos, denn die Trauer ging nicht weg.

Ich habe all die Zeit versucht herauszufinden, warum mich die Situation so fertigmacht. Was sagt es über mich aus, dass ich diesen Prozess als derart schmerzhaft und auch überfordernd empfinde? Was ist es in meiner Biografie, in meiner Prägung, dass die Gefühle so intensiv sind?

Ich bin durch die vielen Jahre, in denen ich gelernt habe, mich kritisch zu betrachten, geübt darin, mir auf den Grund zu gehen und Ursachen zu erkennen. Ich versuche schonungslos ehrlich mit mir zu sein, denn nur so lässt es sich vermeiden, sich etwas vorzumachen, woran man am Ende doch leidet. Das ist nicht immer schön und oft schmerzlich, aber es ist ein guter Weg, sich selbst zu akzeptieren. Und so versuche ich zu erfühlen, was die Ursache sein könnte. Was zugegebenermaßen nach schlimmem Achtsamkeitsgeschwurbel klingt. Es geht aber darum herauszufinden: Welcher Gedanke macht mir welches Gefühl? Und es dann zuzuordnen. Also lautet die Frage: Wann, wo ist etwas geschehen, das mich so intensiv, so über die Maßen empfinden lässt? Warum kann ich nicht, wie andere Mütter auch, vor seinem Auszug ein wenig geknickt sein, ein, zwei, drei Wochen lang etwas bedrückt durch die Gegend schlurfen und mich ansonsten auf mein neues Leben freuen? Warum macht mich schon der bloße Anblick meines Kindes traurig?

Natürlich überlege ich, ob es der relativ frühe Tod meiner eigenen Mutter ist, die kurz nach meinem 25. Geburtstag starb. Aber so überraschend ihr Tod auch war, so wenig finde ich an dieser Stelle Bestätigung, denn es gibt keine emotionale Überlappung. Der Verlust meiner Mutter, das Abschiednehmen vom aktiven Muttersein meinerseits – das sind zwei ganz unterschiedliche Gefühlslagen. Sie haben keine Gemeinsamkeiten.

Ich bin nicht diejenige, die zu so einer Frage liest, die sich Experten- oder Ratgeberbücher besorgt, um der Sache auf den Grund zu gehen. Und doch fiel mir zufällig Erich Fromms Abhandlung über die mütterliche Liebe aus »Die Kunst des Liebens« von 1956 in die Hände. Fromm, der Psychoanalytiker und Sozialpsychologe, schreibt darin: »Insofern die Mutter noch immer das Gefühl hat, dass der Säugling Teil ihrer selbst ist, kann es sein, dass sie mit ihrer überschwänglichen Liebe zu ihm ihren eigenen Narzissmus befriedigt.« Nicht nur, dass ich denke: »Scheiße! Das könnte es sein, irgendeine narzisstische Störung, das ist es bestimmt!« Mich erschreckt das Wort »Säugling«. Schließlich bezieht sich mein Gefühl, das Kind sei »Teil meiner Selbst« ja auf ein großes Kind. Alles also noch schlimmer. Vorsichtig beginne ich mich im Internet von A nach B und nach C zu lesen. Will herausfinden, was für eine Störung das wohl sein könnte und was irgendwelche Psychologen dazu sagen. Es wird schnell schlimm. Sehr schlimm. Und ich beschließe, nein, das ist es nicht. Ich weiß, ich bin nicht gagamäßig gestört. Ich bin vielleicht ein wenig gestört, aber ich habe keine Lust, mir selbst einzureden oder mir einreden zu lassen, dass ich ernsthaft, also krankhaft, einen an der Marmel habe. Zumal ich bei aller Beknacktheit meinerseits nicht glaube, mein Kind zu tyrannisieren oder es in seinen Ablösebestrebungen zu bremsen, was zu den Ausprägungen der Schreckensszenarien gehört, die die Psychologen im Netz parat halten.

Trotzdem nahm ich an, ich wäre die eine aus dreihunderttausend Müttern, die so eigenartig empfinden. Alle anderen, so mein Denken, bekommen das hin. Beziehungsweise haben gar nicht erst solche Gefühle, die sie beuteln und ihnen die Zeit versauen. Schon gar nicht ab der Pubertät. Jahre zu früh. Alle anderen Mütter, so meine Annahme, sind Mütter, die ihre Kinder lieben, die aber irgendwie ein besseres Maß für ihre Zuneigung gefunden haben und vielleicht ihr Kind nicht so dämlich überhöhen, wie ich das tue. Den Eindruck hatte ich zwischendurch: Ich überhöhe Ben. Weil ich ihn so liebe und weil er so ein angenehmer Mensch geworden ist, weil ich mich so freue, dass aus diesem süßen, kleinen Etwas jemand erwachsen ist, den ich mit dem wunderbaren Gefühl in die Welt schicke, dass er sie bereichert, dachte ich irgendwann: »Burmester, Du spinnst. Du bist verliebt in Deinen Sohn! Und weil Du ihn so toll findest, weil er so lustig ist und so charmant, so selbstironisch und witzig, weil Du in diesem Zusammenhang irgendeine Psychomacke hast, hast Du diese Gefühle. Wärest Du normal, hättest Du nicht irgendwo eine Wunde, die Dich so unglaublich sentimental macht, was Abschiede anbelangt, würdest Du nicht so ausflippen. Kein Mensch ist so! Nur Du, Burmester, Du Mutter mit 'ner Macke!«

Irgendwann traf ich auf einer Party Claudia, eine Kindergartenmutter, wieder. Wir tauschten uns darüber aus, was die Kinder so machten, was ihre Pläne seien und wie es uns so geht. Und Claudia sagte, sie fühle sich schrecklich. Zu sehen, wie groß Lotta jetzt wäre, so kurz davor, erwachsen zu sein, sei furchtbar. Ihr ginge es entsetzlich, sie leide wie ein Tier. Ich erinnerte mich, dass Claudia wie ich im Kindergarten zu denjenigen gehörte, die bei Aufführungen und Verabschiedungen immer mit den Tränen zu kämpfen hatten. Also noch eine Mutter mit Macke, dachte ich.

Und doch begann ich behutsam, zwei Freundinnen von meinem Schmerz zu erzählen. Ich tat es behutsam, weil es mir unangenehm war. Weil an dieser Stelle so offensichtlich zu werden schien, dass ich, was mein Kind anbelangt, nicht normal bin.

Die Erleichterung trat noch im Gespräch ein. Denn jede wusste eine andere Freundin zu benennen, der es ähnlich ging. Die eine litt auch schon Jahre vor dem Auszug der Kinder unter dem Abschied, sprach ständig davon und wollte sich im Abiturjahr der Tochter freinehmen, um »ein letztes Mal für sie da zu sein«. Die andere klammerte sich an ihre Kinder und begann ihnen mit ihrer angstbefrachteten Liebe die Luft zu nehmen.

Wie gesagt, einerseits war ich erleichtert, nicht die Einzige zu sein, andererseits klang das alles so gruselig, dass ich befürchtete, wer so leidet, hat eben doch einen Schaden.

Ich habe dann begonnen, das Thema häufiger anzusprechen. Andere Frauen zu fragen, wie sie die Zeit erleben, beziehungsweise wie sie bei ihnen war. Und wenn ich auch sehr viele getroffen habe, bei denen es nur jene Kurzschmerzphase gab, die das Leben bloß für einen Moment etwas schwermacht, so sind mir doch genügend Frauen begegnet, die wie ich eine wirklich schwere Zeit rund um das Erwachsenwerden ihrer Kinder haben oder hatten und die mir zeigten, es sind weder wenige Frauen noch sind es die komplett gestörten, die aus der Bahn geworfen werden. Es sind ganz durchschnittliche Frauen, die zum Teil völlig unterschiedlich in der Situation agieren, die aber alle in diesem einen Punkt verbunden sind: dem der Trauer. Dieser tief empfundenen Trauer des Verlustes und des Endes.

Mich hat stark beschäftigt, was dieser Schmerz ist, der sich an schlimmen Tagen anfühlt, als würde ich meinem Kind beim Sterben zugucken. Ich habe nicht zu fassen bekommen, was es ist, das mich so mitnimmt. Bis eine Mutter ein Wort sagte, mit dem sich ein Vorhang öffnete, hinter dem zumindest ein Teil der Erkenntnis liegt. Sie, Mitte 50 und Mutter zweier Töchter Anfang 20, sagte: »Es ist wie Liebeskummer. Und das ist es am Ende ja auch. Liebes-Kummer.«

Ja, das ist es. Liebeskummer. Das Fortgehen meines Sohnes ist wie die einseitige Auflösung einer Liebesbeziehung, in der jemand zurückbleibt, der das überhaupt nicht will. Und der zusehen muss, wie er damit klarkommt. Wie er das Ende einer Beziehung verkraftet, die er nicht loslassen will, die er weiterleben möchte und der verlassen von dem, was er – vielleicht am meisten auf der Welt – liebt, zurückbleibt.

Es ist nicht so sehr das Äußere, das in dem Begriff »Empty Nest« mitschwingt, das den Kummer begründet. Nicht so sehr das leere Haus, die halb vollen Kochtöpfe, der leerere Kühlschrank, das eventuell langweiligere Sitzen am Esstisch. Mein Schmerz dreht sich vielmehr um den Umstand, dass diese wunderbare Einheit in zwei Teilen, die wir waren, bald nur noch aus einem Teil besteht. Oder eben doch aus zweien, die aber getrennt voneinander durch das Weltall schweben. Keine Nabelschnur mehr, kein elastisches Band, bei dem man spürt, was am anderen Ende los sein könnte.

Eine Freundin erzählte mir, sie und eine weitere Bekannte hätten den Termin an dem der Sohn einer gemeinsamen Freundin auszieht, schon Wochen vorher in den Kalender eingetragen. »Wir müssen dann für sie da sein«, sagte meine Freundin. Der Tag des Auszugs – eine emotionale Herausforderung wie ein Scheidungstermin oder eine schwere Operation.

Zur Not aus dem Nest schubsen

Natürlich ist es ein Trost, dass man sich nicht im Streit trennt, dass der andere nicht geht und die Liebe aufkündigt. Aber dennoch geht er. Geht, um ein anderes Leben zu leben, das gemeinsame Leben und das Miteinander zu verlassen.

Es ist, zumindest in meinem Fall, eine einseitige Entscheidung. Von mir aus muss Ben nicht ausziehen. Von mir aus können wir noch etliche Jahre zusammen weiterleben. Aber das wäre nicht gut. Das hat – und das spüre ich deutlich – die Natur nicht vorgesehen. Wenn der Nachwuchs, wenn die Brut flügge ist, und die Eltern nicht mehr braucht, um sich fortzubewegen und Nahrung zu finden, dann muss sie das Nest verlassen. Und wenn die Brut nicht will, wenn sie sich einkuschelt in dem bequemen Versorgernest, müssen die Eltern nachhelfen. Dann müssen sie die großen Kleinen aus dem Nest schubsen. Ben wird, wenn er mit der Schule fertig ist, reif sein, sich in einem neuen, unbekannten Umfeld auszuprobieren. Und auch hier, wie schon als kleines Kind, wird er lernen und begreifen, wie die Welt, wie das Leben funktioniert. Ihn davon abhalten zu wollen, wäre falsch. Es entspräche nicht der Logik der Entwicklung.

Das kann ich alles rational begreifen. Das kann ich alles richtig finden. Und dennoch fühlt es sich an wie Liebeskummer. Richtig schlimmer, beschissener Liebeskummer.

Und wie beim richtig schlimmen Liebeskummer kann ich mir nicht vorstellen, dass der Schmerz vorbeigeht. Dass es irgendwann gut sein wird. Ich weiß, dass es so kommt. Dass das nicht nur im Bereich des Möglichen, sondern im Bereich des Wahrscheinlichen liegt. Ich habe die Gedanken alle parat. Aber ich fühle sie nicht. Ich fühle nur das andere: das Reißen an meinen Gliedern und diese tiefe, tiefe Trauer, die sich anfühlt, als fiele ich in einen Brunnenschacht.

Die erste Abiturprüfung

Ich wache auf und bin augenblicklich wachkrankaufgeregt. Heute schreibt mein Sohn Abitur. Heute ist die erste von drei schriftlichen Prüfungen. Obwohl ich finde, dass mein Kind am Tag seiner Abiturprüfung bei seiner Mutter sein sollte, ist Ben bei seinem Vater. Es ist Vaterwoche.

Ich will an dieser Stelle nicht das Mutter-Fass aufmachen. Will nicht sagen: »Ja, aber eine erste Prüfung ist eine erste Prüfung, das ist quasi die Mutter aller Prüfungen, deswegen musst du auch bei ebendieser sein.« Mir ist ja klar, dieser Wunsch ist mein Problem. Es Ben aufzudrücken, ist nicht fair.

Also schläft das Kind bei seinem Vater, und ich rufe morgens an. Alle sind bester Dinge. Der Prüfling sei ganz ruhig, sagt der Ex, total entspannt, habe schon gefrühstückt und putze gerade Zähne. Dann gibt er das Telefon an Ben weiter. Ja, alles fein, sagt das Kind. Keine Aufregung. Wird schon alles werden. Ich wünsche Glück, und wir legen auf – und natürlich fange ich jetzt an zu weinen. Es ist acht Uhr morgens, halb Hamburg schreibt heute Abitur, und ich dummes Mutterhuhn liege im Bett und heule.

Und denke: »Da ist sie wieder, diese durchgeknallte Mutter mit dem Schaden. Keine Frau ist so gestört wie ich.« Keine andere Mutter hängt am Morgen des Abiturs zwischen den Federn und ihr laufen die Tränen übers Gesicht, weil das Kind die erste entscheidende Prüfung seines Lebens schreibt. Wobei die Prüfung nicht das Entscheidende ist, sondern – mal wieder – der Abschied, den die Prüfung symbolisiert, und mit der der große Abschiedskanon eingeleitet wird.

Und doch bin ich unsicher, ob ich wirklich die Einzige bin. Tatsächlich bin ich mir sicher, ich bin es nicht. Ich bin überzeugt, hier in dieser Stadt, in diesen Minuten gibt es noch andere Mütter, denen es schlecht geht.

Ich habe einen Impuls, den ich sonst nie habe: Ich würde mich gern austauschen. Ich würde gern mit diesen anderen Müttern reden.

Ich hasse Foren. Internetforen, auf denen Menschen übers Kuchenbacken diskutieren und darüber, dass der Kleine noch immer in die Hose macht. Und doch möchte ich an diesem Morgen via Internet in die Welt rufen: »Geht es Euch auch so schlecht? Findet Ihr es auch todtraurig, dass Euer Kind heute Abitur schreibt???«

Gern wäre ich in diesem Moment vernetzt. Würde irgend so einem Mütter-Ding angehören, mit unterforderten Hausfrauen und Übermüttern. Wo Andrea, Katrin und Susanne mir jetzt zustimmen und sagen, dass ihnen auch ganz anders zumute ist und dass sie mich gut verstehen. Dass sie genau wissen, was ich meine.

Aber natürlich passiert das nicht, weil es mir viel zu peinlich ist, auf dieser Ebene mit anderen ins Gespräch zu kommen. Also bleibe ich allein mit dieser beschissenen Traurigkeit und denke wieder einmal, ich habe eine Macke. Ich habe schlichtweg eine Macke, am Tag der ersten Abiturprüfung zu heulen.

Und weil das ganze Geflenne nichts nützt und ich gern über mich selbst lachen würde und mich auch nicht so richtig ernst nehmen möchte, mache ich mich fertig, um ins Büro zu gehen. Aber wie schon so oft, wenn der Schmerz da ist, fühle ich mich wie ein waidwundes Tier. Ich funktioniere, ich handle, aber ich fühle mich angeschossen, verletzt, blutend. Während ich im Bad bin und mich anziehe, weine ich ausnahmsweise nicht, aber ich könnte es. Es ist, als weinte ich von innen. Als stünden mir die Tränen von innen vor den Augen.

Und dann passiert etwas, das mein Mutterherz mit sonniger Wärme erfüllt. Das Telefon klingelt. Ich sehe es auf dem Display: Ben. Es ist 8.30 Uhr. Um 9 Uhr geht die Prüfung los. Ich erschrecke und frage mich, was kann der jetzt wollen? Was kann es geben, dass er JETZT, AN DIESEM TAG, UM DIESE UHRZEIT anruft?!

»Kannst Du mal in mein Zimmer gehen!?«, sagt er, und augenblicklich befürchte ich das Schlimmste. »Da müsste so ein Zettel auf dem Schreibtisch liegen, so ein kleiner, DIN A5«, führt er aus, und das Schlimmste nimmt Form an. Mir ist sofort klar, der hat seine Zulassungsbestätigung oder was auch immer er in 30 Minuten braucht, um sein verdammtes Abitur zu schreiben, liegen lassen. Irgend so was, was jetzt richtig, richtig wichtig ist.

Eine kleinere Variante davon ist es dann auch: »Auf dem Zettel steht, wo die Prüfungen sind. Kannst Du mir mal bitte sagen, in welchen Raum ich gehen muss!?«

Er hat Glück. Das Papier liegt tatsächlich obenauf auf dem Berg an Zeugs, das sich auf seinem Arbeitstisch stapelt. Ich verzichte darauf, jetzt irgendwelche Mutterdinge zu sagen, etwa, dass das typisch sei und dass er nicht einmal am Tag seiner Prüfung ... Und gebe die Raumnummer durch.

Er bedankt sich, und wir legen auf. Und ich freue mich. Freue mich wie Hulle. Freue mich, dass es doch noch so ist, wie ich es mir wünsche. Dass das Kind mich noch braucht. Dass das vielleicht doch nicht so schnell aufhört, dieses Die-Eltern-Brauchen. Dieses Kindsein. Dieses töffelige Doch-nicht-alles-auf-die-Reihe-bekommen und dann die Eltern anrufen, damit die retten. Mich erfüllt dieser Anruf mit unglaublicher Wärme. Mir geht es augenblicklich besser. Ich mache mich fertig und radle ins Büro. Und eines ist mir sehr klar: Dieser Anruf war mein Glück. Es ist doch nicht alles so schlimm.

4

Der falsche Zeitpunkt:
Abschied an allen Fronten

Es ist unbestritten, dass es für eine Krise keinen guten Zeitpunkt gibt. Dennoch habe ich das Gefühl: Noch nie war der Zeitpunkt für den Lösungsprozess der Kinder unglücklicher als für die Generation an Müttern, die jetzt betroffen ist, und die Frauen, die es in ein paar Jahren sein werden. Denn war es früher normal, mit Anfang/Mitte 20 Kinder zu bekommen und in vielen Fällen mit Ende 20 »damit durch zu sein«, sind viele Frauen heute Anfang/Mitte 30, wenn sie ihr erstes Kind kriegen. Entsprechend alt sind sie beim zweiten oder dritten. Und damit fällt die Lösungsphase des Nachwuchses in jene Lebensphase der Mutter, die für sich genommen in vielen Fällen schon schlimm genug ist: die Wechseljahre.

Eine Frau, die mit 34 ein Kind bekommt, ist also 50 Jahre alt, wenn der 16-jährige Nachwuchs das Zuhause gänzlich zur Übernachtungsstätte mit Wäscheservice degradiert, und 52, wenn die Volljährigkeit gefeiert wird. Und damit in den meisten Fällen mittendrin in dem, was die Österreicher mit der prosaischen Bezeichnung vom »Wechsel« komplett von jeglicher Romantik befreien.

Vor 30 Jahren sah das Bild anders aus. Als wir 14 Jahre alt waren, 16 und 18, war das Gros der Mütter gerade Ende 30 beziehungsweise Anfang/Mitte 40. Und obschon die Frauen damals soziokulturell betrachtet früher »alt« waren und 40

Jahre alt zu sein vielleicht das war, was es heute bedeutet, 50 zu sein, so war die biologische Komponente der Wechseljahre für sie noch kein Thema.

Wechseljahre – ein kulturelles Konstrukt

Mit den Wechseljahren ist es eine tückische Angelegenheit. Einerseits sind sie in ihrer Ausprägung ein von der jeweiligen Kultur abhängiges Konstrukt, andererseits funktioniert in unserer westlichen Gesellschaft dieses Konstrukt in seiner Schreckensherrschaft so überzeugend, dass das zeitliche Aufeinandertreffen von Klimakterium und Loslösung der Brut das weibliche Leiden deutlich verschlimmern kann.

Es gibt erstaunlich wenig Literatur darüber, dass das Grauen, dass die berüchtigten »Wechseljahre«, die die Frau umwehen, die schlimmen Vorstellungen und Horrorgedanken, die daran hängen, kulturell bedingt sind und in anderen Gesellschaften in der uns bekannten (Schreckens-)Form nicht vorkommen. So fällt nicht nur auf, dass es in einigen Kulturen gar kein Wort für die Wechseljahre gibt und dass etwa in Japan die berühmten »Hitzewallungen« traditionell unbekannt sind, es fällt vor allem auf, dass andere Lebensgemeinschaften diese Zeit nicht so negativ besetzen. Im Gegenteil: In vielen Kulturen erlebt die Frau mit der letzten Regelblutung, der Menopause, einen Bedeutungszuwachs. Sie gewinnt an Status in der Gemeinschaft, an Respekt, wird mehr geachtet und ist nun reif dafür, wichtige Aufgaben innerhalb der Gemeinschaft zu übernehmen.

Vor allem in Ländern, in denen die Geburt der Kinder – beziehungsweise der Söhne – die Hauptaufgabe von Frauen ist, wie etwa in Teilen Afrikas und Indiens, wird die Zeit nach der Regelblutung von vielen als Entlastung und Befreiung empfunden und ist entsprechend positiv belegt.

Dass die Wechseljahre woanders weniger als belastender psychischer und physischer Prozess empfunden werden, erklärt sich auch mit der geringeren Aufmerksamkeit, die in vielen Ländern generell den körperlichen Prozessen gewidmet wird. Dies resultiert auch daraus, dass die körperlich oft extrem hart arbeitenden Frauen dieser Kulturen in ihrem täglichen Existenzkampf möglichem Leid und körperlichen Beschwerden schlichtweg keine Beachtung schenken können.

Und während ich froh bin, dass Frauen in der westlichen Welt während ihrer Periode nicht mehr wie früher als unrein gelten und nicht etwa, wie noch heute in Teilen Indiens, das Haus nicht betreten dürfen und bei den Tieren bleiben müssen, fällt im Vergleich mit anderen Kulturen auf, wie stark bei uns die Wechseljahre durch eine männlich definierte, medizinische Sicht von »Funktion« und in der Folge die körperlichen Veränderungen durch »Mangel« und »Verlust« definiert sind. So nimmt der »Östrogenmangel« eine zentrale Rolle in der Sicht auf die Frau im Wechsel ein. Liest man über die daraus entstehende »Gefahr der Osteoporose«, des Abbaus der Knochensubstanz und der Knochenstruktur, so entsteht das Gefühl, dass es ein Wunder ist, wenn man überhaupt noch aufrecht gehen kann. Anstatt wertzuschätzen, was aus der Veränderung erwächst, wird das Augenmerk darauf gerichtet, was mit der Umstellung des Körpers »verloren geht«: dickes Haar, Straffheit der Haut und der Brüste, die intensive Farbe der Scheide und ihre Lubrikation, die Feuchtigkeit, die durch ein Vaginalsekret entsteht und den Geschlechtsverkehr erleichtert. Und natürlich die Fruchtbarkeit.

Vom natürlichen Vorgang zum Mangelszenario

Die negative Konnotation, die gebetsmühlenartig im Zusammenhang mit dem Klimakterium ausgebreitet wird, die Suggestion von Qual, erinnern mich an die Panikattacke einer ehemaligen Kollegin, die ihrem kleinen Sohn vor einer Reise sagte: »Wir müssen in Spanien mit einem Schiff fahren! Das schaukelt ganz furchtbar. Das wird ganz schrecklich! Da wird man seekrank!«

So ähnlich gehen wir mit dem Klimakterium um. Wir reden Frauen ein, die Wechseljahre seien etwas Furchtbares. Etwas, das von vielen Krisen begleitet wird. Ein hormonelles Sturmgebraus, das einen rüttelt und schüttelt und in dem man nicht mehr weiß, wo oben und unten ist.

Die Motivation dahinter ist – zumindest von einer Seite – durchschaubar: Mit dem Horrorszenario lassen sich Millionen verdienen. Die Pharmaindustrie und die Mediziner haben es geschickt geschafft, einen natürlichen Prozess zum behandlungsbedürftigen Szenario und als Risiko für die Gesundheit – Stichwort »Osteoporose!« – aufzubauen. In der westlichen Welt wird das Klimakterium als ein überflüssiges Übel dargestellt, dessen unabdingbarem Schrecken man jedoch beikommen kann. So wird die biologische Entwicklung von uns Frauen zum Störfaktor.

Mit der Ermächtigung, einen natürlichen Vorgang zur Behandlungsbedürftigkeit der Frau umzudeuten und mit dem Angebot der Pharmaindustrie, uns »kranken« Frauen »zu helfen«, kommt noch eine andere Botschaft um die Ecke: Die Suggestion, ein elementarer Prozess, der mit dem Klimakterium einhergeht, ließe sich aufhalten, der des Alterns. Käme man den unangenehmen Erscheinungen bei, so die unterschwellige Nachricht, würde sich die Frau jung und vital fühlen und – von einer schönen Haut bis hin zur feuchten Scheide – ihre sexuelle Attraktivität und ihre Lebensfreude behalten. Denn anders als die Männer, die ja »reif« so unglaublich attraktiv sind, sollen wir bitte schön ewig jung bleiben. Uns den Mangel einzureden, ist ausnehmend lukrativ. 4,2 Millionen Frauen waren 2015 zwischen 50 bis 55. In diesem Jahr, so zeigen die Zahlen des Frankfurter Datenanalysten IMS Health in Zusammenarbeit mit dem Bundesverband der Arzneimittelhersteller e. V., sind in Deutschland 191,21 Millionen Euro für frei verfügbare, aber auch verschreibungspflichtige Medikamente gegen »klimakterische Beschwerden« in den Kassen der Apotheken gelandet. Die neueste Perversion, um ganz normale, gesunde Frauen in den Bereich von Kranken zu drängen, ist seit Sommer 2015 auf dem Markt. »Addyi« wurde von der US-amerikanischen Arzneimittelbehörde zugelassen und ist eine Pille, die als »Viagra für Frauen« vermarktet wird. Ein Medikament für Frauen vor der Menopause, denen eine »Hypoactive Sexual Desire Disorder« attestiert wird, also mangelndes sexuelles Verlangen. Während das Männer-Viagra kurz nach der Einnahme dazu führt, dass ein Mann, der die ein oder andere Schwierigkeit hat, seinen Penis in Stellung zu halten, auch in fortgeschrittenem Alter lang anhaltend rammeln kann, müssen Frauen das Präparat täglich nehmen, um häufiger Lust auf Sex zu haben. Im Durchschnitt stieg die Anzahl »sexuell erfüllender Erlebnisse«, wie es in den Studien heißt, bei den Probandinnen um ein halbes bis ein Mal im Monat. Die Nebenwirkungen des Präparates: Schwindel, Übelkeit, Müdigkeit, Erschöpfung. Auch Angstzustände traten unter den Nutzerinnen häufiger auf. Also lauter tolle Bedingungen, um mehr Lust auf Sex zu haben. In Kombination mit anderen Medikamenten oder dem Genuss von Alkohol warnt der Hersteller vor Blutdruckabfall bis hin zur Ohnmacht.

Die Komödiantin Martina Hill hat die Verzerrung von normalen Gegebenheiten durch die Pharmaindustrie in der ZDF-Satiresendung »heute show« auf den Punkt gebracht. Sie spielt dort eine Tabletten entwickelnde Wissenschaftlerin und knöpft sich das Frauen-Viagra vor. Der Moderator Oliver Welke, 49, Stirnglatze, Bauchansatz und auch jenseits der altersbedingten Attraktivitätseinbußen ein nicht gerade von der Natur mit Attributen der Schönheit überschütteter Mann, steht neben ihr. »Was ist das eigentlich für ein Frauenbild?«, fragt Martina Hill und zeigt auf Welke: »Wenn ich das hier nicht sexy finde – dann bin ich krank?!?«

Hübsch ist in diesem Zusammenhang ein Hinweis aus der Buchreihe »Kleine Enzyklopädie – Die Frau« von 1961. Vor rund 45 Jahren hieß es dort bereits: »Trotzdem ist festzustellen, dass heute mehr Frauen als früher mit sogenannten ›klimakterischen‹ Beschwerden ärztlichen Rat suchen. Dies mag in manchen Ländern vielleicht an der allzu großen Reklame pharmazeutischer Firmen liegen, die gerade hier eine besondere Absatzmöglichkeit für ihre Präparate sehen und auf den durchaus verständlichen Wunsch der Frauen spekulieren, ein leicht anwendbares, gewissermaßen ewige Jugend versprechendes Mittel in die Hand zu bekommen.«

Aber es geht auch aktueller: Im Jahr 2003 hat der Journalist Ray Moynihan in seinem Artikel »Die Schaffung einer Krankheit: Weibliche sexuelle Dysfunktion«, veröffentlicht im renommierten »British Medical Journal«, dargelegt, mit welcher monetär getriebenen Inbrunst die Pharmaindustrie damit beschäftigt ist, ein neues Krankheitsbild zu erschaffen.

Mir bewusst zu machen, dass das Leid rund um »den Wechsel« nicht naturgegeben ist, sondern dass es sehr wohl im

Interesse der Industrie, aber auch der daran verdienenden Ärzte ist, daraus ein großes Elend zu konstruieren, ist ein erster Schritt, dem »Horror Wechseljahre« den Schrecken zu nehmen. Denn sicher verändert sich der Hormonspiegel in dieser Zeit, und der Körper muss sich umstellen. Doch so wie meine Mutter »Migräne« bekam, wenn ein Wetterumschwung angekündigt wurde, so geht es, glaube ich, auch vielen Frauen: Sie erleben Schlimmes, weil sie Schlimmes erwarten. Oder andersrum: Wäre uns nicht so erfolgreich eingetrichtert worden, dass *es ganz, ganz schlimm* werden wird, würde es vielen nicht *ganz, ganz schlimm* ergehen.

Obendrein ist das Positive, das einem »Wechsel« innewohnen könnte, kein Thema. Anstatt das Gute, das Interessante zu betonen, das mit der »Veränderung« einhergeht – etwas Neues kommt – halten wir uns unablässig mit dem Negativen auf. Bei uns bedeuten die Wechseljahre: Ab jetzt wird radikal gealtert, und man ist reif dafür, aussortiert zu werden. Oft genug auch durch ein jüngeres Modell ersetzt. Egal ob bei der Arbeit, etwa in der öffentlichen Darstellung wie der Moderation von Fernsehsendungen, oder in der Partnerschaft – so ab 50 ist Schluss. Dann wird eine neue, eine frische Frau auf die Position gesetzt.

Es gibt für Frauen zwei Zeitrechnungen: Vor und nach dem Klimakterium. Und die Definition des »Danach« ist einfach: Etwas ist vorbei. Es geht aufs Sterben zu. Und vorher noch auf etwas, das noch unbeliebter ist als das Sterben: das Altern.

Der Alternativgedanke: Endlich reif!

Ich hätte das gern anders. Ich hätte gern eine andere Aufladung des Themas »Wechseljahre«. Wie großartig könnte es sein, wenn klar wäre: Ab jetzt werden Frauen spannend. Die Wechseljahre sind – ähnlich wie die Pubertät – eine Art Transformationsprozess, an dessen Ende eine Person steht, deren Reiz darin liegt, dass sie reif, selbstbewusst und erfahren ist. Eine Person, die den Kinderquatsch hinter sich hat, ebenso wie die blöde Periode. Eine Frau, befreit davon, eine gute Mutter zu sein und Kürbissuppe zum Laternelaufen oder Cupcakes zum Schulfest beisteuern zu müssen. Eine Frau, die weiß, wie sie zum Orgasmus kommt und das Selbstbewusstsein hat zu sagen, ich will kein Sperma im Gesicht. Eine Frau mit einer spannenden Ausstrahlung, die aus dem Wissen resultiert, mit all ihrer Erfahrung und Gelassenheit wertvoll für die Gesellschaft zu sein.

Hinge den Wechseljahren eine solche Bedeutung an, würden wir Frauen jenseits der 50 so wahrnehmen, dann würden nicht nur die Falten als attraktiv gelten, ich bin mir sicher, wir würden während des Hormonumschwungs auch nicht so leiden. Ich bin überzeugt, würden wir die Wechseljahre mit Freude erwarten, weil das, was danach kommt, als wertvoll gälte, könnten wir mit den körperlichen Veränderungen anders umgehen, würden sie als weniger belastend empfinden.

Allerdings lässt sich mit einer solchen Haltung, mit solch selbstbewussten, kraftvollen Frauen nicht viel Geld verdienen. Paradoxerweise ist gerade diese Frau im Sinne der gewinnorientierten Wirtschaft wertlos. Was soll man der verkaufen?

Entsprechend offenbart unser kultureller Umgang mit dem Klimakterium die konsequente Fortführung einer tief sitzenden Verachtung gegenüber Frauen: Eine totale Entwertung von dem Moment an, ab dem Frauen ihre »biologische Pflicht« erfüllt haben, beziehungsweise ab dem sie für die Reproduktion nicht mehr zu gebrauchen sind.

Ein Grund mehr, zu versuchen, sich der Dämonisierung der Wechseljahre zu entziehen und sich zu bemühen, die Zeit positiv zu gestalten. Allein aus Protest.

Vielleicht bin ich mit diesen Überlegungen zu naiv und mache es mir mit dieser Einstellung etwas zu leicht. Ich, die ich bislang lediglich nachts die T-Shirts durchschwitze, mein Gewicht nicht mehr dahin bekomme, wo ich es haben will, kurzatmig bin und dieses in der Tat sehr unangenehme »Herzstolpern« habe, bei dem das Herz wie ein Hase unter Strom zu hoppeln beginnt und ich schlecht Luft bekomme. Das sind laut meiner Gynäkologin noch nicht die Wechseljahre und eventuell Kleinigkeiten im Gegensatz zu den Depressionen und Angstzuständen, den Gelenk- und Muskelschmerzen, den Schlafstörungen, dem Leistungsabfall, den Herzbeschwerden, der Vergesslichkeit, der Trockenheit der Scheide, den Konzentrationsstörungen, dem Schwindel, den Kopfschmerzen und der Darmträgheit, die Frauen in der westlichen Welt laut Medizin zu erwarten haben. Aber für mich fängt das Thema des Umgangs damit an diesem Punkt an. Es wäre ein Leichtes, jetzt den Kanon des (zu erwartenden) Grässlichen anzustimmen und wehzuklagen: »Es ist so furchtbar! Das war's jetzt mit mir! Ich schwitze wie ein Schwein. Das Wasser läuft mir runter wie einem Springbrunnen! Und das ist ja erst der Anfang! Was da noch kommt! Ich merke es ja schon! Dieses Herzstolpern! Da kann man es richtig mit der Angst zu tun bekommen!

Und wenn dann erst die Depressionen da sind! Meine Güte, wird das furchtbar, ich weiß gar nicht, ob ich das aushalten werde!« Aber ich denke, es geht auch anders.

Natürlich sind die Veränderungen an sich nicht toll. Und natürlich hat es mir früher besser gefallen, als ich mal zwei Tage lang nur Kartoffeln mit Quark gegessen habe und augenblicklich zwei Kilo runter hatte, oder als ich nicht nachts davon aufgewacht bin, dass das Herz so galoppiert und die Luft wegbleibt. Aber: Ich finde den Prozess meiner Veränderung auch spannend. Sicherlich würde ich sehr, sehr gern auf die blöden Kilos verzichten, die sich am Bauch und an der Hüfte festgesetzt haben und mit denen ich mich fühle wie eine Vollschlanke aus der »Tina«, aber insgesamt finde ich den Wandlungsprozess absolut interessant. Ich bin, ähnlich wie bei der Pubertät meines Sohnes, neugierig zu erfahren, was die Natur noch vorhat. Was in meinem Leben neu und anders werden wird.

Und ich bin nicht bereit, einem durchaus auszuhaltenden Vorgang so viel Platz einzuräumen, dass sich das Monsterabbild, das die Gesellschaft geschaffen hat, darin aufblasen und breitmachen könnte. Nein, ich möchte versuchen, das Interessante für mich hervorzuheben und dem Raum zu geben, was diese Zeit auch bedeutet: das aktive Erleben der Veränderung und die Gestaltung des Neuen.

Zum Glück liegt das bereits etwas in der Luft, wandelt sich gerade das Bild der »Frau ab 50«. Zeitschriften drängen auf den Markt, die zwar einerseits in großem Maße die Konsumbereitschaft dieser Frauen stärken wollen, die andererseits aber auch sehr wohl das Selbstbewusstsein widerspiegeln, das vielen Frauen in diesem Alter innewohnt. Mir geht das alles noch nicht weit genug, ich finde das immer noch zu angepasst, zu klischeebeladen und zu konsumorientiert. Ich würde mir etwas viel Radikaleres wünschen, mit viel mehr Wut und viel mehr Lust darin, aber immerhin, es tut sich was. Bascha Mikas Bestseller »Die Mutprobe« war ein wichtiger Beitrag auf dem Weg dahin, Frauen aus der Altersfalle herauszuholen, und ich bin mir sicher, wir, die Frauen der Babyboomergeneration, die aktuell nachrücken, werden einen ordentlichen Beitrag leisten, das Bild von der Frau ab 50 zu verändern.

Über allem steht der »Abschied«

Trotz meiner weitestgehend von den Vor-Urteilen befreiten Sicht auf die Wechseljahre gibt es etwas, das auch für mich an dieser Phase in einer allumfassenden Weise hängt und das ich schwierig finde. Es ist das Thema »Abschied«.

Mehr noch als der vom Klimakterium unabhängige Alterungsprozess, der mit Anfang/Mitte 40 unübersehbar einsetzt, und die Haut an Stellen, an denen sie glatt sehr hübsch ist, zu runzeln beginnt, wird rund um die Wechseljahre das Thema »Abschied« präsent. Sicher, auch der äußerliche Alterungsprozess, die grauen Haare, die nun kommen, die Fältchen, die im Gesicht auftauchen, das weicher werdende Gewebe, steht für einen Abschied, nämlich den von der Person, die man bis dahin war. Aber die Wechseljahre haben noch einiges andere an »Abschieden« im Gepäck, die das Leben schwermachen können. Es sind Dinge, die jenseits des kulturellen Konstrukts existieren, aber auch solche, die daraus hervorgehen, und die aufzulösen bei allem Optimismus auch für mich schwierig ist. Einfach, weil sie sich im Bewusstsein eingebrannt haben. Weil sie festsitzen wie eine festgerostete Schraubenmutter.

In meinem Kopf sind das Zuschreibungen wie »Die Frau

will dann nicht mehr«. Ähnliche Phrasen sitzen in den Köpfen der anderen fest. Und die »anderen«, das sind in diesem Fall die Männer, die in der Mehrzahl Attraktivität und Sexualität an ein Alter knüpfen und Frauen ab 40 gnadenlos aussortieren.

Vermeintlich schwindende Attraktivität

Es ist eigentlich egal, wie gut wir mit rund um die 50 aussehen, welche Energie und Kraft wir ausstrahlen oder wie sehr eine schöne Seele ein Gesicht erhellt – wir fallen durch das Raster, nach dem Männer Frauen als »interessant« oder »infrage kommend« einstufen. Nach Jahrzehnten, in denen für viele Frauen die äußerliche Attraktivität eine entscheidende Rolle im Spiel um Aufmerksamkeit und Eroberung eingenommen hat, ist das eine ungewohnte Erfahrung. Und ein Abschied, der vor allem den Frauen, die viel auf ihre Wirkung gegeben haben, nicht leichtfällt. »Ich war immer eine, die auffiel. Ich war ein echt hübsches Ding«, erzählt eine Freundin, 52 Jahre alt, deren »Hübsches-Ding-Erscheinung« in eine sehr ansprechende, attraktive, aber eben auch reifere Ausstrahlung übergegangen ist. »Ich hatte nie Probleme, wahrgenommen zu werden« sagt sie. »Aber das ist weg. Komplett weg. Wenn Du gewohnt bist, dass es da ist, ist das eine echt harte Nummer.«

Der Wandel beginnt mit dem sehr angenehmen Umstand, ab Mitte 30 nicht länger Objekt dummer Anmachen zu sein. Der dumpfe, hinterhergerufene Spruch aus einer Männergruppe heraus, das Schnalzen eines Fremden auf der Straße, die Frage, ob man schon etwas vorhabe, in der U-Bahn das Augenbrauenhochziehen älterer Herren, während die Hand das Gemächt anhebt – all das ist auf einmal vorbei. Die »Mitte 30« enthebt uns Frauen der männlichen Illusion, es mit »Mädchen« zu tun zu haben. Mit naiven Wesen, die sich nicht wehren und allenfalls verschämt zur Seite schauen. Eine Frau dieses Alters bringt den männlichen Traum der sexuellen Verführbarkeit zum Platzen. Sie verkörpert im wahrsten Sinne des Wortes das Risiko, zumindest verbal eine übergebraten zu bekommen, als hirnloser Schwachmat oder ewiger Brüderle in die Schranken gewiesen zu werden.

Aber leider ist ein paar Jahre danach auch der willkommene flirtende Blick eine Erinnerung aus der Vergangenheit. Zumindest wenn es um den Blick gleichaltriger Männer geht. Männer ab Mitte 40 gucken keine gleichaltrigen Frauen an, sie suchen jüngere. Was nicht heißen soll, dass Frauen wie ich, Ende 40, gänzlich auf solche Blicke verzichten müssten. Nein, es gibt sie. Nur kommen sie nicht länger von den Richtigen. Sie kommen von Männern ab 60. Für Herren im Rentenalter bin ich ein junges Ding und »gerade richtig«.

Frauen, die sich mit Ende 40, um oder über 50 neu binden möchten oder auch nur eine Affäre suchen, haben ein elementares Problem: Sie sind nicht im Fokus. Schlimmer noch: Sie kommen nicht infrage. Jedenfalls was heterosexuelle Beziehungen anbelangt. Lesbische Frauen scheinen in der Wahl von Sex- oder Beziehungspartnerinnen weniger gnadenlos vorzugehen. Für viele Männer aber, die nicht in dem Alter sind, in dem eine 50-Jährige ein junger Feger ist, kommen Frauen wie ich nicht in Betracht.

Und so müssen wir nicht nur zusehen, wie unser Körper tatsächlich recht plötzlich erkennbar zu altern beginnt, wie etwa die Haut am Hals unwiederbringlich in ein Schildkrötenstadium übergeht, die Knie runzelig werden, sondern müssen auch erleben, dass wir nicht mehr zur Wahl stehen. Dass wir ausgemustert werden.

Eine Frau um 50 ist in der Regel raus aus dem Spiel um Aufmerksamkeit, Umgarnung und Sex.

Natürlich gibt es die eine oder andere Ausnahme, kommt es vor, dass gleichaltrige Menschen zusammenfinden, und natürlich gibt es auch Männer um die 50, die ganz selbstverständlich Frauen ihres Alters als Partnerin suchen, aber im Allgemeinen verhält es sich genau so: Wir werden unsichtbar. Es ist das Phänomen, für das Bascha Mika in ihrem Buch »Mutprobe« das Wort »Verschwindefluch« gefunden hat.

Ich finde es schwer, damit zurechtzukommen. Auch dies ist für mich – wie das Erwachsenwerden meines Kindes – ein Abschied, der unfreiwillig, der nicht gewollt ist. Und sofern ich mich jetzt nicht unters Messer lege und alle möglichen Stellen meines Körpers auf »jung« und am besten noch auf »Barbie« oder »Porno« pimpen lasse, sondern einfach nur »ich« sein möchte, komme ich nicht umhin festzustellen, dass ich nicht mehr gefragt bin, dass Männer, egal wie alt, wie dick, wie unansehnlich, sich fast ausschließlich in Richtung »frisch« orientieren. Und irgendwie ist das auch nachvollziehbar. Wir verhalten uns im Supermarkt nicht anders. Da greift man auch lieber zu den Bananen, deren Gelb leuchtet, deren Schale stramm die Frucht umschließt, als zu den weichen mit den braunen Flecken und der wabbeligen Schale.

Nur ist das Glück der Banane, dass sie nicht denken kann, wahrend unsereins damit klarkommen muss, bei aller Frische im Geist, bei allem Witz und Verstand, bei aller Erfahrung und Reife und auch bei aller Raffinesse und Kenntnis im Bett, aussortiert zu sein.

Dabei wollen wir selbst ja ebenfalls nicht unbedingt das Schrumpelobst. Viele Frauen hätten in der Regel wohl doch auch lieber das schicke Modell. Das, dessen Verpa-

71

ckung noch nicht wie durch die Hecke des Lebens gezogen aussieht, sondern das in einem Körper steckt, der noch ein wenig Haltbarkeit und Lebendigkeit verspricht. Doch während sich auf den Köpfen der Männer Platten bilden, die Bäuche dick werden und die Haare aus den Ohren wachsen, würdigen sie die gleichaltrigen Frauen keines Blickes und schaffen es tatsächlich, junge zu verführen. Manchmal muss dafür ein neues Auto her oder das Restaurant eine Preisklasse angehoben werden, aber es klappt.

Auch wenn man sich mit dieser Ungerechtigkeit nicht aufhalten möchte, der Schmerz über das Ausrangiertsein bleibt. Darüber, dass etwas Elementares und etwas, das Teil des Lebens war, »vorbei« ist.

Wertvoll ist, wer fruchtbar ist

Das allein reicht, um einem die Laune zu verderben, aber die Gesellschaft setzt noch einen drauf. Sie hat den Wert von Frauen an ihre Fruchtbarkeit gekoppelt. Und Frauen haben diese Vorstellung angenommen. Wertvoll ist die Frau, die Kinder bekommen kann. Für die, die das nicht will und für die, deren Zeit dafür vorbei ist, ist kaum ein attraktives Rollenmodell vorgesehen. Ein Blick auf die Wahrnehmung der mächtigsten Person im Land, der Kanzlerin, bestätigt die These: Angela Merkel wird als so eigen und eigenartig – und so wenig weiblich – empfunden, dass sie als Vorbild nicht herhält. Keiner kommt auf die Idee, seiner Tochter – ob als kleines Mädchen oder im Teenageralter – zu sagen: »Nimm Dir ein Beispiel an Angela Merkel!« Zwar sind für Frauen Führungspositionen nicht länger ausgeschlossen, aber bitte nicht so. Dann doch lieber eine wie Ursula von der Leyen: mehrfache Mutter und die Betreuung der Kinder gut organisiert. Eine »Frau« eben.

Auch mir ist, kurz nachdem ich meinen Sohn bekommen hatte, dieses tief verwurzelte Denken von der Wertigkeit der Frau als Mutter begegnet. Der ehemalige Chef eines internationalen Großkonzerns, der meinen nicht einfachen beruflichen Weg verfolgt hatte, sagte zu mir: »Jetzt hast Du endlich mal was Handfestes zuwege gebracht!«

Und auch an anderer Stelle »wirkt das Mutterding«. Seit acht Jahren bin ich mit einer Frau zusammen. Ich war bis dahin immer mit Männern liiert, und nun war ich Anfang 40 und in der Situation, meinem Umfeld mitzuteilen, dass es mit dem Heteroleben vorbei sei. Ich hatte bis auf zwei mir recht nahestehende Menschen keine Akzeptanzprobleme. Nirgends. Nicht im Privaten und nicht im Beruflichen. Und keiner schien mich als »Lesbe« wahrzunehmen. Ich war die, die ich vorher auch schon war und die jetzt mit einer Frau zusammen ist. Ohne weitere Zuschreibungen. Ich hatte immer das Gefühl, die Akzeptanz hat auch damit zu tun, dass ich, als ich mit Alva zusammenkam, schon ein Kind hatte. Ich hatte meine Pflicht erfüllt, meinen gesellschaftlichen Beitrag geleistet. Es schien nichts auszumachen, wenn ich jetzt nicht mehr den heteronormativen Erwartungen entsprechend leben würde. Denn das tief verwurzelte Ziel der Heteronormativität, die Reproduktion, hatte ich – zumindest in einem Mindestmaß – erfüllt.

Die Nationalsozialisten haben das die Frau auf ihre Gebärfunktion reduzierende Frauenbild mit Ehrungen wie dem »Mutterkreuz« und der Bestimmung des »Muttertags« zum Feiertag in eine perverse Überhöhung getrieben. Eine Überhöhung, die noch heute in Deutschland wirkt und die Mutterrolle nicht nur mit Ansprüchen und Anforderungen an die Frauen ausstaffiert, die in anderen Ländern unüblich sind, sondern die noch immer der Fruchtbarkeit eine besondere Wertschätzung zuweist.

So werden heute Frauen im gebärfähigen Alter durch monetäre und arbeitsrechtliche Anreize motiviert, ihren Körper in den Dienst der Allgemeinheit zu stellen und Kinder zu bekommen. Denn Nachwuchs bekommen ist in diesem Land keine Privatangelegenheit. Kinder sind Allgemeingut. Waren sie für Hitler Kanonenfutter, sind sie heute ein Wirtschaftsfaktor. Ein wichtiger Aspekt der Einwanderungs- und Flüchtlingsdebatte dreht sich um den Fakt, dass in Deutschland immer weniger Kinder geboren werden. Das könnte für sich genommen okay sein. Wird das Land eben kleiner. Aber nein, die große Wachstumsformel geht nur auf, die politische Position Deutschlands und der Wohlstand können angeblich nur gehalten werden, wenn Deutschland so »stark« bleibt wie bisher, beziehungsweise wenn es wächst. Und dafür braucht es im wahrsten Sinne des Wortes Nachwuchs.

Und so, wie die »gebärfähige Frau« gefördert und erhöht wird, so wenig ist diejenige wert, die ihre Gebärfähigkeit verloren hat. Eine Frau jenseits des Eisprungs spielt in unserer aktuellen Gesellschaft schlichtweg keine Rolle. Wir wollen sie uns nicht beim Sex vorstellen und auch nicht als Tagesschausprecherin. Allenfalls als »Oma« räumen wir ihr Platz ein. Nimmt sie erneut eine Rolle als sorgende, pflegende, sich kümmernde Frau an – am besten unentgeltlich – ist ihr die Anerkennung gewiss. Große Alternativen gibt es dazu nicht. Allenfalls die der Querulantin kommt noch infrage. Die der schwierigen Frau. Eine Inge Meysel oder Bascha Mika – unbequem, aber klug. Und mit höchstem Unterhaltungswert.

Dumm ist, dass viele von uns diese Werteinstellung verinnerlicht haben. Nicht nur, dass viele Frauen, die keine Kinder haben, zu häufig das Gefühl haben, sich rechtfertigen zu müssen, auch viele von uns, die Mutter geworden sind, haben diese Sichtweise in sich aufgenommen. Entsprechend ist es das eine, keine Kinder mehr bekommen zu können – auch dies ein Abschiedsschmerz, doch ist es das andere, wenn mit der Menopause das Gefühl einhergeht, nun wertlos zu sein.

Sabine, 61 Jahre, aus Hamburg, beschreibt den Verlust ihrer Fruchtbarkeit so:

»Es war eigenartig. Ich wollte ja gar keine Kinder mehr bekommen. Ich habe zwei Töchter, das hat mir immer gereicht. Und trotzdem. Als es dann nicht mehr ging, war das schlimm. Ich habe mich so unbrauchbar gefühlt. So, als wäre meine Aufgabe erfüllt und ich sei überflüssig. Das war ganz entgegen meinem Gefühl, das ich bis dahin hatte. Ich war nämlich eigentlich immer recht zufrieden gewesen. Aber als es nicht mehr ging mit dem Kinderkriegen, war das nicht gut. Es hat mich mürrisch gemacht. Mein Mann hat mir sehr geholfen, damals. Der hat gesagt, wir hätten so tolle Töchter, und ob ich fruchtbar sei oder nicht, mache für ihn keinen Unterschied. Er fände mich immer noch reizvoll. Dieser Zuspruch hat mir sehr geholfen. Denn wenn er ins selbe Horn geblasen hätte, so von wegen »ausgedient«, wäre es noch schlimmer geworden. Irgendwie hat man als Frau ja auch immer Angst, der Mann sucht sich eine Neue, wenn man nicht mehr so richtig funktioniert. So, wie im Tierreich. Die Angst war bei meinem Mann unbegründet, aber das hilft ja nicht. Ängste sind ja oft irrational.«

Die Frau, die nicht mehr will

Ich kann nur ahnen, woher die Flüsterstimme kam, die während meiner gesamten Kinder- und Jugendzeit die Mär vom Ende der sexuellen Aktivität der Frau erzählt hat, aber sie war da. Bei aller Emanzipation, die mich schon als Jugendliche beschäftigt hat, hat mir diese Stimme das Bild von der Frau ab 50 eingepflanzt, die »nicht mehr will«. Sex, so die diffuse Botschaft, mache ab den Wechseljahren keinen Spaß mehr, beziehungsweise die »Natur« habe es so eingerichtet, dass Sex für Frauen dann nicht mehr so richtig infrage komme. Wieso, weshalb, warum – diese Antwort wurde mir nicht mitgegeben. Ich erinnere mich sehr gut, dass meine Mutter zu mir sagte, als ich etwa zehn Jahre alt war: »Ja, das geht dann noch, aber die Frau will dann meistens nicht mehr.«

Ich bin sicher, die Stimme trägt die Klangfarbe der 50er Jahre. An meinem Elternhaus ist die sexuelle Revolution der 68er recht spurlos vorbeigezogen. Auch in den 70er Jahren, in denen ich aufwuchs, herrschte in meinem Elternhaus noch die prüde Verklemmtheit der Nachkriegszeit. Zwar sorgten die Werbung und Zeitschriften wie der »Stern« unablässig dafür, dass »Busen« gleichbedeutend mit den Pril-Blumen die Öffentlichkeit prägten, doch während die progressiven Eltern meiner Freundin nackt im Garten den Rasen sprengten, schlossen mein Vater und meine Mutter sich jeweils im Badezimmer ein, weil Nacktheit etwas war, das man nicht preisgab. Nicht, weil sie heilig war, sondern – so hatten sie es von ihren Eltern mitbekommen – weil sie schmutzig war. Und in diesem Sinne, so glaube ich heute, war auch die ältere Frau »schmutzig«. In dem Moment, in dem sie ihre Fruchtbarkeit verlor, hatte sie ausgedient.

Einerseits hatten die Nazis die Reduzierung der Frau auf einen Reproduktionsapparat in die Vollendung getrieben, gleichzeitig gab es in der Nachkriegsgesellschaft kein positives Bild älterer Frauen. Der Körper galt zum Zeitpunkt der Wechseljahre als ausgeleiert, aus der Form gegangen und hatte seinen Zweck erfüllt. Weibliche Lust kam als eigener Wert nicht vor. Sexuelle Lust (älterer) Frauen war suspekt und den Liederlichen vorbehalten. Frauenzimmern, die für ihre Verderbtheit nichts konnten oder auf den Anstand pfiffen, so wie die, die an der Bushaltestelle rauchten. Hatte eine Frau vor ihren Wechseljahren Lust empfunden, und das auch artikuliert – vor der sexuellen Revolution und der Emanzipationsbewegung der 70er Jahre keine Selbstverständlichkeit –, war diese jetzt nicht mehr angemessen und hatte zu verschwinden.

So erkläre ich mir diese Stimme, und mir ist klar, dass das, was sie flüstert, Blödsinn ist. Und trotzdem sind die Sätze da, und sie sind auch jetzt spürbar, wenn ich an »ältere Frauen« und »Sex« denke. So, wie Mädchen und Frauen bis 35 Jahre das »normale« Angebot der Pornoforen dominieren und Frauen ab 40 in die Rubriken »MILF« – »Moms I'd like to fuck«, »Mature« und »Alte Schlampen« abgeschoben werden, fühle ich, dass auch in meinem Kopf »Frau, 55, Geschlechtsverkehr« nicht mit der gleichen Selbstverständlichkeit existiert wie »Frau, 28, Geschlechtsverkehr«.

Und doch ist der Gegentrend da. »MILF«, die »Mutter, die ich ficken möchte«, meint die reife Frau, die Frau ab 40, die von jüngeren Männern als sexuell attraktiv und begehrenswert wahrgenommen wird. Die Wochenzeitung »Die Zeit« hat dem Phänomen eine ganze Seite einer Muttertagsausgabe gewidmet und ein paar beeindruckende Zahlen aus der Sexindustrie als Indikator zusammengestellt. Demnach ist »MILF« der weltweit am dritthäufigsten eingegebene Suchbegriff beim Sexportal »PornHub«. In Deutschland liegt er auf Platz vier. Filme, die Sex mit »Müttern« zeigen, wurden etwa dreimal häufiger gesucht als Pornos mit jungen Frauen – rund 50 Millionen Mal.

Der »Zeit«-Text legt nahe, dass es vor allem die Ausstrahlung ist, über die ältere Frauen verfügen, wonach die (jüngeren) Männer suchen. Sie wird der glattgefrästen, gebotoxten und genormten Schönheit vieler jüngerer Pornodarstellerinnen oder aber auch der ganz normalen jungen Frau, die ihre Sexaktivitäten ins Netz stellt, gegenüber bevorzugt.

Neben den Zahlen benennt der Autor eine deutsche Pornodarstellerin, »Dirty Tina«, 47 Jahre alt, die nicht nur kommerziell sehr erfolgreich ist, sondern für die Dreharbeiten rund fünf Sexpartner pro Woche an ihrem Drehort empfängt. Männer, die wohlgemerkt ohne Honorar beim Dreh mitmachen. Und meist zwischen 18 bis Mitte 20 sind. Es liegt demnach ein besonderer Reiz darin, mit einer »Mutter« Sex zu haben. »MILFs sind keine Prinzessinnen«, heißt es in dem Artikel. »Sie sind Königinnen«.

MILF – zwischen Dämonin und Retterin

Ich finde es etwas eigenartig, dass es ausgerechnet die »Mutter« ist, die Gegenstand des Begehrens wird. Dass es nicht um eine Frau mittleren Alters geht, sondern explizit um die »Mutter«. Das lässt sich biblisch interpretieren, quasi als der »Sündenfall der Moderne«. Allerdings mit doppeltem Tabubruch. Die Frau ist hier nicht nur erneut die Böse, die Verführerin, die all das Schöne, Gute und Reine kaputt macht, nein, sie ist obendrein auch noch eine Frau, die in ihrer Sexbesessenheit junge Männer so wuschig macht, dass die alle Regeln, Anstand und Moral vergessen und – in der Übertragung – mit ihrer Mutter schlafen.

Weitaus fragwürdiger findet mein kampferprobtes feministisches Ich jedoch den Mutteraspekt in einem anderen Zusammenhang: dem der Erniedrigung und damit einer erneuten und erweiterten Machtausübung gegenüber der Frau. Denn es geht darum, die »Mutter«, die Heilige, die Vergötterte, die Reine zur Hure zu machen. Dadurch, dass die »Mutter« ihren Anstand, ihre Rolle als sorgende Mutter vergisst und – gemäß dem Tabubruch, der Sex mit jüngeren Männern innewohnt – schmutzigen oder zumindest fragwürdigen Geschlechtsverkehr hat, verliert sie ihren Hoheitsstatus. Sie wird nach gängiger männlicher Logik zur »Schlampe«.

Die Macht liegt in der Namensgebung »MILF« nicht bei der Frau. Es ist nicht von »Die Mutter, die mich fickt« die Rede (»Mother who fucks me«), sondern von der Mutter, die ich (junger Mann) gern ficken würde. Also diejenige, die es »besorgt bekommt«. Auf dass sie ihre vielbeschworene mütterliche Heiligkeit verliert und all die versauten Dinge tut, die Frauen so tun, wenn sie denn im Rausch der Sinne ebenjene verloren haben.

Doch reif hin, reif her – irgendwann ist der Körper im Oma-Modus. Und selbst ich kann mir – beim besten Willen und frei jeder Einschränkung – nicht vorstellen, dass ich ihn unbefangen und fröhlich jemandem präsentieren möchte, der oder die 15 Jahre jünger ist.

Und spätestens jetzt greift das Bild vom Außenbezirk, in den wir Frauen ausgelagert werden. Dorthin, wo alles eben doch nicht mehr so lecker ist, wo Obst runzelig ist und Fäulnisflecken die Haut bedecken. Dort, wo Sexpartner von Mitleid oder Perversion getrieben sein müssen. Oder von Liebe. Denn so viel Gutes gibt es dann doch noch: Ist man schon lange Zeit mit jemandem zusammen und wird aufrichtig geliebt, dann ist demjenigen der Schrumpelkörper egal. Dann nimmt er ihn hin, weil er zu der Person, die er liebt, dazugehört. Das ist immerhin tröstlich.

Dankenswerterweise kann mein Verstand die Dinge auseinanderhalten. Weiß die Stimme, die da sagt: »Nach den Wechseljahren ist das alles nicht mehr so doll«, zu deuten und in ihre Schranken zu weisen. Und dennoch lassen sich diese Sätze nicht ganz ausmerzen. Es bleibt ein Rest an »so ist das«. Und auch das, was als »Jugendwahn« bezeichnet wird, die Macht des Frischen, der Anspruch ohne Makel und ohne Zeichnung zu sein, der unsere Gesellschaft mehr und mehr bestimmt, tut seine Wirkung und bringt zunehmend die Frage in den Kopf, wie lange dieser Körper »noch zumutbar« sein wird.

Immerhin hat jemand schon vor 15 Jahren die Stimme zum Schweigen gebracht, die mir einreden wollte, »Frauen würden nicht mehr wollen«. Dr. Ulrike Brandenburg, die 2010 bereits mit 56 Jahren verstorbene Sexualwissenschaftlerin und Präsidentin der Deutschen Gesellschaft für Sexualforschung, hat sich in einem Interview, das ich mit ihr für eine Frauenzeitschrift führte, auf ihre Forschung bezogen und voll Inbrunst und Überzeugung gesagt: »Dass Frauen keine Lust mehr haben, ist völliger Blödsinn!«

Ihre Erklärung lautete so: »Die haben einfach keine Lust mehr auf ihren Ehemann. Geben sie denen einen jungen, tollen Liebhaber – und natürlich haben die Lust auf Sex!«

Abschied von der, die ich war

Für mich ist die Schwierigkeit das Ungewohnte. Es ist das eine, nun keine Kinder mehr bekommen zu können, wahrzunehmen, dass damit mein Dasein unwiederbringlich auf

»ein Kind« und »Mutter eines Kindes« festgelegt ist. Weitaus schwieriger ist der Abschied von dem, was war. Von der, die ich war. Zu meinem Gesamtverständnis von mir gehört es, eine fruchtbare Frau zu sein, die alle paar Wochen ihre Regel bekommt und die, wenn sie nicht verhütet, schwanger wird. Ich bin die, die leidgeprüft ist durch ihre beschissene Regel, die als junge Frau so heftig kam, dass sie sich weinend vor Schmerzen im Bett wand, und die in späteren Jahren blutete wie ein abgestochenes Schwein. Seit 35 Jahren habe ich meine Periode, das verhasste Ding gehört zu mir dazu, sie macht mich aus, so, wie mich ausmacht, dass ich gern an meine erste Liebe zurückdenke und dass ich dicke Haare habe. Dieses »Fruchtbarsein«, diese beknackte Regelblutung ist Teil meiner Identität. Und ähnlich wie beim Erwachsenwerden meines Sohnes geht hier etwas zu Ende, das ich gar nicht zu Ende haben möchte. Nicht, dass ich so scharf darauf bin, meine Regel zu bekommen, aber mir fällt der Abschied davon schwer. Der Abschied von der, die ich noch immer bin.

Wieder fühlt es sich so an, als ob etwas vorgesehen sei für das ich noch nicht reif bin. Ich will die, die ich bin, gar nicht loswerden. Ich bin meiner gar nicht überdrüssig. Ich möchte weiterhin die sein, die ich kenne. Immer wieder habe ich das Gefühl, mein Körper eilt meinem Geist voraus. Er ist auf der Zeitschiene weit entfernt von meinem geistigen Ich, das irgendwo stehen geblieben ist, weil es dort so schön war. Dort auf der Zeitschiene, wo es warm und gut war, wo die Kindheit noch spürbar ist, die Jugend noch präsent und das Erwachsenenleben noch nicht das Thema »Ende« im Gepäck hat, ist mein Ich vom Förderband der Zeit abgestiegen und hat sich niedergelassen. Und wenn das viele Jahre lang okay war, so fühlt es sich jetzt so an, als dürfe es dort nicht mehr bleiben, als solle es Wegstrecke aufholen und zum Körper aufschließen. Einziehen soll es in eine erkennbar alternde Behausung, für die nicht länger vorgesehen ist, was der Geist toll findet: Lebendig und frisch sein, Kinder bekommen können, sexuell attraktiv und aktiv sein.

Und während ich damit klarkommen muss, dass mein Leben in den Spätsommer übergeht, läuft parallel »Frühlingserwachen«. Mein Sohn löst sich, und die Gleichzeitigkeit der Ereignisse fordert mich nicht nur in zweifacher Hinsicht. Sie intensiviert auch den Schmerz. Zwei Schmerz-Meteoriten knallen aufeinander und der Rumms, mit dem sie das tun, führt zu einem noch größeren Leidempfinden.

Denn es ist nicht nur die Gesellschaft, die einen aussortiert, die Männer, für die man nicht mehr infrage kommt, der Körper, der sich in seiner bisherigen Form verabschiedet – es ist auch noch das Kind, das einem deutlich macht: »Ich brauche Dich nicht mehr! Deine Zeit ist vorbei.«

Zwei elementare Abschiede müssen zeitgleich verarbeitet werden, die noch dazu eng miteinander verknüpft sind, denn uns wird auf zwei Ebenen die Möglichkeit des Mutterseins genommen: Einmal durch das Ende der Fruchtbarkeit, das andere Mal dadurch, dass unsere Brut versucht, ohne ihre Mutter auszukommen, und unser Mutter-sein-wollen, unser Kümmern nicht mehr gefragt ist.

Wir haben unsere Schuldigkeit getan. So einfach ist es.

Mich macht das zeitweise regelrecht wütend. Ich komme mir vor wie die letzte Idiotin. Vor allem, weil die Kinder so gnadenlos sind. Von jetzt auf eben wird uns unser Überflüssigsein vor die Füße geworfen. Die Menschen, denen wir mit so viel Liebe, Nachsicht und Geduld das Großwerden ermöglicht haben, die wir begleitet haben bei ihren Ein- und Ausfällen, in ihrer Naivität, ihrer Unfähigkeit und ihrem Doofsein, sind gnadenlos im Umgang mit uns. Keine Umsicht, keine Nachsicht, kein vorsichtiges »Mama, sei mir nicht bös, aber ich möchte nicht mehr so umsorgt werden.

Ich möchte jetzt mehr Dinge allein tun und ohne Dich, aber ich liebe Dich ganz furchtbar und bin Dir unendlich dankbar, und wenn Du auch voll bescheuerte Fehler hast, so bist Du doch die großartigste Mama der Welt, und ich würde mich auch noch Jahre von Dir umsorgen lassen, wäre es nicht vorgesehen, dass ich jetzt meinen Kram selbst erledige.« Nein, stattdessen: »Geh mir nicht auf den Zeiger!« und »Mann, Du nervst nur rum, kümmer Dich um Deinen eigenen Kram!«

Und weil ich weiß, dass diese Unverschämtheiten kein Burmester-Problem sind, dass mehr oder weniger die meisten Jugendlichen so mit ihren Eltern umgehen, kann ich noch nicht einmal die »Schuld« dafür bei Ben oder bei mir suchen. Hier ist nichts fehlgeleitet, es ist einfach so. Ich komme nicht umhin festzustellen: Ich werde zunehmend überflüssig. Das, was mein Leben zu großen Teilen ausgemacht hat – Weiblichkeit, Attraktivität, Muttersein – ist nicht mehr gefragt. Ob als Sexualpartnerin für Männer jenseits des Rentenalters oder als entscheidende Frau im Leben meines Sohnes – überall werde ich ersetzt. Ich bin mein eigenes Auslaufmodell und kann jetzt, wie die FDP es nennen würde, eine »Anschlussverwertung« für mich suchen.

Unser Welken – ihr Erblühen

Während das Gefühl, ausgedient zu haben und nicht mehr gefragt zu sein, sich in seiner Gänze auszubreiten beginnt, hat die Natur noch ein kleines Extra parat, das dem Elend obendrein Würze gibt. Immerhin ist es etwas, das (endlich) auch die Männer anficht und das für viele Väter schlecht zu ertragen ist: Während wir unserem Körper zusehen können, wie er an Attraktivität verliert, wie er schrumpelt und oll wird und ins Bewusstsein dringt, dass damit nicht mehr viele Blumentöpfe zu gewinnen sind, erleben unsere Kinder ihr sexuelles Erwachen. Während bei uns Frauen der Busen zu hängen beginnt, wir vom Markt des Begehrens verschwinden und die Männer mit ersten Erektionsstörungen zu kämpfen haben, erblühen unsere Kinder in ihrer Potenz und sexuellen Kraft.

Für uns Mütter heißt das, beobachten zu können, wie all das an unseren Töchtern prall und strahlend zu werden beginnt, was bei uns nach unten rauscht und Falten wirft, während die Väter sich allein durch den Geruch ihrer Söhne daran erinnern werden, was es heißt, ständig zu können. Und zu wollen.

Mit seinen körperlich erblühenden Kindern zusammenzuleben, heißt, unablässig die eigene, verlorene Jugend vor Augen geführt zu bekommen. Ihre Körper stehen für das Versprechen von Leben und Zukunft. Sie stehen für Vitalität und Kraft, für Verführung und Anziehung. Also genau für jene Attribute, deren Verlust wir gerade zu verarbeiten versuchen. Eine Frau, deren Mann zwei Töchter aus einer vorherigen Beziehung hat, erzählt: »Diesen Sommer kam Hannah zum ersten Mal mit einer Hotpants an. Sie ist 14. Und abgesehen davon, dass wir als Eltern finden, man sieht zu viel von ihrem Po, merkte ich, dass ich ein Problem damit hatte, denn ihre Hotpants hält mir meine eigene Vergänglichkeit vor. Ich kann nämlich mittlerweile keine mehr tragen. Und ich hatte immer gern kurze und auch knappe Hosen an. Hannah darin zu sehen, hat mich getroffen wie ein Schlag. Ich muss dann echt aufpassen, nicht sauer auf sie zu werden. Was falsch wäre, denn sie kann ja nichts dafür. Aber es hat geschmerzt. Das kann ich nicht leugnen.«

Ich habe den Eindruck, dass viele der Konflikte, die in dieser Zeit auftauchen, hier ihre Ursache haben: Diese prosperierende Jugend, der oft unbewusste, inszenierende Umgang mit dem Körper, dieses unbewusste Herausschleudern von Jugend und Potenz ist für uns alternde Erwachsene schwer auszuhalten. Für uns, die wir erleben müssen, was es heißt, bei lebendigem Geist dem Leib beim Fauligwerden zuzusehen, ist diese leichtfüßig daherkommende, kraftprotzende Jugend, diese unbeschwerte, pralle Körperlichkeit eine Provokation.

Und zwar eine, auf die wir Erwachsenen mitunter ziemlich dämlich reagieren.

Aus irgendeinem Grund finden wir Eltern es in der Regel total blöd, dass der adoleszente Nachwuchs am Wochenende und in den Ferien bis in die Puppen im Bett liegt. Selbst wenn die Kinder weder einkaufen gehen sollen, noch wir mit ihnen Federballspielen wollen, stört uns das. Und wir Eltern machen ein Riesending daraus. Ein Ding, an das sich gern die Themen »Schule«, »Nichts auf die Reihe kriegen« sowie »Und überhaupt!« dranhängen. Das Thema »Du liegst zu lange im Bett« anzubringen, ist ein guter Weg in eine ausgewachsene Auseinandersetzung, die wir gern zum Rundumschlag ausbauen.

Dabei haben wir es ja nicht anders gemacht. Ich habe Freunde, von denen ich weiß, dass sie es nicht mögen, wenn ihre Kinder ewig im Bett liegen, gefragt, wie das bei ihnen früher war. Und nein, bei ihnen war es nicht anders. Auch sie haben ewig in den Federn gelegen und fanden das total okay. Und ja, ihre Eltern haben auch Terz gemacht und rumgenervt und »unnötig Stress verursacht«, wie ein Freund es formulierte. Es ist also nicht so, dass wir nicht wissen könnten, wie blöd wir uns als Eltern aufführen, wenn wir mit der »Musst-Du-immer-so-lange-im-Bett-liegen!?!«-Litanei beginnen. Und auch, dass das – generell betrachtet – nichts bringt. Zwar können wir, meist durch Druck, ab und zu erreichen, dass die Kinder früher aufstehen, aber wir machen die 16-

und 17-Jährigen durch unser Generve nicht zu fröhlichen Aufstehern, die frohen Mutes aus dem Bett hüpfen, die Angelrute greifen und den Fisch fürs Mittagessen fangen gehen.

Die Eifersucht der Eltern

Interessant ist, dass wir doch häufig aus Erfahrung heraus genau wissen, wie blöd unser Gemecker ist, und uns doch nicht anders verhalten. Die Vernunft im Kopf zu haben und dennoch nicht nach ihr zu handeln – so verhält sich der Eifersüchtige. Und ich glaube, das ist es. Wir sind eifersüchtig. Eifersüchtig auf diese kraftstrotzenden, knospenden Jugendlichen, die sich Dinge herausnehmen, die wir uns nicht mehr herausnehmen. Die wir uns nicht mehr gönnen. Es ist überhaupt nichts dagegen zu sagen, bis mittags im Bett rumzuliegen, wenn man nichts vorhat. Das ist mit 49 Jahren genauso okay wie mit 70. Oder mit 18. Nur, wir tun es nicht. Wie wir so vieles nicht mehr tun, das wir früher getan haben. Im Bett essen. Die Vorhänge nicht aufziehen. Nicht die Zähne putzen. Es hätte sicherlich auch kaum einer von uns etwas dagegen, mal wieder, völlig trunken vor Aufregung und Glück, selig vom Verliebtsein, die ganze Nacht lang Sex zu haben. Wieder und wieder und wieder. Bis einem um fünf Uhr die Augen zufallen und man dann doch noch mal zwei Stunden schläft, bevor man zur Arbeit muss. Statt alle paar Wochen kurz vorm Einschlafen das abzuspulen, was mit »Geschlechtsverkehr« ausreichend beschrieben ist.

Aber unsere Kinder tun das, zumindest ab einem gewissen Alter. Wie sie vieles tun, ohne an morgen zu denken. An das Auto, das zur Reparatur muss, den Arzttermin, der verabredet oder der 80. Geburtstag von Opa, der vorbereitet werden soll. Sie leben ein Leben, das wir uns – oft freiwillig – versagen. Und das halten wir schlecht aus. Wir regen uns auf und suchen die Schuld bei ihnen, dabei ist es unser Problem, dass wir ihr aktuelles Modell nicht mögen. Denn wir legen die Werte an, die wir im Laufe der Jahre entwickelt haben. Werte, die für unser Leben gelten. Die gelten, wenn man »etwas erreichen« will, wenn man Verantwortung übernommen hat und tatsächlich viele Dinge in der begrenzten Zeit des Tages hinbekommen muss. Aber unsere Kinder müssen das in der Regel nicht. Doch statt uns für sie zu freuen und zu denken, was für ein schönes Leben die doch haben, neiden wir ihnen ihre Freiheit, ihre Unbeschwertheit, ihre Verantwortungslosigkeit. Und haben selbst doch wärmste Erinnerungen an die Zeit, als unser Leben sich, zumindest am Wochenende, im Bett abspielte, in einer Mischung aus Fernsehen, Schlafen, Essen und Telefonieren.

So richtig schwer auszuhalten wird die Situation für Eltern häufig, wenn die erste Freundin/der erste Freund mit nach Hause gebracht wird. Dann nämlich, wenn die junge Liebe sich mittags »zum Frühstück« verpennt und voller Knutschflecken aus dem Bett schält, für das auch im Winter auf keinen Fall eine zweite Decke gebraucht wird. Dann mischen sich etliche Varianten von elterlicher Eifersucht – auf die Jugend, auf denjenigen, der an der Tochter/dem Sohn »rumfummelt« – mit dem Schmerz des Verlustes und bringen diese ganz eigenartige Melange elterlichen Verhaltens hervor, die sich als »am Rad drehen« beschreiben lässt. Dann wird der Partner ins Zimmer geschickt, »mal nachschauen«, laut und deutlich wird vor dem Zimmer auf und ab gegangen, Möbel geschoben oder gesaugt. Unbedingt jetzt muss mit dem Kind der Urlaub besprochen werden oder wann es zur Oma fährt. Mütter müssen ganz häufig Wäsche in den

Kleiderschrank räumen, und wer sich gar nicht unter Kontrolle hat, macht seiner Wut Luft, indem er, in der Zimmertür stehend, das »den ganzen Tag im Bett rumliegen-und-überhaupt!«-Traktat in den Raum blöfft.

Menschen, die auch mit 16 Jahren schon Sex hatten und mit ihrer ersten Liebe ganze Tage in den Laken verbracht haben, verhalten sich wie katholische Sittenwächter und finden die Situation unerträglich.

Ich finde das verständlich. Es ist schwer, etwas auszuhalten, etwas vorgelebt zu bekommen, das man sich selbst nicht gönnt oder das man verloren hat. Wir, die wir unsere Energie und Leistungsfähigkeit zusehends verlieren und die wir uns problemlos an jedes einzelne Mal Geschlechtsverkehr in den letzten sechs Wochen erinnern können.

Provokation Jugend

Mir ist aufgefallen, dass viele Väter in meinem Umfeld mit der Inszenierung von sportivem Wettbewerb auf das Erstarken ihrer Söhne reagieren. Wettbewerb und Konkurrenzgebaren gab es zwar auch schon vorher im Umgang mit dem männlichen Nachwuchs, sie verlieren in dieser Zeit jedoch das Spielerische. Vielmehr dienen sie der Positionsbestimmung. Es geht darum, den Nachwuchs in die Schranken zu weisen. Egal ob beim Tischtennis, Squash oder der Skiabfahrt, die Väter setzen alles daran, den Sieg davonzutragen. Wie bei den Rangordnungskämpfen der Hirsche gilt es klarzumachen, wer der Chef auf dem Platz ist. Und genüsslich den Jungen an den Platz seiner (noch vorhandenen) Unterlegenheit zu weisen. Gleichzeitig, so mein Eindruck, ist es für die Väter wichtig, sich zu beweisen, dass sie »noch können«. Dass ihr Körper noch über jene Kraft und Vitalität verfügt, die ihnen suggeriert, dass sie noch nicht alt sein können. Und dass sie noch das Alphatier, der Anführer sind.

Es scheint ein guter Weg zu sein, diesen sportlichen Wettkampf zu ritualisieren, ihn regelmäßig stattfinden zu lassen. In der Kontinuität liegt die Chance für beide, sich an die sich verändernde Situation heranzukämpfen. Der Sohn, häufig in dem Alter großmäulig und sich selbst überschätzend, erfährt, dass es mehr bedarf als eines Überschwangs an Hormonen, um den Alten abzulösen, während der Vater sich in Anbetracht des erstarkenden Gegenübers auf die Entthronung durch den Sohn vorbereiten kann.

Mir ist diese Herangehensweise fremd. Ich habe mit Ben keine Konkurrenzsituation und keinen Wettbewerb, aber seitdem ich für die eigenartigen Diskussionen und Auseinandersetzungen zwischen Ben und seinem Vater das Bild der Hirsche im Wald gefunden habe, verstehe ich besser, was vor sich geht. Und: warum die beiden in meinen Augen so dämliche Auseinandersetzungen führen müssen. Kämpfe infantiler Macht- und Rechthaberei, wie ich sie mit Ben nicht führe.

Ich habe einer Bekannten davon erzählt, sie ist Psychiaterin und Psychotherapeutin. Sie kannte das nicht nur aus ihrer Familie, von ihrem Mann und ihrem Sohn, sie sagte dazu auch: »Unter Therapeuten sprechen wir davon, dass die Väter erneut in die Pubertät gehen.«

Mütter von Töchtern hingegen fangen in dieser Zeit oft an, Kleidung ihrer Töchter zu tragen oder die gleichen Klamotten zu kaufen. Im Zweifelsfall, so sagen es Mütter gern, »verstehen wir uns so gut«. Oder sie sind »beste Freundinnen«. Und manchmal haben sie »einfach die gleiche Größe«. Sie ritualisieren das Einkaufen von Kleidung zum »Mädels-Shopping«, tauschen Schminktipps aus und schwärmen im schlimmsten Fall denselben Schauspieler an, aktuell Florian David Fitz oder Elyas M'Barek.

Die Möglichkeiten für Mütter, das eigene Alter zu negieren und den Generationengraben zu überspringen, sind vielfältig. Aber sie laufen alle auf den gleichen Kern hinaus: Ich trage die Kleidung meiner Tochter, ich passe da hinein – ich muss also noch total jugendlich sein. Man sieht mir mein (wahres) Alter nicht an.

Für mich als Mutter eines Sohnes ist es schwierig. Ich habe weder die eine noch die andere Möglichkeit zur Verfügung, und manchmal beneide ich Töchter-Mütter um die Nähe, die sie infolge der gleichen geschlechtlichen und sozialen Erlebniswelt mit ihren Töchtern herstellen können. Vor allem die Gespräche, die ich für dieses Buch mit jungen Frauen geführt habe, haben gezeigt, wie groß der Unterschied in der Verbindung und dem Miteinander zwischen Müttern und ihren Töchtern und Müttern und Söhnen sein kann.

Ben und ich verstehen uns ziemlich gut und kommen gut miteinander aus. Aber das, was die Frauen untereinander haben, diese Nähe, der Austausch, die Freude durch gleiche Interessen – davon sind wir so weit entfernt wie die Erde vom Mond.

Ich habe einige Zeit nachdenken müssen, was ich wohl unternehme, um mit dieser »Wachablösung« klarzukommen.

Ich glaube, mein Weg ist der der Partizipation. Indem ich bemüht bin, meinem Sohn alles möglich zu machen – dass er ausgehen kann, dass er woanders schlafen kann, dass seine Freundin bei uns schläft, dass sie mit uns in den Urlaub fährt – versuche ich, »meinen Teil« Jugend abzubekommen. So ähnlich wie die Frauen, die die Kleidung ihrer Tochter tragen und dadurch meinen, »dabei« zu sein. Ich bin wie ein Mutter-Parasit, der sich vom Lebenssaft des Sohnes nährt. Seine Freude wird meine Freude.

Dieses Parasitentum hilft zwar eine geraume Zeit, irgendwann aber kommt man nicht länger drum herum, zu registrieren, dass unsere Kinder an unsere Stelle treten. Dass sie das Jetzt bestimmen, während wir Richtung »Alter« gehen.

Die 53-jährige Mutter eines 19-Jährigen erlebte den Moment der Erkenntnis so: Sie war mit ihrem Sohn in einem Outlet-Village. Stundenlang probierte ihr Sohn Kleidung an. Und mit der Anprobe von für ihn untypischen und auch teuren, gut sitzenden Textilien probierte er sich aus. Und was für ihn etwas Spielerisches hatte, etwas unverbindlich Leichtes, war für die Mutter eine Erkenntnis, die mit der Wucht eines Hammerschlages daherkam: »Irgendwann guck ich ihn an«, erzählt sie, »und dann steht da dieser unglaublich erwachsene, gut aussehende Kerl. Wie aus einer anderen Welt. Und da dachte ich: ›Scheiße, jetzt musst du bald sterben!‹«

Die Kerze brennt an beiden Enden

In der Regel liegen zwischen dem Zeitpunkt, in dem unser Sohn in seinem ersten Anzug zum Umfallen gut aussieht, dem Moment, in dem unsere Tochter als erwachsene Frau erstrahlt, und unserem Ableben einige Jahre. Aber an anderer Stelle wird das Thema Tod jetzt eventuell real. Oder zumindest das Thema Krankheit und der Verlust von Lebensautonomie. Bei unseren Eltern. Auch der Fakt, dass für so viele Frauen der Moment, in dem sie von ihren Eltern – zumindest als gesunde, autark lebende Menschen – Abschied nehmen müssen, in die Zeit des Auszugs der Kinder fällt, ist ein Ergebnis des späten Kinderkriegens. Und so müssen viele Frauen zeitgleich mit dem Loslassen der Kinder auch mit dem schweren und traurigen Umstand klarkommen, die eigenen Eltern verabschieden zu müssen. Und rutschen in einer Situation, in der sie – meist ungewohnterweise – die Verantwortung für die Eltern übernehmen, gleichzeitig auch wieder in die Rolle des Kindes. Zumindest emotional.

Ich war mit 25 respektive 27 Jahren recht jung, als meine Eltern starben. Erst meine Mutter, zwei Jahre später mein Vater.

Ich weiß, was es heißt, den dementen Vater in einem Heim unterbringen und das Zuhause auflösen zu müssen. Das Elternhaus, den Ort der eigenen Geschichte zu leeren, und die räumliche Verwurzelung lösen zu müssen.

Das war eine beschissene Zeit. Und die Beschissenheit hatte eine besondere Qualität: Ich war allein, hatte keine weitere Familie, kein Geld und war vollkommen überfordert. Das wäre heute anders. Ich wäre nicht allein, und ich wäre reifer. Könnte das besser handhaben. Besser mit den Behörden reden, mit der Heimleitung, der Bank, dem Beerdigungsunternehmer. Und vielleicht würde ich mich nicht so verlassen fühlen, von meiner Mutter, die so früh einfach umfiel und tot war. Aber ich bin gottfroh, dass ich das heute nicht auch noch in meinen Schmerzrucksack packen muss. Dass zu alldem, was mich in dieser Lebensphase so quält, nicht auch noch das Thema Eltern-Tod dazu kommt. Oder die Aufgabe, sich um die kranken Eltern, die vielleicht noch weit weg wohnen, kümmern zu müssen. Und zu denen das Verhältnis womöglich nicht gut ist und es vielleicht nie war. Mit denen man zerstritten ist oder die man vielleicht nicht mag. Die das Geschwisterkind bevorzugt haben, zur Anerkennung nicht fähig waren oder mit denen es nie zum klärenden oder auch zum liebeserklärenden Gespräch kam.

Ich versuche mich in die Frauen, denen es so geht, hineinzufühlen. Stelle mir vor, zeitgleich zum Schmerz um die

Kinder auch noch den um die Eltern verarbeiten zu müssen, und ich habe das Bild einer Kerze vor Augen, die an beiden Enden brennt.

Es muss enorm kraftraubend sein, wenn an allen Enden die Auflösung steht, das Ende von den elementaren Beziehungen und Verbindungen. Womöglich ist auch noch die Ehe oder Partnerschaft im Wanken oder sogar am Ende. Natürlich tun mir diese Frauen leid. Aber das ist nicht der Punkt. Der Punkt ist viel eher, wie man das alles verarbeiten soll, ohne durchzudrehen? Ohne tatsächlich anzufangen, Tabletten zu schlucken, zu oft und zu viel Alkohol zu trinken oder depressiv zu werden? Ohne so müde und fertig zu sein, dass man nur noch in eine Klinik will, in der man in wunderschöner Landschaft traurig und erschöpft sein darf und mittels Gesprächstherapie und Vollversorgung wieder aufgepäppelt wird? Ich glaube fast, das ist nicht möglich. Und wünschte, da hätte mal einer ein Auge drauf. Ich wünschte, auch dieses Thema bekäme gesellschaftliche Aufmerksamkeit und die Frauen müssten diese Herausforderung und Aufgabe nicht im Alleingang und einer gewissen Form thematischer Isolation bewerkstelligen. Je mehr ich darüber nachdenke, desto erstaunlicher erscheint es mir, wie privat das Familienpolitische doch immer noch ist. Jedes Apple-Update erhält mehr Aufmerksamkeit als diese prekäre Lebenssituation.

Aus der Beziehung ist die Luft raus

Es ist der Klassiker: Die Kinder sind aus dem Haus und die Paare stellen fest, dass da nicht mehr viel ist zwischen ihnen. Dass die Luft raus ist. Vielleicht stellen sie es auch gar nicht fest, vielleicht spüren sie es nur und vermeiden, dass die Tatsache Raum gewinnt. Entsprechend reden sie ununterbrochen, plappern sich gegenseitig unermüdlich voll, tun alles, um die Leere nicht spürbar werden zu lassen.

Oder sie unternehmen eine Sache nach der anderen, ohne darüber ins Gespräch zu kommen. Ohne dass das Erlebnis irgendetwas mit ihnen macht, außer die Funktion zu haben, die Zeit totzuschlagen. Vielleicht schweigen sie oder streiten oder gucken die ganze Zeit fern. Die Möglichkeiten zusammenzubleiben, wenn man innerlich getrennt ist, sind zahlreich und nicht immer ist einem der Kern bewusst.

Die Ehen meiner Kindheit waren in etwa so. Eltern blieben zusammen. Mir fallen nur zwei Ehen ein, die der Eltern einer Freundin und die von Nachbarn, bei denen ich das Gefühl hatte, die Eltern können und wollen noch etwas miteinander anfangen. In der Regel war das gewollte Miteinander in ein geduldetes Miteinander und manchmal auch in ein Nebeneinander übergegangen, und nicht selten hatte der Alltag mit den Kindern seinen Teil zu dieser Entwicklung beigetragen.

Ich glaube, dass heute, in einer Zeit, in der so viele Paare nicht automatisch die leiblichen Eltern des Kindes sind, sondern häufig der »Patchwork-Vater« oder die »Patchwork-Mutter«, die Chancen etwas besser stehen, dass die Kinder aus dem Haus gehen und die Erwachsenen sich nicht bereits auseinandergelebt haben. Schlicht, weil sie oft noch nicht so lang ein Paar sind. Weil sie noch »wahlweise« zusammen sind und nicht, weil sie zusammen sein müssen. Und auch, weil die Patchwork-Eltern rund um den Nachwuchs nicht automatisch all den Nervkram miteinander erlebt haben, der in vielen Fällen das Gute zwischen Eltern kaputt macht.

Und doch ist es noch existent, das gute, alte Modell des Zusammenbleibens »der Kinder zuliebe«. Nur hat es eine neue Variante. Man lebt zusammen und hat trotzdem einen neuen Partner oder eine neue Partnerin. Ganz offiziell. Eine Freundin, Mutter eines 15- und eines 18-jährigen Sohnes, die mit ihrem getrennten Mann noch unter einem Dach lebt, obschon dieser eine neue Freundin hat, erzählt: »Das ist in unserer Umgebung mittlerweile total üblich. Man hat eine neue Freundin oder einen neuen Mann, bleibt aber wegen der Kinder zusammen wohnen.« Manchmal allerdings auch wegen der Eigentumswohnung. Weil keiner den anderen auszahlen kann.

Vor diesem Hintergrund lässt sich der Umstand, dass die Scheidungsrate von Ehen, die rund 20 Jahre gehalten haben, heute deutlich höher ist als noch vor 25 Jahren, auch positiv betrachten: Immerhin quälen sich die Paare nicht mehr auf Deubel komm raus miteinander rum.

Mir geht es nicht darum, die Leere zwischen den Eltern zu beschreiben, die sich bei so vielen eröffnet, wenn die Kinder aus dem Haus sind. Und auch nicht darum, von den Chancen zu sprechen, die sich im Anschluss an den Auszug bieten, wenn man sich als »Paar« wiederentdeckt. Mir geht es darum, auf die Frauen zu gucken, die – bedingt durch die Wechseljahre und den zeitgleichen Auszug der Kinder, vielleicht noch durch eine schwierige Situation mit den eigenen Eltern – eine Sinnkrise erleben und damit so ganz anders umgehen, als ihre Partner das tun. Denn nicht nur die Frauen haben rund um die 50 ein Problem, auch etliche Männer zeigen in dieser Zeit alle möglichen Formen von Wechseljahresblues und Anzeichen einer Midlife-Crisis.

Auch bei ihnen verändern sich die Hormonwerte. Der Testosteronwert sinkt rapide ab und führt dazu, dass sie sich schlapp und antriebslos fühlen, dass sie hinter ihrem gewohnten Leistungsniveau zurückbleiben, sexuell inaktiver werden und die Potenz nachlässt.

Doch Männer haben ein anderes Verhaltensrepertoire als Frauen in der Krise. Vorrangig geht es bei ihnen um Veränderung und Neubeginn. Im Zweifelsfall binden sie sich neu, und das Modell »Familie gründen« geht in einem zweiten Durchlauf einfach noch mal von vorn los. Anders bei uns: Nicht »Neue Karriere starten« oder »Liebhaber zulegen« gelten als fester Bestandteil unserer Wechseljahrsreaktionen, sondern »Depressionen«, Rückzug, Abkapselung.

Wie die Nebenwirkungen eines Medikaments im Beipackzettel lesen sich die möglichen Beschwerden in den Medizin- und Wechseljahrsbüchern. »Depressionen« nehmen darin einen festen Platz ein. Kaum eine Frau, die während dieser Zeit trübsinnig wird, antriebslos und traurig ist oder verzweifelt, wird Zweifel daran haben, dass dieser Zustand ein Ergebnis dessen ist, was mit ihrem Körper gerade los ist. Die hormonellen Veränderungen bedingen die Depression heißt es, auch vonseiten der Gynäkologen und Hausärzte – und das ist unglaublich bequem.

Mehrere Frauen in meinem Bekanntenkreis erklärten ihre depressiven Schübe oder ihre depressiven Wochen mit den Hormonen. Da wird dann von der vierfachen Mutter nicht erwähnt, dass sie nach ihrer Doktorarbeit ihre thematische Leidenschaft und ihre Arbeit aufgegeben und sich der Versorgung und Erziehung der Kinder gewidmet hat. Von denen nur noch eines als Nesthäkchen versorgt werden muss und in absehbarer Zeit auch groß sein wird. Da wird nicht erzählt, dass sie nun dasitzt, auf dem recht platten Land, ohne Beruf, ohne Aufgabe, und nicht weiß, was sie mit sich anfangen soll.

Und die andere Bekannte unterschlägt, dass sie beruflich seit Jahren unterfordert ist, dass das letzte der drei Kinder, das noch zu Hause lebt, ihr mit seinem ADHS den letzten Nerv raubt und die Ehe nur noch das krampfhafte Bemühen ist, sich nicht zu trennen. Und das in einer Zeit, in der ihr Körper wie ein Teig auseinandergeht und die ihr stets sehr wichtige Anziehungskraft vor ihren Augen schwindet. Da wird nicht die berechtigte Trauer um eine Lebensmitte benannt, deren Hauptkennzeichen die Auflösung ist. Die Ehe, die zerbröselt, das Muttersein, das immer weniger gefragt ist, der Körper, der oll wird, der Beruf, der nicht der geworden ist, der erträumt war. Nein, da sind schlicht und ergreifend die Hormone verantwortlich.

Männer brechen auf, Frauen brechen ein

Und was passiert? Wir Frauen ziehen uns zurück. Versorgen weiterhin die Familie, so gut es geht und so nötig es ist, und sind traurig. Liegen im Bett und versuchen, die Zeit wegzuschlafen. Weinen und leiden, weil keiner uns mehr braucht und im Beruf eine andere den Abteilungsleiterinnenposten bekommen hat. Und vielleicht gehen wir zum Arzt, der erkennt unweigerlich eine »Wechseljahrsdepression!« und schreibt uns was auf. Und weil das, was er sagt, nachvollziehbar, nach einer Erklärung, einer Lösung klingt, glauben wir ihm nur allzu gern. Und schlucken.

Wie gesagt, Männer leiden auch. Auch sie spüren den Leistungsabfall und fragen sich, wohin das alles noch führt. Und sie hinterfragen ihre Situation: Was wollte ich? Wo bin ich? Soll es das gewesen sein? Und dann, dann machen sie recht schnell etwas, das Frauen nicht so rasch tun (wenn überhaupt): Sie werden aktiv. Sie verändern sich noch mal beruflich. Viele Männer machen sich zu diesem Zeitpunkt selbstständig. Sie gründen Firmen. Und machen Führerscheine: Motorboot, Motorrad, Segelboot. Segelflugzeug, Hubschrauber. Wenn sie Geld haben, kaufen sie sich ein tolles Auto oder ein Boot. Sie fangen an zu laufen. Sie reisen. Fahren zum Meditieren nach Nepal. Gehen mit Freunden am Wochenende wandern. Sie nehmen ab. Sie fangen eine Affäre an.

So ein Verhalten gilt als normal. Wir gelten als behandlungsbedürftig.

Ich glaube, dass es schwer ist, diese umfassende – und medizinisch festgeschriebene – Abwertung nicht zu empfinden. Sicher kann ich nicht für alle Frauen sprechen, aber ich habe das Gefühl, dass viele von uns diese »Abwertung« verinnerlicht haben. Und ich glaube, dass viele von uns dieser Umstand – oft auch unbewusst – intensiv beschäftigt.

Zwar bringt das Älterwerden Positives mit sich – weniger zu taumeln, zu wissen, wer man ist, den eigenen Körper, die eigene Sexualität zu kennen, sich besser abgrenzen zu können und gelassener zu sein – gleichzeitig, so das Gefühl, soll es das gewesen sein. Beruf, Körper, Wirkung. Und obendrauf beginnen auch noch die Kinder ihre Koffer zu packen. Oder zumindest innerlich die Bande zu lösen und in großen Teilen all das abzulehnen, was bislang die Beziehung ausgemacht hat. Und da soll man nicht traurig, frustriert und verzweifelt sein? Da soll man sich ablenken, in einen Chor oder Strickkreis gehen oder sich einen Hund anschaffen? Nein, ich finde, darüber soll und darf man traurig sein. Traurig, frustriert, verzweifelt. Und auch wütend. Da darf man »Scheiße!« schreien und unleidlich sein.

Es ist nicht damit getan, dass wir uns von Ärzten, der Pharmaindustrie und den von ihnen infiltrierten Frauenzeitschriften sagen lassen, dass wir »in den Wechseljahren Stimmungsschwankungen haben und Hormonschübe«. Das ist eine Erklärung für Leute, die man nicht ernst nimmt.

Tatsächlich ist es doch so: Wir erleben einen der größten

Abschiedsprozesse unseres Lebens. Und vor allem: Es ist ein bewusster. Wir erleben diese Veränderung ja bei vollem Bewusstsein und zum Teil zieht sie sich über Jahre.

Ich kann verstehen, wenn Frauen nur allzu gern dem Wechseljahrs-Depressionsgerede ihrer Ärztinnen und Ärzte folgen und sich freuen, wenn die ihnen was verschreiben, das die Situation erträglich macht. Aber eigentlich ist das großer Mist. Im Kern geht es vor allem darum, sich endlich einmal klarzumachen: Die Situation ist einfach nur ganz, ganz großer Bockmist, und es ist schlicht nicht klar, wo da Trost herkommen soll. Mein Kind geht – an allen Ecken und Enden kann ich zugucken, wie etwas endet. Wer bitte will mich trösten? Und wie?

Aber vielleicht ist die Wahrheit so schlicht und dann ist es das, was es zu begreifen gilt: Es gibt keinen Trost. Es ist, wie es ist, traurig und beschissen.

Die letzte Abiturprüfung

In eineinviertel Stunden hat mein Sohn seine letzte Prüfung zum Abitur. Eine Präsentationsleistung in Geschichte. Dazu muss Ben ein Thema darstellen und den Lehrern eine Zusammenfassung abgeben.

Es ist Freitag, 12.30 Uhr, um 13.45 Uhr geht es los, und Ben liegt noch im Bett. Den Laptop auf dem Bauch. Die Zusammenfassung ist noch nicht ausgedruckt. Unser Drucker ist seit Wochen kaputt, er muss noch in den Copyshop. Das weiß er seit Tagen. Es sind noch 75 Minuten, und ich werde langsam nervös. Er hat noch nicht gefrühstückt, nicht geduscht, nicht Zähne geputzt. Ich beschließe, mich unbeliebt zu machen und gehe in sein Zimmer.

Ich muss nur zum Reden ansetzen, da hebt er die Hand und führt eine Bewegung aus, wie man lästige Hunde vertreibt. Oder in Frankreich zu Zeiten des Sonnenkönigs Bedienstete. »Mama, NEIN!«, sagt er. Oder besser gesagt, herrscht er. Eine Stimme, die keinen Widerspruch duldet. »Ich habe das alles im Griff.«

Ich gehe. Gehe in die Küche, um mich mit irgendwelchen Tätigkeiten abzulenken. Die leeren Gläser wegstellen. Die großen Messer abspülen. Das Altpapier hübscher schichten. Aber halte es kaum aus. Ich werde noch nervöser. Ich fühle mich wie ein Tier im Käfig. Ich überlege, seinen Vater anzurufen. Einfach, damit mir jemand diese nicht auszuhaltende Nervosität nimmt. Ich denke: »IN GUT EINER STUNDE IST DIE PRÜFUNG! ER MUSS NOCH IN DEN COPYSHOP! UND LIEGT NOCH IM BETT!!!« Es fühlt sich an, wie wenn man im Begriff ist, das Flugzeug zu verpassen. Man versucht zu rennen, aber es ist, als löse sich der Boden unter den Füßen auf. Es fällt mir schwer zu akzeptieren: Es ist seine Prüfung. Er weiß schon, was er tut. Er ist groß. Soll er doch zu spät sein. Soll er doch die Prüfung vermasseln. Soll er doch die Konsequenzen tragen. Diese Abgrenzung gelingt mir kaum. Noch immer fühle ich mich zuständig. Und vor allem verantwortlich. Noch immer ist sein Zuspätkommen auch mein Zuspätkommen.

Nach zehn Minuten steht er auf. Und überraschenderweise muss nun doch extrem gehetzt werden. Er rennt mit der Zahnbürste im Mund herum, sammelt Dinge zusammen, Klamotten, greift sich einen Apfel. Die Vorstellung, dass im Copyshop vielleicht nicht alles so optimal läuft, dass der USB-Stick nicht funktioniert, die Datei nicht lesbar ist oder der Kopierer nicht will, kommt bei ihm nicht vor.

Aber bei mir. Ich könnte schreien.

Ich muss mich bemühen, jetzt nicht so Mutterdinge zu sagen wie: »Ich verstehe nicht, warum Du nicht früher aufgestanden bist!« oder: »Was ist, wenn es im Copyshop nicht klappt? Ben, so etwas bereitet man vor! Das macht man nicht auf den letzten Drücker! Das ist das Abitur! Was willst Du denn tun, wenn Dir nun was dazwischenkommt?!« Damit ich all diese Dinge nicht sage, muss ich ihm aus dem Weg gehen. Also gehe ich ins Arbeitszimmer und stelle das Bügeleisen an. Buchstäblich halte ich mich an der Wäsche fest.

Ich hatte mich entschieden, an diesem – zumindest in meinem Kopf – so wichtigen Tag zu Hause zu bleiben. Da zu sein. Zu gucken, dass alles gut geht. Das Kind pünktlich zu seiner Prüfung aufbricht. Ihm vielleicht noch bei irgendeinem »Kannst Du mal eben …« zur Seite zu stehen, einen Fruchtriegel in die Hand zu drücken.

Jetzt bin ich froh, dass er endlich aus der Wohnung ist. Wenn mich etwas altern lässt, dann Minuten wie diese. Ich bin total geschafft. Wieder einmal hat mich mein Kind durch seine, wie ich finde, total blöde Art vollkommen erledigt.

Ich schaue auf die Uhr. In 32 Minuten ist die Prüfung. Die letzte Prüfung seiner Schulzeit. Das war es dann.

Ich merke, dass ich mich freue. In einer Stunde ist es vorbei. Eben noch sechs Jahre alt und mit der Sonnenblume in der Hand in grüner Latzhose bei der Einschulung – gleich ist alles durch.

Ein Gefühl der Leichtigkeit stellt sich ein, gerade so, als würde ich eine lang geschleppte, schwere Tasche absetzen.

Es ist auch gut, dass es vorbei ist. Ich will nicht länger traurig sein. Ich möchte, dass die Dinge weitergehen.

Vielleicht bin ich ja doch mitgereift, denke ich. Und jetzt bereit, dass diese Mutter-Kind-Zeit endet.

Am 1. Oktober wird Ben einen einjährigen Lehrgang anfangen. Er will sich ein WG-Zimmer suchen. Soll er machen, denke ich. Ist gut. Ich ziehe dann nach Berlin.

5

Gar nicht so scheiße

Ich habe einen Bekannten, der ist ein hochanständiger Mann. Oben auf der Erfolgsleiter eines wichtigen Konzerns, ein loyaler Mensch, der sich mit den Zielen seines Unternehmens identifiziert –, und tut er es mal nicht, dann tut er das nicht kund. Ich traf ihn, wie ich ihn manchmal treffe, und er war ungewöhnlich gelöster Stimmung. Ihm ging es richtig gut. »Ich war am Wochenende mit meinem Sohn in England, bei einem DJ-Workshop. Das war unglaublich toll!«, erzählte er. Sein Sohn, das wusste ich, will DJ werden und nun waren die beiden für ein paar Tage auf die Insel gereist, um sich die Szene anzugucken, die neueste Technik, sich ein wenig auszuprobieren und Eindrücke zu sammeln, um etwas Klarheit zu bekommen, bezüglich des Wunsches, vor Hunderten tanzender und jubelnder Leute aufzulegen. Oder sie durch die eigene Musik dahin zu bekommen, dass sie tanzen und jubeln.

Ich war erstaunt. Ich habe diesen Mann noch nie so erlebt. Er wirkte, als habe er vom Zaubertrank der Lebendigkeit getrunken. Seine Ernsthaftigkeit war einer Lockerheit gewichen, die Gesichtszüge weich, das Gesicht strahlend. Aber es lag nicht daran, dass er ungewöhnliche und tolle Tage gehabt hatte, dass er etwas erlebt hatte, das es ihm erlaubte, sich wieder jung oder zumindest jünger zu fühlen. Es war vor allem der Umstand, dass er es zusammen mit seinem Sohn getan hatte. Es war überdeutlich, dass es für Matthias ganz großartig war, etwas Gemeinsames mit seinem Kind zu erleben, dass über ein Abendessen hinausgeht. Und bei dem nicht die Mutter mit der Schwester dabei war.

Ich bin mir sehr sicher, dass der Wunsch, DJ zu werden, nicht das ist, was diesen Vater in Verzückung versetzt, was dem entspricht, das man sich in dieser Familie als Beruf vorstellt. Schon gar nicht für den eigenen Sohn. Zu wild, zu unstet, nicht bürgerlich genug. Und dennoch war Matthias voll Enthusiasmus und Freude für sein Kind. Die gemeinsamen Tage hatten dem verruchten DJ-Dasein nicht nur seinen Schrecken genommen, sie hatten eine Gemeinsamkeit zwischen den beiden geschaffen, die zumindest den Vater voll erfüllte.

Ich fand das schön zu sehen. Es freute mich, festzustellen, wie der Vater aufweicht, wie er Gefallen an dem findet, was seinem Sohn gefällt, wie der Reiz des Berufes sich ihm erschließt. Wie er seinen Sohn mit Abstand, aber auch mit Anerkennung betrachtet. Und wie ihn die gemeinsamen Tage erfüllen.

Ich stelle mir auf der anderen Seite den 17-jährigen Sohn vor, der ins Ausland reisen will, weil dort die Vertreter seines Wunschberufes ihr Können zeigen, ein paar der Stars vielleicht Workshops abhalten, wo die neuesten Anlagen präsentiert werden, die man vielleicht auch ausprobieren kann. Wo man schaut, wie man in dieser Welt zurechtkommen könnte, ob es wirklich das ist, was man sich vorstellt, und bestimmt hofft man auch, Kontakte zu machen, Leute kennenzulernen. Abzuhängen und den ein oder anderen Joint durchzuziehen. Und dann sagt Papi: »Ich komme mit!«

Da ist man bestimmt erst mal bedient und denkt sich: »Ach, Scheiße! Was will der Alte denn da?! Das wird ja voll peinlich!«

Und weil der Vater keine Ruhe lässt und meint, das sei doch toll, wenn er mitkäme, wenn sie mal so einen richtigen Männer-Ausflug machten: »Nur Du und ich«, und es außerdem ja nur helfen könne, weil, selbst wenn er keine Ahnung von der DJ-Szene habe, er doch über genügend Lebenserfahrung verfüge, und weil es generell nicht schaden könne, wenn jemand dabei wäre, der ein wenig Ahnung von der Welt hat, sagt der Junge irgendwann: »Naaa, gut«, und die beiden fahren los.

Oder vielleicht war es sogar der Sohn, der seine Eltern gefragt hat, ob einer mitkäme. Weil er es sich nicht zugetraut hat, dort allein hinzugehen. Oder vielleicht hat Tim auch gedacht: »Mit Papa dahin, das wär' schon toll. Er und ich in England, das wird Bombe!«

Wie auch immer. Fakt ist, die beiden waren da und so wie Matthias sich anhörte, kann es nicht blöd gewesen sein. Auch für Tim nicht.

Ich weiß von 16-jährigen Mädchen, die regelmäßig mit ihrer Mutter in die Sauna gehen. Gemeinsam reiten oder einen »Mädelsabend« machen. So wie mein Sohn mit seinem Vater regelmäßig einen »Männerabend« veranstaltet, wenn die Partnerin von Christoph abends weg ist. Dann wird eine DVD besorgt oder was bei Netflix rausgesucht, Pizza in den Ofen geschoben und getan, was Männer an so einem Abend so tun. Ich kann es nur erahnen. Bens Freund Terry und sein zwei Jahre älterer Bruder gehen oft mit ihrem Vater auf einen Wochenendsegeltörn, und Bens Freundin Nelly ist recht häufig mit ihrer Mutter im Konzert. Und fast alle Jugendlichen, die ich kenne, fahren noch ab und zu mit ihren Eltern in den Urlaub.

Und sie tun das freiwillig. Sicher, manchmal mag das Geld ein Grund sein. Die Tatsache, dass es sehr bequem ist, mit den Eltern nach Frankreich zu fahren, segeln oder reiten zu gehen, schlicht weil sie dann zahlen. Und sich um alles kümmern. Aber tatsächlich tun sie es auch, weil sie es mögen. Weil sie es gar nicht schlimm finden, mit uns Zeit zu verbringen, sondern es als einen normalen Teil ihres Lebens betrachten. Nicht so wichtig, wie die Freunde zu treffen, und sicherlich werden die meisten ihren Freunden den Vorzug geben, aber immerhin ist es für viele kein Horror.

Ich finde das noch immer überraschend. Egal wie lange ich das schon beobachte, so sehr fasziniert es mich, denke ich an meine eigene Jugend zurück.

Mitte der 80er Jahre waren wir geprägt von der kulturellen Extravaganz, die dieses Jahrzehnt hervorbrachte. Wir trugen geometrische Frisuren, gestreifte Hosen und Creepers. Wir hörten Devo und The Smiths. Die Eltern mit Abitur hörten Jazz und Georges Moustaki, die anderen The Les Humphries Singers und Udo Jürgens.

Im Zuhause unserer Eltern war alles so, wie wir es nicht haben wollten. Ich bin mir sicher, für 95 Prozent meiner damaligen Freunde und Bekannte sprechen zu können, wenn ich behaupte, dass wir alles schlimm fanden. Wir fanden die Möbel hässlich, in denen unsere Eltern lebten, die Bilder, die sie aufgehängt hatten, die Gardinen, die Badezimmerfliesen, die Teller und Tassen, die Urlaubsziele. Nichts von dem, was unsere Eltern für sich ausgewählt hatten, hätten wir haben wollen.

Und wie unvorstellbar war es doch, auch nur irgendeine Veranstaltung, die nicht unbedingt sein musste – Weihnachtsfeier, Schulabschlussfeier, Arztbesuch – mit den Eltern zu verbringen! Allenfalls mal mit der Mutter. Ohne den Vater. Allein mit der Mutter, das konnte in Ausnahmefällen mal ganz nett sein. Aber Eltern, Erwachsene überhaupt, waren die anderen. Das Gegenüber, das es zu vermeiden und zu umgehen galt. Es war, als stünde man sich an den Ufern eines Flusses gegenüber, den man nicht überspringen wollte. Es gab für uns schlicht keinen Anlass, das Wasser überqueren zu wollen. Nicht dass alle ihre Eltern abgelehnt oder ge-

hasst hätten, aber es hat schlicht keine Notwendigkeit gegeben, irgendetwas außerhalb des Allernotwendigsten mit
ihnen zu tun zu haben. Sie waren auf ihrer Seite des Flusses, wir auf unserer. Sie hatten sich dort eingerichtet. Möbel
aufgestellt, Teppiche aus- und Platten aufgelegt. Und wir
hatten unsere Seite des Flusses gestaltet: unsere Möbel, unsere Poster, unsere Musik. Da gab es keine Überschneidung.
Es war auch keine gewollt. Keiner von uns hätte ihr Mobi-
liar haben wollen oder hätte gewollt, dass ihre Musik in das
eigene Zimmer weht.

Genauso wussten unsere Eltern mit unserer Lebensgestal-
tung nichts anzufangen. So wie deren Eltern die Musik ihrer Kinder als »Negermusik« abgelehnt hatten, war das, was
wir hörten, indiskutabler Mist. Entweder weil Eltern Punk
generell ablehnen mussten, oder weil dieses neumodische
Elektrozeug doch keine Musik war.

Die Trennung, die wir lebten, war eine kulturelle. Und sie
war hilfreich. Allein weil sie es ermöglichte, uns abzugren-
zen. Weil es so ein Leichtes war, dem Gegenüber zu zeigen,
wie blöd man es fand. Es reichte völlig aus, sich über ihren beknackten Jazz lustig zu machen, über Georges Moustaki oder Reinhard Mey, und die Fronten waren klar. Im Gegenzug machten einige Eltern es sich zum Prinzip, Toleranz
ebenso missen zu lassen wie Nachsicht. Es ging für sie darum, ein Machtgefüge aufrechtzuerhalten und die daraus
resultierende Kraft auszuspielen. Es war die »Basta!«-Politik
einer Generation, die trotz der 68er-Bewegung noch nicht
gelernt hatte, wie Miteinander geht.

Eltern und Kinder waren zwei Fronten, die sich gegenüber
zu stehen hatten wie Erdlinge und Aliens. Und sich so ge-
genüberstehen wollten. Zumindest aus unserer Sicht. Die Vorstellung, mit der Mutter einen Sprachkurs zu besuchen oder
mit dem Vater Squash zu spielen, war das Hinterletzte. Diese
Menschen waren schlicht so uninteressant, dass es eine Ver-

schwendung von kostbarer Zeit gewesen wäre, länger als zum Essen beieinander zu sein. Allenfalls wurde gemeinsam Fernsehen geschaut. Tatsächlich hat man mit 15 Jahren noch »Wetten dass..?« geguckt. Und wenn man keinen Freund hatte oder eine Freundin, mit der oder dem man den Samstagabend verbrachte, dann saß man mit den Eltern vor der Glotze und sah diese Sendung. Aber auch Politmagazine wie »Monitor« oder »Panorama« hatten mit ihren Berichten über die Pershing-II-Stationierung, den Widerstand gegen Brokdorf und den sauren Regen die Kraft, die Generationen vor dem Bildschirm zusammenzubringen. Und sie oft genug gleich wieder zu entzweien. Denn es war ein Leichtes, bei diesen Themen kontroverser Meinung zu sein und den Beziehungskonflikt über die Sachthemen voll entflammen zu lassen.

Interessanterweise ist es ausgerechnet das gemeinsame Fernsehgucken, das heute, in einer Zeit, in der Eltern und Kinder so nah beieinander sind wie vielleicht noch nie zuvor, kein Thema mehr ist. Das Bindemittel von Generationen hat komplett ausgedient. Während wir oldschoolmäßig vor dem Fernseher sitzen und uns noch von Sendungen wie »Weißensee« und »Tagesthemen« verführen lassen, sitzt der Nachwuchs mit dem Rechner in seinem Zimmer und zappt sich durch Youtube. Allenfalls der »Tatort« wirft noch die knisternden Funken des Lagerfeuers aus und schafft es, Jugendliche und Eltern zusammen auf das Flackern starren zu lassen.

Weg, so schnell es ging

Ich frage mich manchmal, was für einen Scheiß mein Kind bauen müsste, damit ich es zuhause rauswürfe. Es müsste schon ein ziemlich großer Mist sein. Wenn mein Kind ein Schläger wäre etwa oder richtig doll rechts. Wenn es also irgendetwas täte, das zutiefst meinen Werten entgegenstünde, und ein Mensch wäre, mit dem ich nichts zu tun haben möchte. Damals, als ich 16 Jahre alt war, hat es gereicht, sich die Haare abzuschneiden. Zu färben und ratzekurz abzusäbeln. Ich erinnere mich noch genau, wie einer, den wir Matten nannten, morgens in die Schule kam und die Haare waren ab. Mit irgendeiner Haushaltsschere hatte er sie sich am Tag zuvor abgeschnitten und die eine Kopfhälfte schwarz gefärbt und die andere erblonden lassen. Matten war über Nacht Punk geworden. Und über Nacht zu Hause rausgeflogen. Ich weiß noch genau, wie wir als Zehntklässler gegenüber dem Schulgebäude rund um die Ampel cool rumstanden – wie wir meinten –, und Matten wusste nicht wohin. Von jetzt auf eben hatte der 16-jährige kein Zuhause mehr. Sein Vater war komplett ausgerastet und wollte ihn nicht mehr sehen.

Ich erinnere mich aus dieser Zeit noch an zwei andere Jungs, die zu Hause rausgeflogen waren, weil sie Punk wurden. Was aus ihnen geworden ist, weiß ich nicht. Matten habe ich vor ein paar Jahre in Berlin getroffen. Er lebte im Dunstkreis des Tacheles, und war so drauf, wie Leute drauf sind, die versuchen, ihre Drogen- und Lebensproblematik durch Kampfsport zu kompensieren. Er sagte: »Du hast doch ein Auto. Da ist eine Matratze in Hamburg. Kannst Du mir die herbringen?«

Mich macht das heute noch traurig und wütend. Ich möchte diesen Eltern rechts und links eine runterhauen. Und anschreien möchte ich sie auch.

Gleichzeitig bin ich froh, dass es heute anders ist. Und so viel bescheuerte, überforderte und ihre Kinder vernachlässigende Eltern es gibt und immer geben wird und so beknackt Jugendliche auch sein können, so scheinen die Zeiten vorbei, wo die bürgerliche Mittelschicht wegen solcher

Marginalien ihre Kinder vor die Tür setzt oder auf andere Art drakonisch und überzogen bestraft.

Natürlich war es damals nicht bei allen zu Hause schlimm. Und nicht alle hatten Probleme mit ihren Eltern. Einige kamen recht gut mit ihnen aus, aber die Vorstellung, zu Hause zu bleiben, weil es da so nett war, die gab es nicht. Man wollte mit Freunden zusammenleben, mit Gleichaltrigen in einer WG, selbst wenn man noch nicht wissen konnte, ob das gut gehen würde.

Nicht einmal die Bequemlichkeit der gemachten Wäsche, des regelmäßig frisch bezogenen Bettes, des geputzten Bads und vor allem des immer gefüllten Kühlschranks plus des täglichen warmen Essens wog den Umstand auf, weiterhin mit den Eltern zu tun haben zu müssen. Tatsächlich erschienen uns diese Dinge langweilig. Der Reiz des Eigenen, des Ausziehens lag ja genau darin, diesen Firlefanz hinter sich zu lassen. Die spießige Anschauung, ein Bad müsse mehr als unbedingt nötig geputzt sein und der Kühlschrank für alle Eventualitäten gefüllt.

Wenn ich mir Ben und sein Umfeld anschaue, dann wird das Thema Auszug relativ entspannt gesehen. Keinen seiner Freunde drängt es, schnell was Eigenes zu haben.

»Ja, ich schau mal«, sagt Bens Freund Julian. »Wenn sich was auftut, prima. Ansonsten, keine Eile.« Und Paulina, die etwas mehr Worte findet, meint: »Es ist total schön bei meinen Eltern. Klar wäre was Eigenes toll, und es muss ja auch irgendwann so sein, dass man auf eigenen Beinen steht, aber wenn es noch etwas dauert, dann habe ich damit kein Problem. Meine Eltern sind recht entspannt. Jedenfalls, solange ich nicht in der Wohnung rauche.«

Die Zahlen des statistischen Bundesamtes von 2009 belegen, dass junge Erwachsene heute immer länger zu Hause wohnen bleiben. Im Durchschnitt sind die Töchter 21 und die Söhne 23 Jahre alt, wenn sie gehen.

Klar, ein maßgeblicher Grund sind die Kosten, die infolge der hohen Mieten mit dem Auszug verbunden sind und die manchmal gar keine andere Wahl lassen, als die Eigenständigkeit aufzuschieben.

Aber natürlich ist es auch die Bequemlichkeit der Rundumversorgung, die eine Generation, die einem eh manchmal etwas lahm vorkommt, zu Hause hält. Der Umstand, dass junge Frauen eher ausziehen, mag die These bestätigen – sie müssen in der Regel auch heute noch im elterlichen Haushalt mehr beitragen und helfen als der männliche Nachwuchs. Folglich geben sie auch nicht so viel Bequemlichkeit auf, wenn sie in eine eigene Wohnung ziehen.

Um das Thema Auszug als junger Erwachsener so entspannt sehen zu können, um so wenig Druck zu empfinden, musste sich etwas Entscheidendes ändern: die Eltern.

Jugendkultur? Geil, gib mal her!

Eltern sind heute nicht mehr das Schreckgespenst. Eltern sind nicht mehr per se blöd. Eltern sind aus Sicht ihres Nachwuchses oft genug annehmbar und nett. Man steht dazu, dass man sie mag. Man muss sich auch weniger für sie schämen.

Ein Grund für diese Entwicklung mag darin liegen, dass der kulturelle Graben an vielen Stellen nicht mehr so groß ist wie noch Generationen zuvor.

Ben wird ungefähr 13 Jahre alt gewesen sein, als er erzählte, er habe gerade eine richtig geile Band gehört, Nirvana. Worauf ich sagte: »Ja, die sind super. Die Platte steht da hinten im Regal.« Ich weiß noch, wie erstaunt und überrascht er guckte, bevor sein Blick etwas Anerkennendes bekam. Ich, die Mutter, die in dieser Zeit als sehr bescheuert empfunden wurde, hatte an entscheidender Stelle gepunktet. Weil ich die richtige Musik im Schrank hatte, so die Erkenntnis, konnte ich nicht komplett blöd sein. Manchmal denke ich, ich profitiere noch heute von diesem Moment.

Tatsächlich haben wir noch immer einen sehr ähnlichen Musikgeschmack, was ein schönes, verbindendes Element ist. Vielleicht liegt das auch daran, dass es in den letzten zwanzig Jahren jenseits der elektronischen Musik und des Hip Hop wenig Entwicklung gegeben hat. Viele Bands, die heute erfolgreich sind, haben unverkennbar ihre Vorbilder in der Musik der 60er Jahre und im Punk – und klingen wenig anders als das, womit meine Generation sozialisiert wurde, wenn sie nicht gerade ABBA hörte.

Der Hipster ist die erste visuell auffällige Ausprägung einer Jugendkultur seit Hip Hop, Techno und dem aus dem Punk erwachsenen Grunge. Und während sowohl Hip Hop als auch Techno zwar einen sehr eigenen Stil hervorgebracht haben, so ist doch auffällig, dass beide Bewegungen relativ schnell im modischen Mainstream und den Mechanismen der allesfressenden Konsumindustrie aufgegangen sind. Und wohl auch deswegen deutlich rascher als vorherige Bewegungen die Akzeptanz der Erwachsenenwelt erhielten. Jugendkultur ist nichts mehr, das Eltern schreckt. Im Gegenteil, sie stürzen sich auf sie, um sich selbst jung fühlen zu können.

Abgesehen von einer indiskutablen rechten Szene hat es also seit Punk quasi keine Jugendkultur gegeben, die die Kraft hatte, die Eltern nachhaltig gegen sich aufzubringen. Nichts, das der Nachwuchs als sein Ausdrucksmittel beanspruchen konnte und von dem sich die Älteren in ästhetischer Verachtung abgewendet hätten.

Auch in der Literatur oder der Malerei gab es wenig Stil-prägendes, das die Kraft hatte, eine Jugendbewegung hinter sich zu vereinen. Und die ältere Generation abzuschrecken. Aber nicht nur der Jugend fehlt die Ausdrucksmöglichkeit, auch für die Elterngeneration ist die kulturelle Ödnis so eklatant, dass ihr nichts besseres einfällt, als ihren Kindern die bunten Motive der kleinen Ausdrucksnische körperlicher Gestaltungsmöglichkeiten zu klauen und ihre Haut kurz vor Schrumpelalarm mit allerlei Blaumalerei- und Blumenmotiven auf das Nachhaltigste zu schmücken.

Das mag aus der Entfernung betrachtet ziemlich erbärmlich sein, führt aber dazu, dass Kinder ihre Eltern »cool« finden können und im Umkehrschluss Mütter wie ich nicht ständig das Unverständnis gegenüber ihrem Kind betonen. Sondern, im Gegenteil, den guten Musikgeschmack der Brut loben und sich freuen, dass sie so prächtig gediehen ist.

Kurzum: Wir finden uns gegenseitig gar nicht so scheiße. Unsere Kinder haben Eltern, die ihnen nicht zwangsläufig peinlich sind, und wir empfinden unseren Nachwuchs im Großen und Ganzen als gut geraten.

Lernen von den Kleinen

Und noch etwas ist ungewöhnlich und hat Auswirkungen auf unser Miteinander, macht es partnerschaftlicher: Wir brauchen heute unsere Kinder als Lehrer. Die Initiatorin der Selbsthilfegruppe »Empty Nest Moms«, Bettina Teubert aus Berlin, hat diesen Punkt ausgemacht, und sie hat recht: Viele von uns Erwachsenen sind von der rasant schnellen Entwicklung der Computertechnik und des Internets überfordert. Wir brauchen unsere Kinder, damit sie uns die Rechner einrichten, schauen, warum die App nicht funktioniert, oder Programme aus dem Internet fischen. Wir stehen daneben und begreifen mitunter nicht einmal, was sie da tun. Die Rollen haben sich in vielen Fällen verkehrt. Ich kann mich nicht erinnern, dass es etwas gegeben hätte, das ich meinem Vater hätte erklären können. Wo er unwissend dastand und auf meine Hilfe angewiesen war. Schon gar nichts Elementares. Und so gab es damals eine unverrückbare Machtstruktur: Eltern waren die Klugen, die, die sagten, wo es langging, und Kinder waren die Doofen, die Unwissenden, und hatten entsprechend zu folgen.

Der Umstand, dass wir heute in vielen Fällen auf unsere Kinder angewiesen sind, dass wir sie brauchen, damit sie uns helfen und uns Dinge erklären, verschiebt diese Machtstruktur und macht uns zu Partnern. Zu Menschen, die, mit unterschiedlichen Fähigkeiten ausgestattet, einander bereichern und ergänzen. Denn es ist ja nicht so, dass unsere Kinder alles können. Auch wenn der Nachwuchs groß ist, gibt es noch genügend Situationen und Bereiche, in denen wir wissen, wo es langgeht, in denen wir die Expertise haben und sagen können, was zu tun schlau wäre. Und wenn es die Frage ist, was in dem Rezept mit »Wasserbad« gemeint ist. Oder wann es klug wäre, die Bewerbung für das Praktikum abzuschicken.

Was Bettina Teubert beobachtet hat, trifft auch auf Ben und mich zu. Ich habe festgestellt, dass er viel offener ist, über schwierige Themen wie das blöde Kiffen zu reden, oder dass er mich viel eher um Rat fragt, wenn wir im Austausch eine Situation haben, in der er mir etwas erklärt oder hilft. Indem die Rollenzuschreibung der »Starken« aufgehoben ist, entsteht eine Durchlässigkeit, die partnerschaftlich ist.

Das gab es mit meinen Eltern nicht. Da war nichts, wodurch eine Art Kräfteaustausch hätte stattfinden können. Keine Bewegung in der Rollenzuschreibung. Das Verhältnis zu meinen Eltern war eher eine Einbahnstraße mit Sackgasse. Und in der Sackgasse stapelte sich das Unverständnis wie Stangen Dynamits. Egal ob meine Eltern auf der »Silke-Straße« fuhren oder ich auf der »Mama-&-Papa-Straße«, am Ende wartete immer eine hochentzündliche Ladung, die bei dem kleinsten Funken explodierte.

Ben und ich haben, jetzt, wo er alt genug und reif ist auszuziehen, gar nicht mehr viel miteinander zu tun. Ein paar Minuten am Tag, in denen man redet, ein gemeinsames Essen, mein Gemecker wegen seiner verwanzten Bude, sein dämliches »Chill mal!« als Antwort auf die Notwendigkeit, leere Milch- und Safttüten und dreckiges Geschirr zu entfernen, weil ich nicht möchte, dass Tiere kommen. Und trotzdem ist es lustig. Immer wieder. Anregend, lustig, unterhaltsam.

Auch deswegen ist der Abschied von den Kindern heute so schmerzhaft und schwierig. Weil wir oft genug mit jemandem zusammenleben, mit dem wir wirklich gern zu tun haben. Weil jemand geht, der uns bereichert. Ein etwas schräger Mitbewohner mit komischen Gewohnheiten, der ziemlich anders ist als wir, aber den wir auch deshalb interessant finden. Von dem wir lernen können. Und ja, auch jemand, der uns eine andere Welt nach Hause bringt.

6

»Was sie nicht mehr tragen kann, kauft sie mir«: drei junge Frauen über ihre Mütter

Wir Jungsmütter leben auf einem eigenen Planeten. Irgendwann in der Pubertät teilen unsere Söhne uns mit, dass sie nicht mehr kuscheln wollen – und das war es dann. Mit etwas Glück haben wir Kinder, die ganz gern erzählen. Von dem was sie tun, was sie erleben. Zumindest das, was davon »elternkompatibel« ist. Mein Sohn ist so ein Junge. Aber eben auch einer, der es beim Reden belässt. Ben will nicht mit mir fernsehen. Er hasst es, wie ich auch, einkaufen zu gehen. Schuhe sind für uns beide das Schlimmste. Er hat kein Interesse an gemeinsamen Aktivitäten. Wir sitzen nicht zusammen und tratschen. Essen mag er lieber verzehrfertig statt in der Rohfassung. Er möchte nicht mit mir Schwimmen gehen oder Radfahren oder Yoga machen. Pilze sammeln findet er blöd, Kaffeetrinken auch. Spazierengehen erst recht.

Ich möchte nicht Fifa spielen. YouTube-Filme anzugucken, in denen was schiefgeht, Leute auf die Fresse fliegen oder zu laut pupsen, finde ich langweilig. Mein Interesse, mir spektakuläre Fußballtore im Internet anzuschauen, hält zwei Minuten. Vielleicht auch drei. Kiffen ist nicht so meins. Für Squash bin ich zu alt. Fußballspielen habe ich nie gelernt.

Ich finde es ziemlich traurig, aber so ist es: Mein Sohn und ich haben nichts, das wir gemeinsam tun. Kein Hobby, keine Interessen. Ich finde das ziemlich normal, aber auch schade. Schade, weil ich mitbekomme, dass es zwischen Töchtern und ihren Müttern anders ist. Die unternehmen Dinge zusammen, leben sich aus in dieser Frauenwelt zwischen Kosmetik, Sport und Beziehungsberatung. Klar, manche streiten auch sehr intensiv – niemand kann eine Mutter so gut verletzen, weiß so genau, wo sie hinzielen muss, wie eine Tochter, und umgekehrt – aber wenn die Beziehung einigermaßen okay ist, dann scheint es relativ üblich, regelmäßig Zeit miteinander zu verbringen. So, wie viele Väter mit ihren Söhnen eine Ebene des Miteinanders finden.

Ich als Jungsmutter fühle mich außen vor. Weil Ben und ich nicht »gleich« sind, finden wir keine Gemeinsamkeiten. Frauengedöns, dieses lustvolle Moment des Sichausprobierens, können wir zusammen ebenso wenig ausleben wie diese Männer-zeig-mir-wer-der-Stärkere-ist-Sportaktivitäten. Oder das Gemeinsam-am-Feuer-sitzen-und-in-die-Flammen-starren-Moment, das ein befreundeter Vater zweier Söhne als »primitiv, aber großartig« bezeichnete.

Ich erinnere mich, dass es in meiner Jugend ähnliche Bande zwischen Müttern und Töchtern gab. Dass sie vielleicht auch mal zusammen in die Stadt gingen. Aber sie waren sich nicht nah. Sie tauschten sich inhaltlich nicht aus. Weder über Musik noch über Schambehaarung. Bei mir war das alles eh etwas anders. Meine Mutter mit ihrem Alkoholproblem war bei aller Liebe, die ich für sie empfand, nicht die Person, in deren Nähe ich mich gern aufhielt. Ich war froh, wenn ich von zu Hause weg war.

Wie aber ist das heute? Was denken Töchter über ihre Mütter? Ist ihre Haltung so kritisch wie unsere damals? Und wie erleben sie ihre Mütter? Was kriegen sie mit von deren Schwierigkeiten mit dem Älterwerden in Zeiten des Jugendwahns und was von den Problemen rund um den Ablösungsprozess der Kinder?

Ich als Jungsmutter kann das nicht wissen. Aber ich würde es gern. Deshalb habe ich drei junge Frauen zum Gespräch geladen.

Sina ist 18 Jahre alt. Sie lebt mit ihrer Mutter und ihrem Vater zusammen. Ihre beiden älteren Brüder, 23 und 25 Jahre alt, sind bereits ausgezogen. Nächstes Jahr wird sie das Gymnasium abschließen. Julietta ist ebenfalls 18 Jahre alt. Sie ist mit der Schule fertig und bricht in wenigen Wochen zu einer einjährigen Reise durch Chile auf. Sie lebt mit ihrer Mutter, deren Freund und ihrem siebenjährigen Bruder zusammen. Carlotta, 19 Jahre alt, lebt bei ihrer Mutter, die Eltern sind getrennt. Auch sie wird nächstes Jahr die Schule abschließen und plant ihr Soziales Jahr im Ausland. Alle drei leben in Hamburg.

Was mögt Ihr an Euren Müttern?

Sina: Ich mag an ihr, dass ich mit ihr über alles reden kann. Und dass sie immer für mich da ist. Egal was los ist, ich habe nie Angst davor, dass sie böse oder falsch reagiert.

Carlotta: Das ist bei mir genauso. Ich erzähle ihr wirklich alles. Und dass ich so richtig viel mit ihr lachen kann, das finde ich richtig toll. Wir haben manchmal solche Lachanfälle wegen irgendwelchem Blödsinn!

Julietta: Ich fühle mich immer sicher und geborgen bei ihr. Ich habe immer das Gefühl, egal was los wäre, egal, ob meine Welt zusammenbricht, oder ich jetzt sofort Nudeln mit Käse-Sahne-Soße brauche, meine Mutter würde alles für mich machen. Das zeigt sie mir auch, und deswegen fällt es mir auch so leicht, genauso wie Sina, über alles mit ihr zu sprechen.

Könnt Ihr Euch vorstellen, dass es etwas gibt, das Ihr Euren Müttern nicht erzählen würdet?

Julietta: Nee. Gar nicht. Ich habe ihr auch sofort erzählt, als ich geraucht habe. Bei meinem Vater hat das ein dreiviertel Jahr gedauert, bis ich es ihm gesagt habe.

Carlotta: Sie und meine zwei besten Freunde erfahren alles sofort. Auch total Privates. Irgendwelche Unfälle beim Sex oder so. Aber dass ich mal getrampt bin, habe ich ihr nicht gesagt, weil ich weiß, dass sie nicht mehr schlafen könnte, wenn sie das wüsste. Dass ich ihr erzählt habe, dass ich mich mit meinem Freund verkracht habe, habe ich allerdings bereut. Sie war dann ziemlich doof zu dem.

Was macht Ihr gemeinsam mit Euren Müttern?

Julietta: Wir gucken fast immer zusammen *Tatort*, mit ihrem Freund.

Carlotta: Oh ja, das machen wir auch.

Julietta: Und das ist immer irgendwie sehr nett. Meistens gibt es ein bisschen Sekt mit Mate oder Rotwein oder so. Und es ist der einzige Tag, an dem auf dem Sofa geraucht werden darf. Das ist sozusagen unser Erwachsenenritual. Mein Bruder ist sieben, und der muss dann schon ins Bett. Und sonst gehen wir ziemlich gern zusammen einkaufen.

119

Du meinst Klamotten?

Julietta: Ja. Hätten wir mehr Zeit, würden wir wahrscheinlich auch mehr zusammen machen. Von Kino bis, keine Ahnung, sich zusammen die Nägel machen. Aber manchmal hole ich sie im Büro ab und dann bummeln wir noch 'ne halbe Stunde durch die Läden, bis sie meinen Bruder abholen muss.

Sina: Wir machen eigentlich gar nicht so oft was zusammen. Aber *Tatort* versuchen wir auch zusammen zu gucken, und wir gehen ins Kino. Es gibt so bestimmte Filme, zum Beispiel *Tribute von Panem*. Das ist quasi unser Film. Wir haben auch beide die Bücher gelesen. Und ich bin die letzten zwei Jahre in den Herbstferien mit ihr allein in den Urlaub gefahren. Wir haben gesagt, dass wir das beibehalten wollen, weil wir dann Zeit für uns haben.

Ins Kino gehen, shoppen gehen – macht Ihr das mit Euren Müttern, weil die dann zahlen?

Carlotta: Nein.

Sina: Nein.

Julietta: Ich war auch schon einkaufen mit meiner Mama und habe meine Sachen selber gezahlt. Ich arbeite ja auch, im Supermarkt oder ich babysitte. Ich mag das einfach, gemütlich mit meiner Mama bummeln zu gehen, und sie findet Sachen, die ich übersehen würde.

Sina: Das stimmt. Meine Mutter findet auch Teile, die ich nie sehen würde. Sie selbst hat das Gefühl, sie kann diese Sachen nicht mehr tragen, weil sie nicht mehr die Figur dafür hat oder zu alt ist, und ihr bringt das voll Spaß, mich anzuziehen. Und – das hört sich jetzt komisch an – aber ich finde das irgendwie schön, weil sie so einen Spaß daran hat.

Sie schwärmt dann davon, dass das so gut aussieht und ich das Teil so gut tragen kann, und das macht sie stolz auf mich. Und das macht mich dann glücklich und irgendwie auch stolz und ja: Das ist ein gutes Gefühl.

Julietta und Carlotta, Ihr habt beide sehr zustimmend reagiert.

Carlotta: Ja, weil es bei mir ähnlich ist.

Julietta: Man ist ein kleines Püppchen.

Und kennt Ihr das auch, was Sina eben sagte: Sie passt in diese Sachen nicht mehr rein oder ist zu alt dafür, und deswegen kauft sie Euch die Kleidung?

Julietta: Ich bin meiner Mama ziemlich aus dem Gesicht geschnitten. Ich bin ihr kleines Mini-Me sozusagen. Das findet sie super und dreht mir auch gerne ihre Klamotten an. Die Strickjacke, die ich anhabe, gehört zum Beispiel ihr.

Carlotta: Meine ist auch von meiner Mutter.

Julietta: Bei uns geht das immer so: Sie findet was und sagt: »Ahh … das würde ich so gerne tragen, aber ich kann ja nicht mehr! Guck mal, wenn man das in Größe 44 kauft, sieht das total bescheuert aus. Aber in Größe 34 …« Und dann soll ich es anprobieren und sie sagt: »Das sieht sooo super aus! Das kaufe ich Dir!«

Tauscht Ihr denn auch Sachen mit Euren Müttern?

Carlotta: Ja. Ganz viel.

Julietta: Ganz viel, ja.

Was sind das für Sachen?

Julietta: Wir tauschen schon viel. Ich klaue meiner Mutter ziemlich viele Klamotten.

Meine Mama hat auch Schuhe gekauft, die ich als Erstes hatte. Jetzt haben wir sie beide. Wir haben auch einen gemeinsamen Mantel. Wir wollten ihn beide haben, es gab ihn aber nur noch einmal. Und dann haben wir beschlossen: Wir teilen uns ihn einfach. Und sonst trage ich viele von ihren alten Sachen, die sie hatte, bevor sie noch mal mit meinem Bruder schwanger war und die ihr jetzt nicht mehr passen. Und so Sachen, die mir nicht mehr gefallen, die kriegt sie und trägt sie auch sehr gern. Also es ist schon ein ziemlicher, reger Wechsel.

Gibt es auch Situationen, in denen Ihr zu Euren Müttern sagt: »Och nee, Mama, damit kannst Du nicht rumlaufen?«

Julietta: Ja.

Carlotta: Allerdings! Meine Mutter kommt oft mit Sachen an, bei denen sie sich in den Kopf gesetzt hat, dass das toll aussieht. Einmal kam sie – also das ging gar nicht! Da hatte sie ein Kleid gekauft, das war einfach viel zu kurz, das war viel zu jung!

Was war das für ein Kleid?

Carlotta: Das war ein weißes Kleid. Ich weiß nicht, was sie sich da gedacht hat. Es hatte vorn so Bänder, die man über Kreuz bindet. Und das war einfach so superkurz, gerade mal bis zum halben Schenkel lang. Und sie hat es nicht gesehen!

Was fandst Du daran doof? Warum soll Deine Mutter nicht in so einem kurzen Ding rumlaufen?

Carlotta: Weil das einfach ... zu jung war! Das war einfach zu sexy. Das geht einfach nicht! Ich glaube, sie fand das früher toll, als sie jünger war, und wollte es deshalb haben, obwohl es nicht mehr zeitgemäß ist.

Weil sie mit 52 zu alt für was Kurzes ist?

Carlotta: Es geht gar nicht so um das Alter. Es ist generell. Es geht darum, wie sie aussieht. Und in dem Kleid sah sie aus, als wenn sie versucht, eine bestimmte Person zu sein, die sie nicht ist. Weil sie sich nie wirklich sexy anzieht. Und ja, es gibt passend sexy und unpassend sexy.

Julietta, kennst Du das auch, dass Du denkst: »Nee, Mama, lass mal lieber«?

Julietta: Ja, aber im genauen Gegenteil. Meine Mama hat sich vor ein paar Jahren den Fimmel in den Kopf gesetzt: Sie ist jetzt alt und könnte sich mal ein paar trutschige Sachen zulegen. Das finde ich ganz furchtbar. Sie hat sich so ganz trutschige Schuhe gekauft und ein ganz trutschiges Kleid, und dann habe ich gesagt, dass ich das ganz schrecklich finde. Nach einigem Hin und Her haben wir uns darauf geeinigt, dass sie es zum 80. Geburtstag ihrer Mutter tragen darf.

Sie fand es ganz lustig, dass ich mich aufgeregt habe. Sie meinte: »Aber Julietta, ich bin doch nicht mehr dreißig ... Ich bin jetzt in einem Alter, da ist das in Ordnung, ein bisschen trutschig auszusehen.«

Es ist also wichtig, dass eine Mutter nicht trutschig aussieht. Aber zu sexy darf sie auch nicht sein. Wie soll denn eine Mutter sein?

Carlotta: Es gibt halt so ein ›sexy für Ältere‹, das auch tatsächlich sexy ist. Das gibt es in unserem Alter ja auch, dass ich einen Minirock anhabe und die anderen nur so sagen: »Carlotta, Du hast mal wieder übertrieben!« Das ist gar nicht vom Alter abhängig.

Julietta: Klar, gibt es in unserem Alter auch ein ›zu sexy‹, aber die Grenzen sind andere. Der Moment, wo es peinlich wird, kommt bei Müttern früher. Also, die Grenze ist schneller erreicht, bei der man denkt: »Ohh ... mmhh.« Eine Mutter in Leggings fände ich ...

Carlotta: Oh nee, das geht gar nicht!

Und hören Eure Mütter auf Euch oder tragen sie die Sachen trotzdem?

Carlotta: Es ist unterschiedlich. Manchmal sagt sie: »Du hast keine Ahnung!« oder etwas in der Art und zieht das Teil an. Aber sie ist unsicherer. Wenn sie mich von etwas abzubringen versucht, trage ich es meist trotzdem. Manchmal findet sie Sachen superschlimm, bei denen ich weiß, dass alle meine Freunde sie total cool finden würden. Ich bin einfach sicherer in so etwas. Meine Mutter kann man schneller einschüchtern.

Insgesamt betrachtet ist der Kontakt zu Euren Müttern ziemlich nah und intensiv. Kommt es dennoch vor, dass sie Euch peinlich sind?

Sina: Mir fällt spontan keine Situation ein.

Carlotta: Mir ist sie schon manchmal peinlich. Ich habe jetzt seit ein bisschen mehr als einem Jahr einen Freund. Und ich merke, dass sie den total sympathisch findet und sich für mich freut. Aber manchmal habe ich das Gefühl, dass sie versucht, cool vor dem zu sein. Sie versucht dann irgendwie jünger zu sein, oder so sonderlich lustig und auf Kumpelbasis mit ihm zu reden. Das finde ich dann manchmal schon sehr peinlich. Ich mag das nicht, wenn Leute sich verstellen, und sie verstellt sich in dem Moment. Sie könnte auch einfach normal sein.

Und sagst Du ihr das?

Carlotta: Das habe ich ihr noch nie gesagt.

Sina: Ich glaube, die Mutter will dann einfach auf unserer Ebene sein, auf dieser jungen Ebene.

Carlotta: Ich denke, sie möchte ein bisschen dazugehören. Sie freut sich einerseits für mich, aber sie hatte 13 Jahre lang einen Freund und ist jetzt seit drei Jahren nicht mehr mit ihm zusammen. Und ich glaube, dass sie sich manchmal danach sehnt und gern dazugehören möchte und sich nicht einfach nur als die Mutter fühlen möchte. Und deswegen übertreibt sie es dann vielleicht manchmal ein bisschen.

So wie mit dem Kleid? Das ist ja eine ganz ähnliche Situation.

Carlotta: Ja. Ich glaube, dass sie selbst merkt, dass sie alt wird, und weil sie meinen Freund cool und sympathisch findet, möchte sie auch cool und sympathisch sein.

Und bei Dir, Julietta, ist Dir Deine Mutter manchmal peinlich?

Julietta: Nee, vielleicht, als ich kleiner war. Und mittlerweile ist mir eigentlich nur mein Papa peinlich.

Carlotta: Ja, ist bei mir auch so. Mein Vater ist mir unglaublich peinlich.

Würdet Ihr Eure Mutter als Eure Freundin bezeichnen?

Julietta: Ja.

Sina: Ich nicht.

Carlotta: Mmh, schwer zu sagen. Da muss ich drüber nachdenken.

Was glaubt Ihr, empfinden Eure Mütter Euch als Freundinnen?

Sina: Nein.

Carlotta: Nein.

Julietta: Nee, ich glaube nicht. Meine Mama leidet sehr darunter, dass ich jetzt alt bin, auch wenn sie noch ein kleines

Kind hat beziehungsweise einen Siebenjährigen. Aber sie findet das ganz schrecklich, dass ich jetzt flügge werde und so lange ins Ausland gehe und so. Und wäre ich eine Freundin, dann wäre das nicht so extrem.

Gibt es auch etwas, wo Ihr sagt: »So möchte ich nie werden«?

Sina: Nicht so direkt. Aber sie hat einen nervigen Tick. Und zwar, wenn wir diskutieren und ich normal mit ihr rede, hat sie das Gefühl, ich motze sie an. Und dann möchte sie, dass ich normal mit ihr rede und dann sage ich, dass ich normal mit ihr rede und dann sagt sie, dass ich das nicht tu. Und dann streiten wir uns, und dann gibt es öfter mal den Moment, dass sie im Selbstmitleid versinkt und sagt, dass sie ja ein total schlechtes Vorbild sei und natürlich ist sie schuld und ich habe recht und solche Sachen.

Und das meint sie ernst?

Sina: Ja, schon.Und wenn sie mit dieser Keule kommt, kann ich einfach nicht mit ihr diskutieren. Sie kann nicht gut mit Kritik umgehen. Ich glaube, das ist das Problem. Wenn ich sie irgendwie kritisiere, dann ist sie gleich bei diesem »Natürlich mache ich alles falsch!«.

Carlotta: Bei mir ist es auch so, dass meine Mutter sehr sensibel ist. Ich merke, dass sie sehr schnell eingeschnappt ist, dass wir auch nicht richtig streiten können. Wir diskutieren kurz, dann ist sie verletzt, geht weg und irgendwann kommt sie wieder und entschuldigt sich. Weil sie möchte, dass alles wieder gut ist. Für mich ist das gar nicht so schlimm. Manchmal denkt sie noch drei Tage drüber nach und bei mir ist alles vergessen.

Wenn es mal Streit gibt: Worum geht es?

Julietta: Um Ton-Geschichten. Also irgendwas Kleines ist passiert und dann vergreift sich eine im Ton. Mehr ist das eigentlich nicht.

Sina: Ja, das ist auch ganz häufig bei mir so. Und wenn es nicht damit anfängt, dann endet es damit.

Und, Carlotta, bei Dir, wenn es Streit gibt?

Carlotta: Wir diskutieren ganz oft darüber, wer recht hat. Auch bei so einem total kleinen Schwachsinn. Etwa, ob es jetzt das oder die Nutella heißt. Und auch das mit dem Ton ist ein Problem: Das ist ganz oft so, dass wir beide zickig drauf sind. Ich hab meine Regel, sie ist von ihrer Menopause genervt, und dann streiten wir, wer jetzt hier die Zicke ist.

Sina: Bei uns ist es nicht unbedingt ein Streit, aber es nervt, dass meine Mutter sich oft in meine Angelegenheiten einmischt und mich sehr bemuttern will. Wenn sie zum Beispiel weiß, dass ich in der Schule eine Präsentation halten muss, dann kommt sie immer mit: »Hast Du schon was dafür gemacht?« und: »Das musst Du jetzt aber langsam mal machen.« Dabei denke ich, dass ich das auch ohne ihre Erinnerung hinkriege.

Ich wünsche mir, dass sie nicht so dahinter ist, weil ich Angst habe, dass ich es irgendwann brauche, dass da immer jemand ist, der mich erinnert. Ich sage ihr auch oft, dass mir das zu viel ist. Aber sie kann nicht dabei zusehen, wie ich etwas nicht hinkriege.

Julietta, Deine Mutter ist 47, Carlotta Deine 52 und Sinas 56. Wir hatten eben schon mal das Thema, für bestimmte Kleidung zu alt zu sein. Habt Ihr darüber hinaus das Gefühl, dass Euren Müttern das Älterwerden schwerfällt?

Julietta: Ja, absolut. Ganz deutlich wird das im Bad. Sie guckt oft in den Spiegel und erschreckt sich und sagt: »Wah, ich war auch mal so schön wie Du! Und jetzt bin ich so alt und hässlich und so runzlig. Das ist schrecklich! Ich sehe schon meine eigene Mutter, wenn ich in den Spiegel gucke!«

Carlotta: Das kenne ich. Das Spiegelding macht sie auch. Mit den gleichen Sätzen!

Sie vergleicht sich auch mit ihrer Mutter?

Carlotta: Ja. Mit dem Alter werden die Ähnlichkeiten zwischen den beiden immer deutlicher. Und was ihr auch oft auffällt, ist, dass sie wie ihre Mutter redet. Das findet sie richtig schlimm. Sie kommt aus einem Dorf, und dann haut sie plötzlich so typische Dorfsätze raus. Dann lache ich sie immer aus.

Aber ich merke, dass sie dieses »Ältersein« auch deshalb schlimm findet, weil sie jetzt alleine ist. Ich glaube, sie hat ein bisschen Angst, dass sie keinen neuen Partner findet, weil sie gern noch mal so richtig was erleben möchte, mit jemandem zusammen. Und daran, dass ich einfach mal so eben entscheide, ins Ausland zu gehen, sieht sie, dass sie halt nicht mehr an diesem Punkt ist, wo sie noch alles vor sich hat. Es ist eher so, dass da ihrer Meinung nach nicht mehr so viel kommt, aber sie ein bisschen darauf hofft, dass noch mal was passiert.

Sina: Die Gewichtszunahme ist für meine Mutter ein großes Problem. Das merke ich am dollsten, weil sie immer sagt, dass sie nirgends mehr reinpasst und dass es in ihrer Größe nur Oma-Klamotten mit Oma-Blumen drauf gibt, ihrer Meinung nach. Das ärgert sie sehr, weil sie früher sehr schlank war und durch die Kinder zugenommen hat.

Julietta: Das mit dem Gewicht ist für meine Mutter auch ein Riesenproblem. Auch weil sie denkt, dass sie das nie mehr loswird, dass sie jetzt so sterben wird.

Es klang eben schon an, dass Ihr merkt, dass es Euren Müttern schwerfällt, dass Ihr flügge werdet. Woran merkt Ihr das?

Julietta: Neulich sind meine Mutter, ihr Freund und mein Bruder in die Ferien gefahren, ich bin zu Hause geblieben. Als es losging, hat meine Mama angefangen zu weinen. Weil es sie daran erinnert hat, dass ich bald ins Ausland gehe und wir dann auch für lange Abschied nehmen müssen.

Carlotta: Ja, das ist bei mir ähnlich. Ich merke, dass dieses Auslandsthema echt schwierig wird. Ich habe mich neulich total gefreut, dass ich bei einem Austauschprogramm angenommen wurde und jetzt nach Köln fahre für ein Vorbereitungswochenende. Da habe ich gemerkt, dass sie versucht hat, Freude zu zeigen, aber eigentlich eher traurig wurde. Wenn sie dann auch noch merkt, dass es mir viel schwerer fällt, mich von meinem Freund zu trennen als von ihr, leidet sie noch mehr.

Sina: Bei mir ist das ein bisschen anders, weil ich mit 15 ein Jahr in Südafrika war und beide Brüder schon ausgezogen sind. Als mein erster Bruder ausgezogen ist, haben wir ihn nach Holland gebracht, und da war meine Mutter auch sehr emotional. Bei meinem zweiten Bruder war es dann nicht so schlimm. Ich glaube, bei mir wird es dann wieder schwerer. Das eine Kind war der Anfang, und ich bin das Ende.

Ich glaube, es ist auch deshalb schwer, weil ich ganz viel Leben in die Wohnung bringe. Mit mir sind dann alle Kinder aus dem Haus. Ich merke, dass es meine Mutter beschäftigt, weil sie mich oft in den Arm nehmen will und mir sagt, wie lieb sie mich hat.

Carlotta: Ich merke das auch durch dieses ständige Umarmen.

Julietta: Meine Mutter zeigt ziemlich deutlich, dass sie sehr traurig ist, dass ich weggehe, und sagt das auch immer wieder. Neulich standen wir auf dem Balkon, da meinte sie: »Julietta, ich glaube, wir müssen anfangen, uns zu streiten. Sonst lasse ich Dich nicht gehen.«

Macht Dir das ein schlechtes Gefühl?

Julietta: Meine Mutter hat mir auch schon ins Gewissen geredet wegen meines kleinen Bruders, der natürlich auch sehr traurig ist, und hat gemeint, ich muss ihm das auf jeden Fall erklären. Sonst wäre er traumatisiert fürs Leben. Das fand ich dann irgendwie nicht so cool, weil ich dachte: »Ich kann ja verstehen, dass Ihr das doof findet, dass ich weggehe, aber es fällt mir sowieso schon schwer loszuziehen. Und jetzt macht mir doch bitte kein schlechtes Gewissen, dass ich Euch alleine lasse!«

Carlotta: Bei mir dauert das ja noch ein Jahr, bis ich weggehe und ich finde, dass meine Mutter es sehr doll zeigt. Und mir ist das manchmal irgendwie zu doll. Ich möchte einfach nicht die ganze Zeit daran denken, an die blöde Seite vom Weggehen, an dieses Vermissen. Ich möchte einfach positiv in diese Zeit gehen können. Und mitzubekommen, wie traurig sie ist, zieht mich dann immer so ein bisschen runter. Ich habe dann das Gefühl, ich muss die Starke sein.

Für wen musst Du die Starke sein, für Dich oder Deine Mutter?

Carlotta: Für uns beide. Einmal für mich, denn ich möchte nicht in so ein Jahr aufbrechen und denken: »Oh Mann ey, irgendwie würde ich doch hierbleiben wollen.« Aber eben auch für meine Mutter. Das ist ein Minuspunkt in Bezug auf sie, dass ich manchmal das Gefühl habe, dass ich so ein bisschen die Mutter bin.

Sina: Das ist bei mir gar nicht so. Ich habe immer das Gefühl, dass sie hinter mir steht und sich freut, dass ich etwas mache, was sie nie machen konnte.

Wenn Ihr daran denkt, dass Ihr weggeht und danach langfristig auch nicht mehr zu Hause einzieht – was würdet Ihr an der Stelle Eurer Mütter machen?

Carlotta: Party. Eine Party im ganzen Haus.

Sina: Da entsteht ja eine große Freiheit. Ich würde die Freiheit genießen. Im Falle meiner Mutter heißt das reisen.

Und, Julietta, bei Dir?

Julietta: Also ich würde auf jeden Fall irgendwas Tolles mit dem Zimmer machen, das dann frei ist. Ich glaube, es ist besser auszuhalten, wenn man etwas Positives daraus zieht.

Meine Mutter könnte ihren eigenen Raum haben. Vielleicht stellt sie sich da ein zweites Bett rein, damit sie nicht immer zusammen mit ihrem Freund in einem Bett schlafen muss. Das ist ja bestimmt auch anstrengend!

Sina: Oh, das muss ja so was von anstrengend sein! Das würde ich nie aushalten. Nicht 25 Jahre oder so. Auf gar keinen Fall!

Carlotta: Meine Mutter freut sich jetzt schon auf mein Zimmer. Unsere Wohnung ist sehr klein und ich habe das größte, schönste und hellste Zimmer.

Ich kann mir vorstellen, dass nun öfter Freunde zu Besuch kommen, weil wir jetzt ein Gästebett anbieten können.

Ich glaube, es ist ganz gut, wenn sie nicht mehr so an mir hängt, weil sie sich dann bemühen muss, mehr mit anderen zu machen. Und ich kann mir gut vorstellen, dass sie dann auch wieder mit jemandem zusammenkommt. Und dass sie auch öfter ausgeht. Denn, wenn ich abends ausgehe, ist sie immer in Wartehaltung. Sie kann nicht schlafen, wenn sie nicht weiß, wann ich zu Hause bin.

Also Du meinst, dass es ihr ganz guttun kann, wenn Du weg bist?

Carlotta: Ja. Sie muss es erst mal überwinden.

Sina: Erst mal kommt das Tief und dann …

Carlotta: Genau.

Sina: …dann geht es bergab.

Julietta: Bergauf! Mann, Sina!

7

Die Einseitigkeit der Gefühle

Als läge das Thema der elterlichen Trauer auch am anderen Ende der Welt in der Luft, hat die US-amerikanische Fotografin Dona Schwartz ein Buch zum Thema herausgebracht, »On the Nest« heißt es. Im vorderen Teil zeigt es Paare, die sich in Erwartung eines Babys in dem oft schon komplett und manchmal erschreckend perfekt eingerichteten Kinderzimmer von ihr ablichten ließen. Im hinteren Teil stellt es Eltern vor, die in dem von ihrem Kind durch den Auszug verlassenen Jugendzimmer stehen. Ihre Namen werden angegeben und seit wann die Kinder fort sind. 2 Monate, 1 Jahr, 4 Jahre. Manche der »Empty Nesters«, beantworten die Frage, was sie am schönsten finden am Auszug der Kinder, was am schrecklichsten und welches die größte Veränderung ist. Die Antworten variieren zwischen: »Ich genieße, dass es so schön ruhig ist« über: »Ich habe meine andere Hälfte verloren« bis hin zu: »Die Tiere wollen jetzt alle bei uns schlafen« als eine besondere Variante der negativen Folgen des Auszugs.

Meist stehen die Eltern eng beieinander. Sie halten sich, als stützten sie sich. Oft wirken die verlassenen Zimmer wie Räume eines Museums. Aufgeräumt sind sie, sauber und so, dass man sich nicht zu schämen braucht, wenn ein Fremder hineinblickt. Manche Zimmer sind von den Eltern neu besetzt, gar nicht mehr als Jugendzimmer zu erkennen, andere sind auf der Schwelle einer neuen Bestimmung. Hier stehen die Sachen der Eltern, Laufband oder Wäscheständer, in den Überbleibseln einer Jugend.

Vielen Eltern ist in dieser Inszenierung ihre Trauer anzusehen, ihre Verlassenheit und manchmal wird auch eine Leere sichtbar. Wie verwaiste Eltern stehen sie da, in dem, was mal mit Leben gefüllt war. Was jahrelang ein bewohntes Zimmer war, der Ausdrucks- und Rückzugsort ihres Kindes. Mit am berührendsten ist das Bild von Liz, die ohne ihren Partner abgebildet ist und deren letzte Tochter vor drei Jahren auszog. Sie steht vor einer Frisierkommode, ein buntes, selbst gemachtes »Welcome-Home«-Plakat ist von der Wand gefallen und findet nur deshalb oberhalb der Heizung Halt, weil die offene Tür zur einem kleinen Abstellraum verhindert, dass es auf den Boden fällt.

Auf diesem Foto, in diesen Räumen ist nichts zurechtgerückt, kein Vorzeigezimmer ist arrangiert. Hier wird nicht eines Menschen gedacht, sondern das Zimmer ist der Mensch – und der ist weg. Die Bürsten, Sprays und Haartrockner auf der Kommode liegen so da, dass der Betrachter unsicher ist, ob die Mutter sie vielleicht benutzt, doch die Abstellkammer, in der der Boden vollgemüllt ist mit Klamotten, Schuhen und Kissen lässt keinen Zweifel an dem Verursacher. Aus den Regalen hängen Jeans und T-Shirts, eine Handtasche ist zu erkennen, Schreibhefte, eine Sonnenbrille, Schuhkartons und Aufbewahrungsboxen.

Man sieht – ebenso wie auf einigen anderen Bildern, in denen auch nach Jahren noch der Kram der Kinder chaotisch herumliegt – die ausgezogene Tochter förmlich vor sich: den Kopf, die Gedanken woanders, schon auf dem Sprung, keine Zeit für Dinge wie Aufräumen, Ordnung schaffen, die Kindheits- und Jugendjahre abschließen. Und so, wie sie gegangen ist, wie sie den Raum zurückgelassen hat, ist es eine Frechheit. Und weil dieser Spross die Chuzpe hatte, so eine Rummelbude zurückzulassen, hat man als Betrachter nicht das Gefühl, die Tochter käme zurück. Nein. Wer auch immer hier gewohnt hat, ist weg und besitzt noch nicht einmal die Freundlichkeit, sein Chaos aufzuräumen und der Mutter einen Raum zurückzulassen, der keine Zumutung ist.

Dieses Bild sagt so viel mehr als etliche der anderen Fotos. Auch über die Mutter, die ihrem Kind so viel nachgesehen hat, und über das Verhältnis dieses Mutter-Kind-Gespanns. Man schaut auf das Foto und hört die Mutter förmlich, wie sie ihrer Tochter am Telefon sagt, sie möge doch bitte bald mal das Zimmer in Ordnung bringen und die Tochter sagt: »Ja, ja.« Und man weiß, das wird nicht passieren. Das nächste Mal, wenn sie kommt, wird sie ein paar Dinge mitnehmen, eine der Boxen vielleicht, und sie wird eventuell ein T-Shirt aus dem Gewusel ziehen. Und viel später wird diese Frau, Liz, ein paar Kartons besorgen, den Kram reinschmeißen und die Kisten in den Keller bringen. Dort wird die Tochter sie Jahrzehnte später finden, wenn sie das Haus leer räumt, weil ihre Eltern ins Pflegeheim gehen. Sie wird in die Kartons gucken, und wer auch immer mit ihr im Keller sein wird, zu dieser Person und zu sich selbst wird sie sagen: »Ey, guck mal hier! Mein altes Zeug. Nee, das glaub ich ja nicht …!«

Das große Weniger

So unterschiedlich die Fotos in dem Buch auch sind, und so unterschiedlich die Vermutungen sind, die sie über die Familien und ausgezogenen Kinder zulassen, so eint sie doch alle etwas, das über die Trauer als solche hinausgeht: Sie zeigen die Einseitigkeit der Gefühle in einem Prozess, der zwei Parteien betrifft.

Der Umstand, dass die Eltern in den verlassenen Jugendzimmern ihrer Kinder stehen, lenkt den Blick auf das, was war. Unwillkürlich sieht der Betrachter, wie das Kind gelebt

hat. Was es mochte, was es schön fand. Wie es sich eingerichtet hat, welche Musiker an den Wänden hängen, welche
Sportgeräte herumliegen. Mit dem Bewusstsein für das, was
zurückgelassen wurde, erwächst die Neugier auf das, wohin
dieser Mensch gegangen ist. Das Ramones-Poster, die Sammlung an Baseball- und Rugby-Bällen, die Sammlung Plüsch-
bären, der Papp-Obama – all das hat seinen Wert verloren,
ist nicht in den Umzugskisten gelandet. Neue Werte sind da,
und die kennen wir nicht. Aber es wird klar, der Mensch,
der sich hier aufgemacht hat, ist in etwas Neues, etwas Span-
nendes, Aufregendes und wahrscheinlich Richtungsweisen-
des aufgebrochen. Voll Freude und Erwartung, vielleicht
auch etwas ängstlich und unsicher, aber eben doch auch erfüllt von Aufbruchstimmung hat er seine Sachen zusammen-
gepackt, das, was er für sein neues Leben braucht, und ist
losgezogen. In genau das: sein neues Leben.

Zurück bleiben wir Eltern. In unserem alten Dasein, das
nicht einmal mehr das alte ist. Auch für uns beginnt etwas
Neues. Doch mit einem großen Weniger. Unser Leben, das
zeigen diese Bilder deutlich, ist vom Verlust bestimmt. Aber
es gibt eine Besonderheit, die die Situation für uns als Mütter und Väter noch schwieriger macht: Dasselbe Moment,
das unseren Kindern eine Bereicherung ist, toll und aufregend, ist für uns diese zutiefst traurige Erlebnis.

Als mein Dilemma losging, als Ben 14 Jahre alt war und mir
deutlich wurde, dass jetzt die letzten Jahre des Gemeinsamen eingeleitet werden, und als sich die Trauer wie ein
schwerer, dicker und vor allem erdrückender Umhang um
mich legte, wurde auch schnell die Ungleichheit oder besser gesagt das einseitige Empfinden des Schmerzes zum Problem. Gramgebeugt schlich ich durch die Wohnung, während mein Sohn sich inmitten seiner Pubertät ausmalte, wie

großartig seine Zukunft werden würde, wäre er erst einmal erwachsen und ausgezogen.

Es tat weh festzustellen, dass es bei ihm keinen, nicht einen einzigen Gedanken gab, der so war wie meine. Es gibt seitens meines Sohnes kein Festhaltenwollen, kein Zögern, keinen Zweifel. Er hat nicht das Gefühl, etwas zu verlassen, etwas für immer zu beenden. Er denkt nicht einmal darüber nach. Für ihn zählt das Morgen und das Außerhalb. Es geht darum, seine Welt einzurichten, sein Leben jenseits des elterlichen Nestes zu errichten. So, wie es vor 30 Jahren bei mir darum ging. Bei all meinen Freunden. Niemand hat damals gedacht: »Ach, meine Mutter ist so lieb. Und sie gibt sich solche Mühe. Wie schade, dass ich jetzt gehe und das Gemeinsame aufkündige. Was war das doch für eine schöne Zeit!«

Klar ist, es gab und gibt viele, die das Rundumsorglospaket, das sie zu Hause serviert bekommen, schätzen und die aus Bequemlichkeit lieber zu Hause wohnen bleiben, bevor sie selbst Energie aufwenden und sich um ihre Sachen kümmern. Aber aus Gründen des schönen Miteinanders und der unglaublichen Liebe zu seiner Mutter bleibt wohl kein im Geiste gesunder Jungerwachsener bei Mama wohnen.

Für mich war es in dem Alter schlimm zu wissen, dass meine Mutter leidet. Dass sie gern hätte, das ich bliebe. Allein, dass ich, wann immer es ging, bei meinem Freund war, war für sie schmerzhaft. Natürlich war die Situation mit alkoholkranken Eltern eine besondere. Ich wollte dringend und so schnell wie möglich zu Hause raus. Deshalb bin ich mit 16 Jahren als Au-Pair nach England gegangen. Damals so ziemlich die einzige Möglichkeit rauszukommen, wenn die Eltern kein Geld hatten, einem eine Wohnung zu finanzieren. Bis ich selbst ein Kind bekam, habe ich angenommen, es wäre generell so, dass man so schnell wie möglich weg will. Ab 18 Jahren gab es zu meiner Zeit drei Gangarten, je nach Grad des Doofseins zu Hause: sehr schnell, mittelschnell oder in gemütlichem, aber kontinuierlichem Tempo.

Heute denke ich, niemand, der sich zu Hause einigermaßen wohlfühlt, will mit 16 Jahren ausziehen. Alle freuen sich, wenn sie in diesem Alter noch bei den Eltern wohnen können und gemütlich ihrer Volljährigkeit entgegensteuern.

Für mich überwog das Grauen die Illusion häuslicher Geborgenheit, und ich fühlte mich absolut reif genug, nach London zu gehen. Auch wenn ich wusste, dass das meiner Mutter schwerfallen würde, und ich ein schlechtes Gewissen hatte, sie allein mit meinem Vater zurückzulassen. Und obschon äußerlich die Abgrenzung funktioniert hat und ich dachte: »Das ist nicht mein Problem, sie ist für sich selbst verantwortlich, es ist nicht meine Schuld, wenn sie so ein beschissenes Leben führt«, wirkt das schlechte Gewissen, gegangen zu sein, bis heute.

Vielleicht ist es mir deshalb so wichtig, dass Ben das nicht empfindet. Ich denke, er darf zwar ruhig wissen, dass es für eine Mutter schwierig ist, wenn das Kind geht, aber ich will ihn nicht mit dem, was mich beschäftigt, belasten. Ich finde, es ist meine Aufgabe als Erwachsene, damit klarzukommen. Das ist nichts, das ich an mein Kind herantragen muss.

In den Zeiten, in denen es mir besonders schlimm ging, als der Lösungsprozess in vollem Gang war, als es sich anfühlte, als würde mein Kind morgen sterben, ist mir dieses Ich-mach-das-mit-mir-aus aufs Allerfeinste misslungen. Ich habe das so gut nicht hinbekommen, dass Ben irgendwann in einem schroffen Ton zu mir sagte: »Guck mich nicht immer so an, als würde ich Dir Vorwürfe machen!«

Ich habe eine ganze Weile gebraucht, die Aussage in ihrer Vielschichtigkeit zu verstehen und mir zu vergegenwärtigen, was mein Verhalten für ihn bedeutet, was für ein beschissenes Gefühl ich ihm gebe. Gleichzeitig hat dieser Satz mein Dilemma gut auf den Punkt gebracht: In meinem Morgen-ist-alles-vorbei-Gefühl tat mir alles leid, was ich in den Jahren vermeintlich falsch gemacht hatte. Jede Ungerechtigkeit, jedes ungerechtfertigte Aufbrausen, jede Ungeduld bedauerte ich, und ich schleppte ein schlechtes Gewissen mit mir rum wie einen Sack Zement. Ich muss in meinem unausgesprochenen Unglück die Pest gewesen sein. Dieser Satz meines Sohnes hat sich mir eingebrannt. Er war wie ein Schlag. Er gehört zu den unguten Kapiteln unserer gemeinsamen Zeit. Obschon er so heilsam und nötig war.

In meiner Erinnerung an diese Situation ist es dunkel. Wir stehen auf dem dämmrigen, unbeleuchteten Wohnungsflur, und Ben ist riesengroß. Es mag sein, dass es damals recht düster war. Besonders groß war Ben zu dem Zeitpunkt noch nicht.

Das Kind nicht behelligen

Ich empfinde es als eine besondere Kelle obendrauf, dass ich das alles mit mir allein ausmachen muss und mein Gegenüber nicht adressieren kann. Wieder schleicht sich der Gedanke an »Liebeskummer« ein, wie eine Mutter ihren Schmerz nannte, denn die Emotion ist ja ganz ähnlich. Auch im Mutter-Kind-Verhältnis wird eine Liebesbeziehung aufgelöst. Und wie so oft geht jemand und lässt einen Leidenden zurück.

Aber anders als in einer üblichen Liebesbeziehung kann

ich mein Gegenüber nicht in die Verantwortung und in die Pflicht nehmen.

In jeder zerbrechenden Partnerschaft, bei jedem Beziehungsende kann ich den anderen mit meinen Empfindungen konfrontieren. Kann von meiner Wut reden, meiner Trauer. Kann sagen, dass ich diese Entwicklung nicht will. Fragen, was ich falsch gemacht habe. Kann dem anderen Vorwürfe machen, die Schuld zuschieben und in seinem neuen Zuhause die Tür beschmieren. Ob das gerecht ist und das Ganze weiterbringt, ist eine andere Sache. Aber ich kann es tun. Und so machen Erwachsene das auch. Geht eine Liebesbeziehung auseinander, steht eine Trennung bevor, werden die Gefühle aus dem Inneren herausgeholt und auf den Tisch gepackt. Wir konfrontieren den anderen mit dem, was wir empfinden, und zeigen in der Regel wenig Zurückhaltung, unser Empfinden sichtbar zu machen. Da wird gezetert und geschrien. Geweint und gewütet.

Mit einem Kind, das sich löst, geht das nicht. Auch, wenn ich ähnlich empfinde, wenn ich mich zurückgesetzt und gekränkt fühle, wenn ich den Auszug nicht will und darunter leide, dass das, was einst ein sprudelnder Brunnen der Zuneigungsbekundungen war, zu einem dünnen Rinnsal wird, kann ich mein Kind dafür nicht verantwortlich machen. Mehr, als mal zu sagen, dass es für eine Mutter nicht leicht ist, wenn das Kind groß wird, kann ich nicht bringen. Es ist ein einseitiges »Problem«. Mein Problem ist nicht sein Problem.

Extrem deutlich empfinde ich diese Einseitigkeit in Bezug auf die körperliche Nähe und die Kuschelei, die ja wohl in den meisten Familien über Jahre fester Bestandteil des Miteinanders zwischen Eltern und ihren Kindern ist.

Für mich macht die verlorene Körperlichkeit einen großen

Teil des Schmerzes aus. Sie spiegelt die Einseitigkeit der Situation aufs Deutlichste. Mit meinen 48 Jahren habe ich dieses Bedürfnis, nach physischem Miteinander noch immer. Ich bin ihm nicht entwachsen. Für meinen Sohn aber muss die Vorstellung ein Graus sein. Nicht nur, dass seine Bedürfnisse nach Körperlichkeit sich an alle möglichen Menschen richten werden, nur nicht an seine Mutter, er hat auch nicht das Bedürfnis, noch einmal klein zu sein, während ich unglaublich gern diese wunderbaren Momente physischer Einheit noch einmal erleben würde. Die Momente, wenn der kleine Körper sich so gut und passend an den eigenen anschmiegt. Wenn die Einheit in zwei Teilen noch physisch erlebbar ist.

Nein, Ben fiele im Traum nicht ein, noch einmal vier Jahre alt sein zu wollen, um im Schoß seiner Mutter wie ein Affenkind wohlbehütet gehalten zu werden.

Ich aber, die ich das Bedürfnis habe, muss sehen, wie ich klarkomme, denn ich kann nichts einfordern. Allenfalls kompensieren. Ein Enkelkind wäre eine Kompensation. Aber welche Mutter eines 16- oder 18-Jährigen hat schon Enkel?

Also bleibe ich allein mit einem Bedürfnis, das eine elementare Qualität hat, und muss das nicht nur aushalten, nein, ich muss auch die Kränkung der Zurückweisung ertragen. Denn natürlich ist bereits ein Kuss zu viel verlangt.

Tatsächlich »ging es relativ lang gut«, so mein Empfinden. Als viele gleichaltrige Jugendliche ihren Müttern schon eine Absage an die Knuddelei erteilt hatten, gab es sie bei uns noch. Es war normal, dass es einen Gutenmorgenkuss gab, einen zum Abschied, wenn er zur Schule ging, und einen, wenn er zurückkam. Auch zwischendurch durfte ich ihn in den Arm nehmen und ab und zu einen Kuss auf die Wange setzen. Am Abend gab es das obligatorische Kurz-am-Bett-

Sitzen, über den Kopf oder die Wange streicheln und einen Gutenachtkuss. Irgendwann, Ben muss etwa 16 Jahre alt gewesen sein, sagte er, er wolle das nicht mehr. Das ständige Umarmen, das ständige Geküsse sei ihm zu viel. Ein Kuss morgens würde reichen.

Das Fiese ist: Wir haben keine Alternative, als den Wunsch zu respektieren und uns daran zu halten. Alles, was über das zugestandene Maß hinausgeht, jeder Versuch, doch noch die ein oder andere Umarmung unterzubringen, wird mit einer Abgrenzung quittiert, die deutlich ist und die zu ignorieren dem Verhältnis nicht guttut.

Und während es mit Sicherheit total normal und gesund ist, dass Kinder, wenn sie das Alter von Jugendlichen erreicht haben, das Geschmuse mit den Eltern nicht mehr wollen, komme ich nicht umhin, die Zurückweisung als kränkend zu empfinden. Selbst wenn ich zehnmal weiß, dass es so sein muss, tut es doch weh. Ich fühle mich in meinem Kern, in dem, was ich bin, zurückgewiesen und angegriffen. Das, was ich diesem Menschen zu geben habe, wird nicht mehr gewollt. Mein Sohn ist jetzt erwachsen, ich soll es auch sein. Ich soll so wie er mein Interesse auf Musik lenken und auf gleichaltrige Mitmenschen, auf Facebook oder – meinem Alter entsprechend – auf Balkonpflege. Aber ich soll bitte mein mütterliches Kuschelbedürfnis abschalten.

Ich vermute, die Szenen gleichen sich weltweit: Mütter stehen vor ihren groß gewordenen Kindern und versuchen, körperliche Nähe herzustellen. Sie streichen über die Wange, strubbeln durchs Haar, drücken die Brut an sich. Und der Nachwuchs weicht zurück, wehrt die Berührung ab und sagt Sätze wie: »Mensch Mama, ich bin kein Kind mehr!«

Damit wird klar, was gewünscht ist: Eine Beziehung unter Gleichen, eine Beziehung auf Augenhöhe, eine Beziehung, in der unser Kind nicht mehr die Rolle des Kleinen

143

einnimmt. Und so berechtigt die Forderung und so richtig der Satz: »Ich bin kein Kind mehr!« auch ist, so reflexhaft denke ich: »Aber Du bist doch mein Kind!« Und »mein Kind«, das bleibt auf eine Art immer dieser süße Kleine, mit dem man bis zum Gehtnichtmehr rumknuddelt und der das mag.

Ich finde, diese Einseitigkeit verlangt uns viel ab. Nichts einfordern. Keine Vorwürfe machen. Die Person, der die Gefühle gelten, nicht mit ihnen behelligen. Sich mit den Gegebenheiten abfinden. Ungetröstet bleiben. Und auch: das zu ertragen.

Besonders hart wird die Situation für Alleinstehende sein, die nicht nur mit dem Umstand des »Verlassenwerdens« an sich klarkommen müssen, sondern die sich häufig bei den Kindern etwas an Nähe und Körperlichkeit abholen, die sie in ihrem Dasein ohne Partner oder Partnerin nicht bekommen. Was bis zu einem gewissen Grad völlig okay ist.

Für sie ist der Schmerz erneut ein doppelter, die Herausforderung eine doppelte, weil der Umstand gleich zweifach wirkt. Ich habe augenblicklich Mitleid, wenn ich an diese Frauen denke, denn wenn es für mich schon so bescheuert ist, wie schlimm mag es dann erst für sie sein!?

Aber auch ohne dieses zusätzliche Gewicht bin ich in dieser Situation wie eine Ertrinkende, die nach einem Strohhalm greift, in der Hoffnung, sie könne sich daran festhalten und ihr Absaufen verhindern. Jede Nettigkeit, jede Zugewandtheit meines Sohnes vergrößert sich unter diesem Umstand wie unter einer Lupe, wird zum Indiz dafür, dass er mich nicht ablehnt, nicht scheiße findet und nur deshalb bald ausziehen wird, weil das in der Natur der Sache liegt. Nicht in seiner Ablehnung meiner Person. Dass es also anders ist als in einer Liebesbeziehung, in der der eine nicht mehr liebt und darum geht. Es ist für mich wichtig, im Bewusstsein zu haben, dass die Liebe, die Sympathie gar nicht infrage steht, wenn das Kind sich abwendet und auszieht. Das ist der Strohhalm, den ich brauche, um in dem Schmerzstrudel nicht unterzugehen. Und tatsächlich wird er mir vor die Füße gespült.

Im Fernsehen, in irgendeiner Kultursendung, stolpere ich über eine damals noch recht unbekannte Band aus Köln. AnnenMayKantereit. Vier Jungs, alle Anfang, vielleicht Mitte 20. Kein Glanz, kein Styling, kein So-tun-als-ob. Ganz normale Jungs in ganz normalen Klamotten, die aussehen, als wären sie grad aus dem Bett gefallen und hätten angezogen, was von neulich noch auf dem Boden lag. Ihre Lieder sind melancholisch, gebrochen, die Melodien begleitet von einer Stimme, die so unprätentiös daherkommt wie das Auftreten dieser Band und die sich in ihrer knarzigen Art in die Knochen frisst. Die an Rio Reiser erinnert, an seine besseren Tage.

Irgendwann sitze ich vor dem Computer und erinnere mich an die Band. Denke, ich könnte mir mal anhören, was die so machen, und gehe auf YouTube. Ich klicke mich durch die Songs, und nach ein paar Liedern öffnet sich »Oft gefragt«. Es beginnt direkt und unmittelbar. Nach dem ersten Klavierton kommen die ersten Liedzeilen – und es ist, als träfe mich jemand im Innersten. Es ist, als fiele aller Schutz von mir ab. Ich sitze geradezu hilflos vor dem Rechner und starre auf das, was ich sehe, und glaube nicht, was ich höre.

Da ist jemand, der das besingt, was mich so leiden lässt. Der die Trennung besingt, das, was war, und die Frage nach dem, was bleibt. Jemand, der das Thema zu bündeln versteht und es auf den Punkt bringt. Doch in diesem Fall ist es nicht der Erwachsene, sondern das Gegenüber, das Kind. Diese Stimme, die sich in die Knochen frisst, frisst sich augenblicklich dahin, wo der Schmerz wohnt. Dieser junge Mann, Anfang/Mitte zwanzig singt: »Du hast mich angezogen, ausgezogen, großgezogen. Und wir sind umgezogen, ich hab Dich angelogen. Ich nehme keine Drogen. Und in der Schule war ich auch.« Tatsächlich brauche ich ein paar Sekunden, ein »Hab ich da richtig gehört?!?«, so überraschend ist das, was ich höre: Hier singt einer über ein Elternteil. Da singt ein junger Kerl über die Person, die für ihn da war. Die wissen wollte, was los ist, die sich um das heranwachsende Kind gesorgt und gekümmert hat, und dieses Kind singt sich durch die gemeinsamen Jahre, die sie miteinander hatten, und kommt zu dem Schluss »Zuhause bist immer noch Du.«

Ich sitze vor meinem Computer, starre auf das Video, das nicht mehr ist als die Jungs mit ihren Instrumenten in einem schönen Raum, und es ist, als bohrten sich diese Worte in mich hinein. Als wäre die knarzige Stimme mit ihren Wörtern ein hölzerner Bohrer, der sich durch die Haut und das Fleisch in die Knochen dreht, dahin, wo es wehtut. Und natürlich fange ich augenblicklich an zu weinen. Es ist, als öffnete sich eine Schleuse, es läuft und läuft. All die Gedanken, all die Traurigkeit liegen in diesen Zeilen. Und eben auch der Trost, dass die Liebe keine einseitige ist. Dass da jemand an seine Mutter oder seinen Vater denkt, anerkennt und benennt, was dieser Mensch für ihn ist.

Es ist, als bündele dieses Lied all das, um das es geht. Die Tiefe der Gefühle und all den Schmerz, der sich da irgendwo festgesetzt hat.

Ein paar Wochen vergehen, ich höre mir ab und zu Lieder der Band an, doch ich meide diesen Song. Aber ich denke an ihn. Daran, wie berührend es ist, dass das Thema auch auf der anderen Seite eines ist.

Ben sagt, er kenne die Gruppe, sie sei ganz okay, aber

nicht sooo toll. Eines Abends sitzen wir zufällig in der Küche und beginnen, uns die Musik vorzuspielen, die wir gerade mögen. Es ist ein »Kennst Du …« von beiden Seiten und natürlich ist mir in diesem Moment schmerzhaft klar, wie wunderbar diese Situation ist – er und ich, die wir uns vorspielen, was uns gefällt, was uns bewegt. Dabei reden wir darüber, was an den Bands gut ist. Dass es gut ist, wenn sie etwas wollen, wenn das Versprechen von Rebellion in den Tönen und den Zeilen steckt. Also starte ich einen neuen Versuch, ihn von AnnenMayKantereit zu überzeugen, und er hört zu und gewinnt Interesse und sagt, »ja, die sind nicht schlecht, die muss ich mir noch mal in Ruhe anhören«. Und mitten hinein in diese Eintracht von Mutter und Sohn wählt der YouTube-Algorithmus das Lied »Oft gefragt« und statt es auszumachen, sage ich: »Hör mal auf die ersten Zeilen. Hör mal, wie gut das ist, wie sprachlich schön die das Thema aufgreifen.« Und er hört, wie der Sänger singt: »Du hast mich angezogen, ausgezogen, großgezogen. Und wir sind umgezogen, ich hab Dich angelogen«, und ich sehe, wie Ben sich wiederfindet in den Zeilen, die Wort für Wort besingen, wie es war. Denn auch ich habe ihn angezogen, ausgezogen, großgezogen. Und umgezogen sind wir auch. Und natürlich hat er mich angelogen.

Und augenblicklich sitze ich nicht nur neben meinem Sohn, sondern auch im Dilemma. Denn natürlich zieht der Schmerz schon wieder alles zusammen, und ich spüre, wie sich der Kloß formt und die Tränen sich bereit machen und denke: »Scheiße, wie komme ich da jetzt wieder raus?!« Ich will hier nicht mit Ben sitzen und heulen müssen oder ihn überhaupt mit dem Thema behelligen. Und ich weiß, ich muss jetzt schnell handeln, sonst rutscht mir meine Stimme weg. Also stelle ich das Video ab. Aber das nützt nichts. Es ist zu spät. Das Thema sitzt jetzt mit am Küchentisch.

Wir spielen noch verschiedene andere Songs der Gruppe an und reden über deren Erfolgsaussichten. 70 000, 80 000 Mal wurden ihre Lieder geklickt, »Das ist ja nicht so viel«, sagt Ben, und dann fällt mein Blick auf die Zahl neben »Oft gefragt«. 2 967 850. Knapp drei Millionen Mal wurde der Song gespielt, und unwillkürlich denke ich: »Das sind all die Mütter!« Das sind all die Mütter, die Tausende von Müttern, die wie ich vor dem Rechner sitzen und das Heulen kriegen bei dem Lied. Lauter Frauen, die ergriffen sind von der ungewohnten Perspektive auf das Thema, die vor lauter Dankbarkeit ganz glücklich sind und sich der Hoffnung hingeben, dass, wenn dieses Kind solche Gefühle gegenüber seiner Mutter hat, dann hat das eigene die vielleicht auch. Frauen, die denken, dann sind wir vielleicht gar nicht nur die Doofen, die Blöden, die Überflüssigen und Unnützen, sondern dann sind wir vielleicht auch in den Augen unserer Kinder jene Menschen, zu denen sie aufrichtig und in Anerkennung eine starke innere Bindung haben.

Manchmal habe ich das Gefühl, dass dies das Elementare ist: der Wunsch, mein Sohn möge mir zeigen, dass ich ihm wichtig bin. Dass ich meine Sache gut gemacht habe und dass er mich dafür schätzt. Ich glaube, so banal ist es.

Später erfahre ich, dass Henning May das Lied für seinen Vater geschrieben hat. Das enttäuscht mich etwas. Für die Mutter hätte ich es eindeutig besser gefunden. Gleichzeitig freue ich mich darüber, dass Jungs und ihre Väter mittlerweile auch solche offenen, gefühlsbetonten Beziehungen haben. Dass sie über die Liebe zueinander reden können und nicht immer alles auf der Ebene von Stolz und Leistung abgehandelt wird. Der Sohn besänge seinen Vater nicht auf diese Art, so sensibel und offen, wenn dieser ein emotionaler Krüppel wäre, der nicht jene Empfindsamkeit und den Mut zur Offenheit wie eine Saat in seinen Sohn gelegt hätte.

Der Gedanke an die Innigkeit zwischen Vater und Sohn ist ein schöner. Einer, der zufrieden macht.

Drei Monate später hat das Lied 4 881 496 Aufrufe. Zwei Millionen Aufrufe in drei Monaten. Ich denke, gut, da sind jetzt noch die Väter dazugekommen. Und alle heulen.

Der Abiball

Vor nichts hat mir mehr gegraut als vor dem Abiball.

Im schlechtesten Film kommen mir die Tränen, wenn es um Erreichtes und das Thema Zukunft geht, wenn Sätze gesagt werden wie: »Diesen Weg seid Ihr gegangen«, »Euer Ziel habt Ihr erreicht«. Wenn etwas gesehen und anerkannt wird, dann fließen bei mir die Tränen. Schon die Jahresabschlussfeier im Kindergarten war von einem reichen Tränenfluss begleitet. Ebenso die Verabschiedung einer Erzieherin. Ein paar herzliche und liebevolle Dankesworte, die Anerkennung dessen, was sie den Kindern bedeutet hat und ich musste so tun, als gäbe es draußen gerade etwas ganz Interessantes zu beobachten. Indem ich mir im Kopf irgendein blödes, lautes Lied mit krachigem Refrain vorsinge, habe ich versucht, die Worte außen zu übertönen. LALALA. Tröstlich war es mitzubekommen, dass eine Kindergartenmutter unseres Jahrgangs der Verabschiedung unserer Kinder gänzlich fernblieb. »Ich halte das nicht aus«, sagte sie. Dass es noch andere gibt, für die das ein Horror ist, beruhigte mich. Leider macht es jedoch nichts besser.

Seitdem bei uns alles auf das Schulende hinauslief, also ungefähr ab der Mitte der elften Klasse, wenn es heißt, jetzt wird es ernst, in einem Jahr stehen die Abiturarbeiten an, graute mir vor dem Abend der Abiturverleihung. In meiner Vorstellung kamen hier alle Personen zusammen, die zum Kind gehören. Man versammelt sich in festlicher Kleidung und ebensolcher Stimmung und wenn dann das Kind im Anzug auf der Bühne steht als der junge Erwachsene, zu dem er oder sie herangereift ist, und sein Zeugnis, sein »Reifezeugnis« entgegennimmt, dann, so malte ich es mir aus, würden bei mir alle Dämme brechen und ich müsste gestützt werden.

Dieses Bild ließ keine Alternative zu. Ich konnte mich nicht als gefasste oder gar ausgelassene, fröhliche Person sehen. Eine, die stolz ist auf ihr Kind und vielleicht auch auf sich und den ehemaligen Partner, dass wir es hinbekommen hatten, unseren Nachwuchs dahinzubringen, dass er nun vorn steht, sein Zeugnis entgegennimmt und in die Welt entlassen wird. So könnte man die Situation ja auch betrachten: Freudige, jubelnde Eltern, die sich zuprosten, weil ihr Kind vor dem Hintergrund gemeinsamer Anstrengung etwas Tolles geschafft hat.

Aber nö. Mich gab es nur in Tränen und völliger Auflösung.

Tatsächlich kam es dann anders schlimm. Aber schlimm genug.

Bereits im März hatte ich mir den Termin des Abiballs, 11. Juli, in den Kalender eingetragen. Mehrfach erlebte ich in den kommenden Monaten Schrecksekunden, weil ich dachte, ich hätte ihn falsch im Kopf gehabt und wichtige berufliche Termine auf den Tag gelegt. Bis das Kind Ende Juni sagt: »Am 3. Juli ist die Zeugnisverleihung.«

Und ich frage: »Wieso die Zeugnisverleihung? Ich denke, die ist beim Abiball!«

»Nee«, antwortet Ben, »da ist ja nur das Fest. Die Zeugnisse gibt es am 3.«

»Aber das ist in anderthalb Wochen!«, schreie ich fast. Weil mir augenblicklich klar wird, dass nicht der Ball-Samstag mein Feind ist, sondern der Freitag in zehn Tagen.

»Ich habe das auch gerade erst erfahren«, sagt Ben. Und ergänzt in seiner unnachahmlichen Art: »Ist doch egal. Das interessiert doch eh niemanden Da gibt es ja nur die Zeugnisse.«

Ben bleibt auch in den nächsten Tagen, wenn ich aus Ver-ärgerung immer mal wieder sage, wie blöd ich das finde, dass er mir diesen Termin nie genannt hat, dabei, dass das »keinen interessiert«. Immerhin aber findet die Veranstal-tung, die keinen interessiert, im kleinen Saal der Laeisz-Halle statt – DEM Hamburger Konzertsaal. Barock, festlich, opulent. »Weiß auch nicht, was das soll, warum das dort stattfindet«, sagt der Sohn. »Ihr braucht auch nicht zu kom-men. Da kriegt man nur sein Zeugnis, mehr ist da ja nicht. Das einzig Entscheidende ist der Abiball.«

Die Jugend darf irren, denke ich. Es ist ihr vorbehalten, dass sie Dinge nicht weiß, nicht einschätzen kann. Aber na-türlich ärgere ich mich über die Blödheit und Verpeiltheit meines Sohnes. Dass er monatelang nicht mitbekommen hat, dass es neben dem privat organisierten Ball auch noch eine Schulveranstaltung gibt. Und zwar eine, an der sehr wohl die Familien mit Kind und Kegel und in hübscher Kleidung teilnehmen.

Womit es für mich schlagartig zwei potenzielle Termine gibt, um die Fassung zu verlieren. Damit es nicht so ganz schlimm wird, fädle ich es ein, dass nur die »Wurzelfami-lie«, wie ich seinen Vater und mich als biologische Eltern und die Oma gern nenne, kommt. Die neuen Partner sollen zu Hause bleiben.

Am Donnerstag vor der Verleihung, den gesamten Frei-tagvormittag und auch noch direkt vor der Veranstaltung am Nachmittag hat Ben einen irrsinnigen Aufstand gemacht. Er wisse nicht, was das solle, sagte er. Warum man dahin müsse, man könnte doch auch so sein Zeugnis bekommen. Kein Mensch brauche so eine »Kackveranstaltung«. Das dauere Stunden, dafür sei ihm seine Lebenszeit zu schade. Er fluchte und zürnte und palaverte und hörte gar nicht mehr auf.

Ich glaube, dass es seine Art war, mit dem Abschied umzugehen, dass auch ihm jenseits seiner artikulierten Gelassenheit klar war, was diese Veranstaltung bedeutet: der letzte schulische Akt, die letzte schulische Gemeinsamkeit.

Und trotzdem war es wie mit einem Grundschüler. Auf einmal wusste ich wieder, wie es früher war, wenn man einen durch Rationalität schwer zu erreichenden, wütenden Siebenjährigen vor sich hatte, der ein Riesendrama daraus machte, dass er jetzt etwas tun musste, das er nicht wollte.

Er hat erst aufgehört, als ich ihn auch wie einen Siebenjährigen behandelte. Als ich sagte: »Schluss, aus, es reicht, ich habe keine Lust mehr auf Dein Theater! Du benimmst Dich wie ein kleines Kind! Wir gehen da jetzt hin. Ich habe verstanden, dass Du das blöd findest, aber es ist mir egal.« Danach war Ruhe.

Ben hat im Zusammenhang mit dem Zeugnistermin mehrmals gesagt, dass er nicht wisse, was ich da wolle, warum ich »so scharf« drauf sei, zur Zeugnisvergabe zu gehen. Ich habe ihm etwas geantwortet, das ich jetzt, mit Abstand betrachtet, nicht gut finde. Nämlich: »Dein Abitur ist auch mein Abitur.« Ich finde, ich nehme ihm damit etwas. Ich eigne mir etwas an, das nicht meins ist. Und dennoch hat der Satz auch eine Seite, die es vollkommen trifft: Seine Schulzeit war auch meine Schulzeit. Ich habe diesen ganzen Quatsch mitgemacht, ich bin hundert Jahre lang früh aufgestanden, damit er pünktlich in die Schule kommt, ich habe ihm liebe- und mühevoll Brote geschmiert und Äpfel geschnitten, ich habe mitgelitten und versucht, dass er da gut durchkommt und dass er nicht traurig ist, wenn es blöd läuft. Wenn er nun entlassen wird, dann werde auch ich entlassen. Sein Abschluss ist auch mein Abschluss.

An ganz unerwarteter Stelle habe ich entdeckt, dass sich in anderen Familien ähnliche Szenen abgespielt haben: im

Buch »Arbeit und Struktur« von Wolfgang Herrndorf. Der Autor eines der wunderbarsten deutschsprachigen Bücher überhaupt, »Tschick«, hat in seinem Blog »Arbeit und Struktur« sein Leben mit einer tödlichen Krebsdiagnose festgehalten. Am 19.11.2012, 22:53 Uhr, gibt es folgenden Eintrag: »Zeugnisverleihung und Abiball vor dreißig Jahren. Ich wollte eigentlich überhaupt nicht hin, und wenn, dann auch nur in meinem maximal komplettkaputten Lieblings-T-Shirt, und auf keinen Fall wollte ich meine Eltern dabeihaben (Spätpubertät), ganzer Tag Diskussion, schließlich sagte meine Mutter den schönen Satz: Ich hab Dich da reingebracht, ich hol Dich da auch wieder raus. Da ließ sich nicht viel gegen sagen.«

Mich rührt das. Ich empfinde starke Sympathien für Herrndorfs Mutter wegen dieses großartigen Satzes, und ich freue mich über den Sohn, dessen Worte so viele Jahre später voll Anerkennung sind. Ich finde darin meinen Wunsch und meine Hoffnung wieder, auch mein Sohn möge irgendwann anerkennen, dass sein Vater und ich nicht blöd waren. Es geht nicht um Dankbarkeit. Es geht um Anerkennung. Darum, gesehen zu werden, in all den Bemühungen, diesem Kind ein Gegenüber zu sein und nicht einfach ein blöder Elternteil, das abspult, was Eltern so abspulen.

Die Zeugnisverleihung im kleinen Saal der Laeiszhalle ist dann auch zumindest im Kleinen so schlimm wie erwartet. Die Lehrerinnen und Lehrer lassen es sich nicht nehmen, in unterschiedlichen Darstellungsformen die Jugendlichen ins Leben zu schicken und dies mit allerlei Formulierungen zu begleiten, die ausdrücken, dass die hier versammelten Jugendlichen ihren Weg gegangen sind, dass sie Großartiges erreicht haben und sich nun neue Wege vor ihnen eröffnen. Ein Feuerwerk der Tränen bringenden Signalwörter also.

Ein Lied, gesungen von zwei Lehrerinnen, wie ich annehme, widmet sich noch dazu Türen, die sich hinter unseren Kindern schließen, um an anderer Stelle wieder aufzugehen. Und weil ich etwas falsch verstanden habe und eine der Sängerinnen als geläuterte Drogenabhängige begreife, die heute Lehrerin ist und weiß, wovon sie singt, wenn die Türen immer wieder aufgehen, wird, was ich als schlimm befürchtet habe, nur noch schlimmer. Ich sitze neben Bens Oma, die das alles mit Begeisterung, aber doch ohne äußere Rührung verfolgt. Und nicht nur, dass bei mir die Tränen zu laufen beginnen, was mir furchtbar peinlich ist, weil ja völlig klar ist, dass nur Minderbemittelte bei so einem Türenkitsch zu heulen anfangen, wird auch klar, dass ich mit meiner leuchtend blauen Bluse das völlig falsche Oberteil anhabe. Jeder Tropfen, jede einzelne Träne wird begierig von dem Material aufgesogen, um sie erbarmungslos aufstrahlen zu lassen. Und so sitze ich da mit meinem weißen Taschentuch in die Handfläche geknüllt, das dennoch in der halbdunklen Halle leuchtet wie ein Segel im Mondschein, und versuche unauffällig abzufangen, was aus meinen Augen herausläuft. Das Unterfangen ist ein wenig hilflos, weil der Strom nicht versiegen will in Anbetracht all der Türen und der Drogenabhängigen, die die Zukunft unserer Kinder besingt. Anders als bei der Rede der Oberstufenkoordinatorin bekomme ich das LALALA in meinem Kopf einfach nicht laut und habe keine Ahnung, wie ich aus diesem peinvollen Schlamassel herauskommen will. Wie ich das Problem lösen soll, mal im größeren Stil die Tränen zu trocknen und die Nase zu putzen, ohne mich als die zu outen, die ich bin: eine übersentimentale Mutter, die ihre Gefühle nicht im Griff hat.

Mein Glück ist, dass Heuschnupfenzeit ist. Und wenn ich auch ein Medikament habe, das gut wirkt, so weiß die Welt um mich herum das nicht. Also tüftle ich den Plan aus, so zu tun, als schlage der Heuschnupfen zu und als müsse ich sehr doll niesen. Und mit dem Niesen lasse ich mein tränennasses Gesicht in das Taschentuch fallen und drücke dies rasch überall auf die Haut, sodass ich den Kopf einigermaßen trocken wieder erheben kann. Zwei Mal ist diese Technik notwendig, und ich bin der Oma bis heute sehr dankbar, dass sie so tut, als merke sie nichts, und unbeirrt nach vorn schaut.

Tatsächlich ist es ein sehr schöner Moment, als Ben mit seiner Tutanden-Gruppe auf der Bühne steht, um sein Zeugnis entgegenzunehmen. Es ist ein Moment, in dem sich die Gefühle nicht in eine Flut aus Tränen verwandeln, sich meiner ermächtigen und wegtragen, nein, es ist ein wacher Moment für mich. Einer, der recht frei von Schmerz ist und in dem die Freude und auch die Begeisterung dominieren.

Ich bin nicht stolz auf mein Kind, ich finde, ein Abitur ist nichts, das eine Mutter mit Stolz zu erfüllen bräuchte. Begeisterung ist ein passenderes Wort, denn so ein Abitur ist ja nichts Selbstverständliches. Ich finde, man kann froh und dankbar sein, wenn die Kinder sich unseren Träumen von den Möglichkeiten, die an der Hochschulreife hängen, anschließen und überhaupt das Gymnasium abschließen wollen. Sie könnten ja auch eine Ausbildung machen. Oder die Schule schmeißen, beides ist – wie man an vielen sehr erfolgreichen Leuten sieht – nicht unbedingt weniger richtig. Es ist nur aus der Elternsicht oft falsch. Besonders dann, wenn wir nicht schauen, wer unsere Kinder eigentlich sind und wo ihre Stärken liegen. Sondern nur, wo wir ihre Stärken gern hätten. Ben ist ein Kopfmensch. Er kann nicht Handwerken und nicht Stricken, nicht an Motoren basteln, und er hat allem Musikunterricht zum Trotz kein Instrument erlernt. Er hat kein Faible für Tierpflege, und wenn er kocht, sieht das immer etwas linkisch aus. Also schien er auf einer Schule, die den Kopf fördert, richtig, und dass er sich diesem Eindruck angeschlossen und sie absolviert hat, freut mich. Es hätten auch die Drogen dazwischenkommen können oder ein Mädchen, dem er nach Timbuktu folgt. Er hätte seine Eltern oder die Gesellschaft so bescheuert finden können, dass er sich ihren Strukturen verweigert und aus dem System ausschert. Aber nein. Die Freunde, das Kiffen, das Ausgehen standen nicht in ernsthafter Konkurrenz zur Schule. Das beglückt mich, das finde ich toll, das begeistert mich.

Auf dem Abiball eine Woche später zeigt sich, woran es unserer Familie mangelt beziehungsweise die Versäumnisse unserer Erziehung offenbaren sich auf eine Art und Weise, die mich immer noch schmerzt. Dabei läuft zunächst alles gut. Alle haben gute Laune. Alle sehen hübsch aus, alle sind gewillt, diesen Abend zu einem besonderen zu machen, und unsere kleine Patchworkfamilie aus Ben und seiner Freundin, der Oma, Bens Vater mit seiner Partnerin, ich mit meiner, ist wieder einmal ein Paradebeispiel für familiäre Moderne. Erst recht in Anbetracht einiger Abiturienten mit getrennten Eltern, die sich weigern, gemeinsam an einem Tisch zu sitzen, die sich nicht einmal an diesem Abend begegnen wollen, oder der Väter, die aus Desinteresse zu Hause geblieben sind.

Wir haben es lustig an diesem lauen Sommerabend an der Hamburger Trabrennbahn, an dem die Mädchen in Kleidern und mit aufgetürmten Frisuren wie aus einer türkischen Märchenhochzeit und die Jungs in ernst zu nehmenden Anzügen erwachsen spielen. Es liegt Erwartung in der Luft. An diesen Abend, aber mehr noch an das, was danach kommt – oder kommen könnte. Wie im Film mutet es an, als Bens Jungstruppe sich nach dem Essen von ihren Jacketts befreit und in ihren weißen Hemden mit Fliege oder Krawatte auf der Terrasse steht, mit einem Glas in der Hand vor dem Grün der Rennbahn. Wie britische Internatsschüler sehen die Jungs aus, die dank ihrer familiären Stellung einer erfolgsversprechenden Zukunft entgegensteuern. Neben dem Essen gibt es kein Programm. Außer einer winzigen Begrüßung durch die Schüler ist keine Ansprache vorgesehen, keine Lieder, keine pantomimische Darstellung irgendwelcher Wege, die gegangen werden, und Türen, die sich öffnen. Also nichts, das mich in emotionale Auflösung bringen könnte. Aber es gibt einen Fotografen, der vor einer Wand Fotos von den Familien macht. Von Vätern und Müttern mit ihren hochschulreifen Kindern. Mit den Geschwistern und den Großeltern. In Zweierkombination und im Großaufgebot. Und es gibt einen Tanz, mit dem die Absolventinnen und Absolventen möglichst mit dem andersgeschlechtlichen Elternteil den Ball eröffnen. Und damit anrührende Bilder liefern: mittelalte Männer, die ihre mit großer Mühe zurechtgemachten, oft wunderschönen Töchter durch den Raum drehen, und Bilder etwas ungelenk agierender junger Männer, die versuchen, ihre Mütter zu führen. Es gibt das Bild einer jungen Frau im Anzug, die mit ihrer Mutter tanzt – überhaupt schieben sich einige Mütter-Töchterpaare über die Tanzfläche. Die Stimmung ist etwas unlocker, hier und da wird verkrampft gelacht, denn nur die wenigsten kriegen das mit dem Paartanz hin. Ich kann es überhaupt nicht, und mein Sohn noch weniger. Er hatte schon letztes Jahr viel vom Abiball gesprochen und sich zu Weihnachten einen Tanzkurs schenken lassen, der helfen sollte, sich das Notwendigste anzueignen. Denn so wenig, wie er Lust hatte, ein Instrument, eine Fertigkeit wirklich zu erlernen, hatte er Lust, sich auf die Mühen des Tanzenlernens einzulassen. Mein Kind ist ein fauler Sack. Und ich nicht die Mutter, die diesen Sack zu irgendetwas gezwungen hätte. Dass er den Kurs nicht absolvierte, dass der erst einem »Ja, ja, ich mach das irgendwann« und dann einem »Das braucht eh kein Mensch« zum Opfer fiel, setzt die Kette seiner und auch meiner Versäumnisse fort.

Und so wenig, wie ich dahinter her war, dass er sich mal durch etwas hindurchquält, so wenig habe ich ihm vermittelt, dass wenn er diesen beknackten Abiball schon unbedingt will, er auch mit seiner Mutter tanzen muss. Schlicht und einfach, weil es mir etwas bedeuten würde. Und weil ich das versäumt habe, wie ich so manches versäumt habe, entsteht an diesem Abend weder ein Foto, noch tanzt mein Sohn mit mir diesen bescheuerten Eröffnungstanz. Nach dem Essen ist das Kind einfach weg. Mit seinen Kumpels irgendwo im Nirgendwo verschwunden, fast alle haben vor der Tür den harten Stoff im Gebüsch gebunkert. Sie waren an der Organisation des Balls beteiligt, sie wissen, dass alles jenseits des Sekts zum Empfang und des Weines zum Essen teuer werden würde. Und so sitzt unsere familiäre Bagage um ihren vereinenden Kern gebracht im üblichen Gespräch über Arbeit und Urlaubspläne beieinander, und ich als Mutter, die nicht aus ihrer Haut kann, fühle mich betrogen.

Ich bin keine große Anhängerin von Traditionellem und bürgerlichen Gepflogenheiten. Seit Jahren werden bei uns keine Weihnachtskekse mehr gebacken und manchmal kommt es vor, dass die Päckchen am Adventskalender erst morgens kurz vor dem Aufstehen aufgehängt werden. Ich liebe Geburtstage und Jubiläen, und da mach ich auch gern wildes Zeug, aber von mir aus sind viele traditionelle Rituale unnötig. Ich hatte diesen Abiball nicht gebraucht. Aber meinem Sohn war er wichtig. Also halte ich mir seit Monaten den Abend frei, lasse die Oma ein Heidengeld für die Karten ausgeben, bringe den Vater dazu, dem Kind rechtzeitig noch ordentliche Schuhe zu kaufen, und nehme mir vor, den Ex an diesem Abend nicht wieder mit seinem Musikgeschmack aufzuziehen. Und wenn ich das tue, wenn ich mich meiner Haltung zum Trotz auf dieses bürgerliche Traditonsgedöns einlasse, dann möchte ich gern die ganze Torte. Dann will ich, dass es ein kitschiges Abiball-Foto gibt, mit dem die ganze Familie in 30 Jahren ihre Erinnerung auffrischen kann, und ich möchte dieses dämliche Ritual eines Eröffnungstanzes. Auch, wenn ich es in meinem Leben noch nicht geschafft habe, mich von irgendjemanden über eine Tanzfläche führen zu lassen.

Aber mein Sohn ist nicht da und wäre er da, er hätte mich für bescheuert erklärt. Er will nämlich nie die ganze Torte, er will immer nur die Rosinen.

Und so sehe ich den Eltern zu, die mit ihren großen Kindern in schönen Kleidern über die Tanzfläche wiegen, was oft genug mehr ein lustiges, hakeliges Gegeneinander ist. Aber das ist egal. Es geht um diesen Moment, um diesen großen Moment im Leben unserer Kinder und auch von uns selbst. Und ich stehe am Rande der Tanzfläche und bin enttäuscht. Bin von meinem Sohn enttäuscht, der mich mit dieser Sehnsucht nach dem Gemeinsamen, vor allem aber erneut nach der Anerkennung, allein lässt.

Dies wäre der Moment. Dies wäre der Moment, in dem Ben nach den vielen Jahren der Anstrengung und des Kampfes – gegeneinander und gegen den Rest der Welt – seine Mutter nimmt und mit ihr tanzt, egal, wie dilettantisch das aussehen mag. Es wäre meine Aufgabe, dieses eine Mal nicht den Ton anzugeben, nicht die Führung zu übernehmen, sondern indem ich mich führen lasse, Ben ein Stück weiter in die Rolle eines Erwachsenen zu entlassen. Ihm und mir zugestehen: Du kannst das. So, wie die Väter, die ihre Töchter über das Parkett führen, sie in die Erwachsenenwelt herüberholen und ihnen zeigen: Du kannst neben mir bestehen. Du bist groß.

Aber nein, das, was mir bei der Beobachtung die Tränen in die Augen treibt – irgendwann mussten sie kommen, das war ja klar – was ich als heilvolles Ritual begriffen habe, bleibt mir verwehrt. Wieder, so habe ich das Gefühl, bleibe ich mit den Bedürfnissen, die aus dem Abschied des Kindes resultieren, allein. Kein Ben weit und breit, den das interessieren würde. Und obwohl ich verstehe, dass es an so einem Abend toller ist, sich mit den Kumpels in der Tonicflasche zusammengegossene Longdrinks einzuflößen, als mit seiner ollen Familie herumzusitzen, bin ich doch sauer, dass er so gleichgültig mit mir umgeht.

Ich habe das Gefühl, ich habe mein Kind schlecht erzogen. Dass er so ist, ist ja – auch – meine Schuld. Und trotzdem bin ich sauer und enttäuscht. Und auch verärgert, dass es mir so viel ausmacht. Ich wäre gern cooler.

Ich kann mich nicht erinnern, je ein Foto meines Kindes aufgestellt zu haben, geschweige denn von irgendwem anders. Ich besitze kein Fotoalbum oder bin darauf aus, dass Momente im Bild festgehalten werden. Aber dieses Foto vom Abiball hätte ich gern gehabt. Wir, dieser lustige Patchwork-Haufen, der seit Jahren ziemlich gut funktioniert und der es geschafft hat, dass dieser kleine Junge in der grünen Latzhose mit der Sonnenblume in der Hand ein schnieker junger Mann geworden ist.

Ich wette, wir sind die einzige Familie, die weder ein Foto noch diesen dämlichen Tanz gemacht hat. Alle anderen werden wenigstens das Foto haben.

8

Das merkwürdige Verhalten
trauernder Mütter

Mir fällt auf, dass sich viele von uns Müttern rund um Daten wie den Auszug der Kinder, ihren Gang ins Ausland oder den Studienbeginn ziemlich eigenartig verhalten. Tatsächlich machen wir uns mitunter zum Vollhorst. Bieten unsere Dienste im Übermaß an, verbiegen uns bis zum Gehtnichtmehr in der Hoffnung auf ein wenig gemeinsame Zeit mit unseren Töchtern und Söhnen. Etwa so wie die Mutter dreier Kinder, die mir erzählte, sie hätte sich trotz ihrer Berufstätigkeit, wann immer es ging, als Fahrdienst angeboten. »Jahrelang habe ich das gemacht, weil sie dann gezwungen waren, mit mir im Auto zu sitzen«, sagt sie. »Das war eine gute Gelegenheit für ernste Gespräche. Aber auch für Lustiges. Für Musikhören oder ganz laut Singen. Ganz klar aber ging es mir darum, dass ich sie dann bei mir hatte.« Außerdem habe sie aus dem Wunsch heraus, die Kinder würden Zeit mit ihr verbringen, mit ihnen Dinge gemacht, die verboten sind. Etwa Feuer machen an der Havel. »Das fanden die natürlich gut. Und sie fanden mich gut. Dass ich etwas, das man eigentlich nicht tun darf, mit ihnen mache.«

Manchmal kommt es auch vor, dass wir unsere Kinder behandeln, als hätten sie nicht alle Latten am Zaun. Als wären sie nicht mit 16, 17 oder 18 Jahren sehr eigenständig und in der Lage, sich selbst recht gut zu versorgen. Als wären sie nicht bereits mit 19 oder 20 mehr als nur »aus dem Gröbsten raus«.

Letztes Jahr habe ich eine Freundin in Süddeutschland besucht. Sie war über Ostern mit ihrem 19-jährigen Sohn in das Ferienhaus ihrer Eltern gefahren, und wir verbrachten zu dritt die Feiertage.

Ich kenne es von mir, dass ich Ben oft so anspreche, als wäre er noch sehr klein. Ich nenne ihn »Bennemaus« oder »Benchen«. Ich liebe es, wenn er mit seinen 194 Zentimetern vor mir steht, ich aufblicken muss, seine Wange tätschle und sagen kann: »Na, mein Kleiner, hast Du Hunger?« Und noch immer bringe ich ihm ab und zu vom Einkaufen was Süßes mit. Kinderzeug. Fritt oder Skittles. Oder einen Chupa-Chup. Ich mach' das gern, und ich finde es lustig. Was sich aber bei meiner Freundin Miriam abspielte, war noch eins obendrauf. Sie pamperte ihren Sohn Aaron ohne Unterlass. Alles wurde ihm gemacht, gebracht und nachgetragen. Die Worte, der Tonfall, wenn sie ihn fragte, ob er etwas essen wolle, ob er nicht hungrig sei – wie bei einem Kleinkind. Als es irgendwann daranging, die Küche aufzuräumen, rief ich ihn und sagte, er solle die Geschirrspülmaschine leeren, ich würde die Arbeitsfläche klarmachen. Da sagte sie: »Nein, Aaron muss das nicht machen. Ich mach das!« Und auch, als es ans Kochen ging und ich ihm vorschlug, was er tun könne, pfiff sie ihn und mich zurück, fast, als fände sie es unmöglich, dass ich ihrem Sohn Aufgaben aufdrückte. Es war klar, sie würde das an seiner Stelle übernehmen. Als ich mit Aaron allein war, sagte ich ihm, dass mir das Verhalten von Miriam etwas eigenartig vorkomme. Darauf antwortete er: »Ja, so ist das. Ich bin zwar schon 19 und vor anderthalb Jahren ausgezogen, aber wenn ich bei Mama bin, werde ich behandelt wie ein Kleinkind.« Ich wollte wissen, wie er das fände, und er meinte: »Ich lasse es an mir vorbeirauschen.« Uns war beiden klar, dass seine Mutter das brauchte. Das Bemuttern, das kleine Kind. Aber mich erschreckte es. Vor allem, weil ich mich darin wiedererkannte. Zu sehen, wie das ist, wie ungut es sich anfühlt, wenn eine Mutter ihr großes Kind behandelt, als sei es noch ein kleines, hat mich ein wenig kuriert. Ich habe das seither deutlich zurückgefahren. Es fällt mir jetzt leichter, Ben machen zu lassen und mich nicht angesprochen zu fühlen, wenn er außerhalb der Essenszeiten Hunger hat oder keine saubere Unterhose findet.

Das bedeutet aber leider nicht, nicht an anderer Stelle recht dämlich zu agieren. Dann etwa, wenn es darum geht, Zeit mit ihm zu verbringen. Wobei »verbringen« nicht das richtige Wort ist, denn dass ein 15-, 16-, ein 17-Jähriger oder gar ein Volljähriger Zeit mit seiner Mutter im Sinne von einer aktiven Freizeitgestaltung verbringen will, ist ja eher die Ausnahme. Nein, ich bin schon zufrieden, wenn ab und zu ein paar Minuten abfallen, die wir gemeinsam in einem Raum verbringen und in denen er nicht mit seinem Telefon beschäftigt ist.

Vernunft ade, Hauptsache zusammen

Der Umstand, dass mir permanent bewusst ist, dass es nicht mehr lang dauert, bis Ben ausziehen wird, dass wir nicht mehr viel »gemeinsame« Zeit haben werden, macht mich weich. Und so, wie Mütter von kleinen Kindern in der Absicht, die Brut bei Laune zu halten, einen Vorschlag nach dem anderen abspulen – immer freundlich im Ton, Hauptsache, das Kind lässt sich auf irgendetwas ein und hört auf zu jammern, so mache ich Ben gegenüber einen Vorschlag zur gemeinsamen Freizeitgestaltung nach dem anderen. Schlage vor, wir könnten an die See fahren – och nö. Dann vielleicht mit einem Tretboot über die Alster schippern – macht er lieber mit Freunden. Zum Baden fahren – zu kalt. Federball spielen – nicht jetzt. Minigolf spielen gehen – war er gestern mit Papa. »Fack ju Göhte« gucken – war er auch grad mit Papa. Waffeln backen – macht er morgen mit zwei Freunden. Ein Eis essen gehen – Naaa gut. Aber erst nachher, er muss noch chillen.

Einmal sagt er: »Mama, ich habe Freunde! Ich brauch Dich nicht für meine Freizeit!«

Stimmt. Natürlich braucht mein Kind mich nicht für seine Freizeit. Auch ich brauche Ben nicht für meine Freizeit. Aber ich brauche ihn für mein Herz. Für mein Seelenheil. Für mein Mich-gut-fühlen. Ich hätte ab und zu gern ein wenig großes Kind in meinem Leben. Und zwar nicht nur in Form seiner schmutzigen Unterhosen, die es in den Wäschekorb wirft.

Manchmal versuche ich, wie viele Eltern, mich des üblichen Tricks zu bedienen: Geld.

Man bietet an, Dinge zu tun, für die das Taschengeld nicht reicht oder für die Geld auszugeben im jugendlichen Kopf nicht vorgesehen ist. Burger essen zu gehen etwa. Oder ins Kino. Und weil ins Kino zu gehen zwar gut ist, das aber nur mit der Mutter zu tun völlig uncool, muss dann noch ein Freund mit. Und so fand ich mich vor allem in den Jahren, als Ben zwischen 14 und 17 Jahre alt war, nicht nur in sinnbefreiten Komödien und Ice Age 1–3 wieder, sondern musste auch noch ein anderes Kind mitfinanzieren, was an sich völlig okay ist, aber angesichts der finanziellen Gegebenheiten nicht immer leicht. Da hilft nur, die Kosten als Aufwendung für ein Miteinander mit meinem Kind zu begreifen, das es sonst nicht geben würde.

Manchmal allerdings habe ich kapituliert. Bei Dingen wie Joko und Klaas. Ben wird 15 oder 16 Jahre alt gewesen sein, als diese gymnasialen Niveauvorschüler mit ihrem Sendungskonzept von Erniedrigungs-TV à la »sich den Mund zunähen lassen« und »auf sich schießen zu lassen«

in sein Medienkonsumleben eintraten. Ich habe ein paarmal versucht, mir das mit ihm anzugucken, aber ich konnte das nicht. Ich halte es nicht aus, Jungs dabei zuzuschauen, wie sie auf der Basis ihrer Entwicklungsstörung Wettbewerbe austragen, bei denen es darum geht, sich in puncto Ekel und Schwachsinn zu überbieten. Meine Freundin Miriam erzählt, dass es ihr ähnlich ging. Und dass sie in diesem Punkt voll Bewunderung für ihren Mann ist, der nächtelang mit Aaron vor dem Fernseher saß, um Joko & Klaas Pickel-Challenges zu gucken, oder zuzuschauen, wie Stefan Raab mit einem Bagger Ballons bewegt.

Mein Wunsch danach, wenigstens ab und zu mit Ben jenseits – aus seiner Sicht – unvermeidbarer Zusammenkünfte Zeit zu verbringen, wohnt in mir wie ein unliebsamer Mitbewohner, den man in der Besenkammer untergebracht hat. Ich hätte ihn gern weg, aber er bleibt.

Und er brachte mich dazu, etwas vollkommen Dämliches und Unüberlegtes und Unvernünftiges zu tun: Ich sagte Ja zu einem Urlaub.

Etwa seitdem Ben 15 war, wurde es schwierig, ein gemeinsames Urlaubsziel zu finden. Ein Urlaubziel war für ihn, wie für viele in seinem Alter, dann attraktiv, wenn es sich um einen Pool mit Hotel dran handelte. Ein Hotel am Meer ohne Pool kam aus seiner Sicht nicht infrage, ein Scheiß war das. Und da ein Urlaub ohne Hotel eigentlich kein Urlaub ist und das, was er immer wieder mit meiner Freundin und mir erlebte – Ferienwohnungen auf einer kanarischen Insel, Zelt- und Pensionsferien in Frankreich – zwar ganz nett war, aber eben kein Grund, sich erneut für eine Reise mit uns zu entscheiden, war fast klar, dass es wohl kaum noch gemeinsame Ferien geben würde.

Damit hatte ich mich halbwegs abgefunden, als er, 18-jährig, völlig ohne Vorankündigung, beim Geschirrspülmaschineausräumen fragte, ob wir nicht noch mal zusammen in den Urlaub fahren wollten. Nach Gomera. »Die nächsten Frühjahrsferien sind ja meine letzten. Da wäre es doch toll, wir würden noch mal zusammen da hinfahren.«

Und ich, Mutter mit dem blutenden Herzen, denke, ich habe nicht richtig gehört. Spüre, wie augenblicklich die Wunde versiegt, und das Herz prall wird und pocht. Wie Rosen sich um mein rubinrotes Mutterorgan ranken, zwitschernde Vöglein aufsteigen und sich auf den Blumen niederlassen. Mein Sohn, dieser große Sohn, der für seine Mutter an normalen Tagen nur noch respektvolle Ignoranz übrig hat, möchte noch einmal gemeinsam mit ihr wegfahren! Ich bin natürlich total hin und weg von dem Gedanken, vergesse vor lauter Begeisterung, mein Hirn einzuschalten und sage leichtfertig: »Ja, das ist eine schöne Idee. Das könnten wir vielleicht tun!« Und dann erzähle ich Alva, meiner Freundin, von diesem unglaublichen Vorschlag und wie froh und glücklich mich das macht. Und ein paar Tage später buche ich die Reise für meine kleine Kleinfamilie samt Bens Freundin und habe nicht eine Minute daran gedacht, dass ich mir diese Reise nicht leisten kann. Ich bin zu diesem Zeitpunkt vollkommen pleite, das Konto ist dem Bankberater die Blässe ins Gesicht treibend im Minus, es ist auch für die nahe Zukunft kein großes Geld in Sicht, aber ich verschwende keinen Gedanken an diesen Umstand. Einfach, weil ich völlig plem-plem fortgetragen bin von dem Wunsch meines Sohnes mit mir, seiner sich nach gemeinsamer Zeit verzehrenden Mutter, noch mal in den Urlaub zu fahren.

Eigentlich wird mir das in seiner Tragweite erst bewusst, als es so weit ist. Und kein Geld zu haben, ist als freie Journalistin das eine. Zwei Wochen lang keines zu verdienen, das andere.

Alva sagt: »So ist es jetzt eben. Mach Dich nicht verrückt. Wir fahren jetzt dahin, haben es schön, und irgendwann wird dann schon Geld kommen.« Eine Alternative habe ich eh nicht. Und wie sie richtig feststellt, wäre mir der Umstand der Geldknappheit bewusst gewesen, hätte ich sicherlich dennoch gebucht. Nur eben mit schlechtem Gewissen. Der letzte Urlaub mit dem Sohn. Was ist dagegen schon ein unglaublich fieses Minus auf dem Konto?

Ganz ähnlich ging es einer Kollegin. Auch sie ist freischaffend, ohne festes Einkommen, lebt seit Jahren von dem Vater ihres Sohnes getrennt und verhielt sich entgegen aller Ratio, als ihr Sohn mit 20 Jahren zum Studieren nach Braunschweig zog. Er hatte das letzte Jahr bereits in einer WG gelebt, aber nun einen Studienplatz bekommen und würde zum ersten Mal nicht mehr in derselben Stadt wie seine Mutter leben. »Ich habe über Patricks Umzug alles fahren lassen«, erzählt die 52-Jährige. »Ich habe meine Arbeit vernachlässigt und mich in ein finanzielles Debakel gebracht. Hemmungslos habe ich alles gekauft, von dem ich meinte, das könne er in seiner neuen Wohnung brauchen.« Teller. Bettwäsche. Fußmatte. Nächtelang habe sie im Internet zugebracht und nach einem geräuscharmen Kühlschrank gesucht. Seine Wohnung, so erzählt sie, sei eine Einzimmerwohnung, »da gehen Küche und Wohnzimmer ineinander über, da ist es schon wichtig, dass das Ding nachts nicht zu laut summt. Ich weiß jetzt alles über Kühlschränke!« Natürlich war sie tagsüber so müde, dass sie für die Arbeit nicht zu gebrauchen war. Sie hat Abgabetermine nicht eingehalten. »Das ist schon blöd. Und was das Finanzielle anbelangt: Ich hätte natürlich auch Patricks Vater fragen können, ob er mit einspringt.« Aber entgegen aller Vernunft und was sonst noch eine Rolle spielen könnte, sagt sie so etwas Verrücktes wie: »Mir war es total wichtig, dass die Sachen von mir sind. Von mir, der Mutter. Das Bett. Die Decke. Worum geht es denn bei einer Decke? Um Wärme, um Schutz – eine Decke muss doch von einer Mutter kommen!« Sie habe all ihre Mutterliebe in diesen Umzug gesteckt, »damit klar ist, dass ich immer und immer für ihn da sein werde.« Immerhin räumt sie ein: »Das kann man in der Tat als etwas gaga deuten.«

Und dann ist da noch das Broteschmieren. Tatsächlich könnte man dem Broteschmieren ein eigenes Kapitel gönnen. Nichts scheint so geeignet, um elterliche Liebe auszudrücken, wie Menschen, die ausgewachsen sind, die mitunter schon toll kochen können, sich im (Aushilfs-) Job beweisen und vielleicht sogar Autofahren dürfen, die Stullen für den Tag zu bereiten. Und kaum einer anderen Geste wohnt so viel Einseitigkeit und vielleicht auch eine so einseitige Liebesbekundung inne wie ebendiesem Akt. Ich habe etliche sehr klare, sehr reflektierte Mütter und Väter getroffen, auch solche, die ohne große Wehmut ihre Kinder in die Welt aufbrechen haben sehen, die das noch tun: Brote schmieren. Und ganz viele finden dafür dieselben Worte: »Es ist das Letzte, das ich noch tun kann. Es ist das letzte Kümmern, das letzte an Versorgung, das ich noch leisten kann.« Und wenn man hört, wie sie sagen: »Ja, ich weiß, Mara ist eigentlich alt genug und kann das auch ohne mich, aber …«, dann wird sehr deutlich, was hier eigentlich geschieht: Jeden Morgen schmieren die Eltern den Kindern ihre Liebe aufs Brot. Mit dem Käse und der Gurke, mit der Salami und dem Salat legen sie ihre Zuneigung zwischen die Scheiben. Und geben diese ihrem großen Nachwuchs mit auf den Weg. Dem Nachwuchs, der sich da draußen ausprobiert und beweisen muss. Und es scheint, als habe die Vorstellung etwas Tröstliches: »Da draußen – in der wirren und gefährlichen Welt, in die ich Dich, weil die Natur es so will, entlassen muss – hast Du etwas von mir dabei. Es ist noch dazu etwas Elementares. Nahrung.« Überflüssig zu sagen, wem dieser Gedanke tröstlich ist. Die Kinder haben jedenfalls kein Problem damit, ihr Taschengeld beim Bäcker oder beim Asia-Imbiss zu lassen.

Zwischen einer Fürsorge, die für unsere Kinder okay ist, die sie vielleicht auch schätzen und einem Zuviel ist es oft nur ein schmaler Grat. Wie erdrückend mütterliche Überfürsorge sein kann, schildert Konstantin. Er ist heute 34 Jahre alt, hat aber das distanzlose und übergriffige Verhalten seiner Mutter, unter dem sein jüngerer Bruder nach seinem Auszug regelrecht litt, noch bestens in Erinnerung.

Wann sind Sie ausgezogen?

Konstantin: Ich war 19, als ich von zu Hause auszog. Ich war gerade mit dem Zivildienst fertig und wollte zum Studium nach Hamburg ziehen. An den Tag des Auszugs erinnere ich mich noch genau, denn es war total schlimm. Ich glaube, meine Eltern hatten darauf spekuliert, dass sie mitkommen und mich nach Hamburg bringen können. Der Onkel meiner Freundin hatte aber einen Lieferwagen und angeboten, mich und meine paar Sachen mitzunehmen, da er eh nach Hamburg müsse. Der kam dann bei uns zu Hause vorbei, und ich habe mein Zeug eingeladen. Und da stand meine Mutter und hat nur geheult. Das war wirklich schlimm.

Für meinen Bruder war das, was nun kam, die Hölle. Wir hatten immer ein ziemlich gutes Verhältnis, aber er hat jahrelang nicht mit mir geredet, so sauer war der, dass ich gegangen bin. Er war 15, als ich auszog, und meine Mutter stürzte sich mit ihrer ganzen Zuneigung auf ihn. Die hat alles getan und gemacht, damit er sich nie um irgendetwas kümmern musste. Sie hat ihm alles abgenommen. Die saß regelrecht auf dem drauf.

Haben Sie ein Beispiel?

Konstantin: Als er so 18, 19 Jahre alt war, haben wir wieder angefangen, miteinander zu reden, und da hat er mir mal eine Sache erzählt, die völlig eskaliert ist. Ich erinnerte mich, dass meine Mutter mir auch davon erzählt hatte, weil sie nicht weiterwusste, weil sie sich nicht erklären konnte, woher es kam, dass er so aggressiv war.

Die Sache war ganz banal: Sie hatte sein Bett frisch bezogen.

Meine Mutter ist nie in mein Zimmer gegangen, wenn ich nicht da war.

Aber bei meinem Bruder ist sie, weil sie möglichst nah dran sein wollte, immer rein ins Zimmer. Sie hat seine Wäsche aufgesammelt, sein Zimmer aufgeräumt, lauter so Sachen. Und sie hat ihm das Bett neu bezogen. Mein Bruder wollte das nicht, was man auch verstehen kann. Klar will man nicht, dass die Mutter das vollgewichste Bett abzieht. Das ist ja auch total unangenehm. Und vor allem übergriffig.

Er hat von dem Zeitpunkt an immer davon gesprochen, dass er rauswill, sich was suchen, aber getan hat er es nicht.

Meine Mutter hat das nicht verstanden. Sie vertrat den Standpunkt: Er hat doch hier alles. Da ist es doch Quatsch, in eine andere Stadt zu ziehen.

Das ging so weit, dass die ganze Kühltruhe voller Wagner Salami-Pizza war. Früher haben wir immer zu viert zu Abend gegessen. Das war ein Ritual. Mein Vater kam so von der Arbeit, dass wir zusammen essen konnten. Nachdem ich weg war, war es für meine Mutter okay, dass mein Bruder nur noch Pizza aß. Die Kühltruhe war voll mit Wagner Salami-Pizza und der Kühlschrank mit River Fanta von Aldi. Mehr wollte er nicht. Und es war klar, wenn das zur Neige geht, geht meine Mutter los und holt Nachschub. Es ging darum, ihm alles recht zu machen, damit er gar nicht auf die Idee kommt, dass es zu Hause scheiße sein könnte.

Aber Sie sind aus Berlin weggegangen, damit Sie eigenständig leben können?

Ja. Das habe ich meinen Eltern auch so gesagt.

Haben Sie mitbekommen, dass Ihr Auszug Ihrer Mutter schwerfällt?

Ja, schon. Was meine Mutter immer tut – und das ist eigentlich ja auch total süß – ist, dass sie so überfürsorglich wird, wenn sie das Gefühl hat, dass sie nicht an einen rankommt. Sie hat damals tausend Sachen in Hamburg rausgesucht. Alle möglichen Nummern von allen möglichen Ämtern, falls was ist oder nicht klappt. Im Prinzip hatte man eher das Gefühl, sie zieht weg. Oder zumindest kam es mir so vor. Deswegen war ich auch total froh, als es dann endlich so weit war und ich endlich raus war aus Berlin. Es ist ja auch ein innerer Prozess bis zum Aus- und Wegziehen, und der ist mir durch ihr Engagement ein bisschen genommen worden. Es gehört ja dazu, sich selbst Gedanken zu machen, was man braucht, wenn man in eine andere Stadt geht.

Auf der anderen Seite ist man ja eh auch noch abhängig von den Eltern. Man braucht eine Bürgschaft für den Mietvertrag, sie müssen die Genossenschaftsanteile zahlen und und und. Dieses Gefühl, dass man sich groß und frei fühlt, stellt sich deshalb sowieso nicht so richtig ein. Und dann meine Mutter mit ihrer Organisiererei … Das war wie eine Assistenz. Als wenn ich ein wenig behindert wäre.

Und wie geht es ihr heute?

Gut. Mein Bruder ist vor drei Jahren ausgezogen. Meine Eltern sind jetzt beide in Rente und haben, glaube ich, eine ziemlich schöne Zeit.

Das Eigenartige war, anderthalb Monate, nachdem mein Bruder ausgezogen war, haben die das Zimmer, das vorher mein Zimmer gewesen ist, neu gemacht. Das war für meinen Bruder total irritierend. Denn die haben das so richtig neu gemacht. Den Stuck abgebeizt, die Wände neu verputzt, den Boden neu lackiert. Beide Kinder komplett rausrenoviert. Das ging ratz-fatz.

9

Und sie leiden auch: Die Väter

Dass nicht nur wir Mütter leiden, sondern auch die Väter, hatte ich schon geahnt. Klar wurde es mir durch folgende Begebenheit: Ich ging an einem sonnigen, aber kühlen Tag durch Planten und Blomen, einen großen Park vor meiner Haustür. Es war schon Herbst und die letzten Tage bereits sehr frisch gewesen, aber an diesem Sonntag war die Sonne noch einmal angetreten, die Illusion von Spätsommer zu erzeugen. Überall im Park waren Leute, jeder einzelne der massiven, weißen Holzstühle, die auf den Rasenflächen verstreut stehen, war besetzt mit Menschen, die ihre Jacken geöffnet hatten und ihre Gesichter der Sonne entgegenhielten. Es war ein tummeliges buntes Bild von Parkbesuchern, die eine Grünfläche eingenommen hatten. Meine Freundin und ich schlenderten durch die Anlage, als mein Blick auf eine einzelne Person fiel. Sie war die Einzige auf dem hinteren Teil des Rasenstücks, weit und breit war kein anderer Mensch. Verloren saß sie in einem dieser wuchtigen schwanenweißen Holzsessel und starrte ins Nichts. Als wir in einigen Metern Entfernung vorbeigingen, erkannte ich Marcus, einen sehr engen Freund von Bens Vater. Die beiden hatten einander durch ihre wilde Jugend und das junge Erwachsenendasein begleitet und wurden etwa zeitgleich Vater. Über diesen Umstand hatten die Männer ihre Freundschaft intensiviert, sich öfters mit den Kindern getroffen und waren, als Marcus' Tochter Nele und Ben vier Jahre alt waren, zusammen in den Urlaub gefahren. Irgendwann war, wie bei Christoph und mir, die Beziehung von Marcus und seiner

Freundin auseinandergegangen, aber auch sie hatten es einigermaßen gut hinbekommen, gemeinsam für Nele zu sorgen.

Ich kannte Marcus nicht gut, aber gut genug, um ihn auch auf die Distanz zu erkennen und zu ihm zu gehen. Und wie es meine Art ist, nannte ich schon im Anmarsch das Kind beim Namen und rief ihm, noch einige Meter entfernt, zu: »Mensch, Marcus, was guckst Du denn so verloren?« Und Marcus hob den Kopf und sagte: »Ich habe Nele gerade zum Flughafen gebracht. Moskau. Sie fliegt nach Moskau. Allein.« Und mit diesen Worten deutete er mit dem Kopf gen Himmel, wo gerade ein Flugzeug über uns hinwegflog, und sagte: »Vielleicht ist sie sogar da drin.«

Marcus umgab eine Traurigkeit, die mich berührte, denn es war klar, hier lässt gerade jemand seine Tochter gehen. Es war die Zeit, als auch viele von Bens Mitschülern und die Kinder von Bekannten und Freunden in ein Auslandsjahr aufbrachen. In die USA, nach Südamerika, Australien oder Neuseeland, es muss ja immer weit weg sein. Er sah wirklich wie ein Häufchen Elend aus, der Mitte Fünfzigjährige an diesem kühlen Tag mit der überraschend schönen Sonne im Gepäck. Und um das Gespräch irgendwie weiterzubringen, um vielleicht tröstende Worte zu finden, ihm gut zusprechen zu können oder um irgendetwas zu sagen, das ihn aufmuntert oder Zuversicht bringt, fragte ich, wie lange sie denn weg sei. Und er sagte: »Drei Wochen.«

Ich weiß nicht mehr, ob ich sprachlos war. Ich weiß nur noch, dass er mir umso mehr leidtat. Ein Vater, der sich so grämt, obwohl das Kind nur drei Wochen weg ist. Zumal er aufgrund der Trennungssituation gewohnt sein sollte, sein Kind längere Zeit nicht zu sehen und bei sich zu haben.

Es stellte sich heraus, dass es auch der Ort war, der ihm zusetzte. Moskau. Und der Umstand, dass sie dort in einen Bus umsteigen musste. Er malte sich Horrorszenarien aus.

Menschenhändler, Drogenkartelle, Prostitution. Seine Tochter mittendrin. Allein. Rationale Überlegungen, wie unwahrscheinlich es war, dass das Böse ausgerechnet auf das Auftauchen von Nele wartete, ja dass es überhaupt vor Ort war, um ausländische Mädchen zu kidnappen, erreichten ihn nur mäßig. Der Mann war gefangen in dem Schmerz, loslassen zu müssen.

Und egal, wie lustig die Ängste jetzt im Nachhinein klingen, wie absurd, und wie sehr man sich wundert über einen Mann, der sich in abenteuerliche Räuberfantasien hineinsteigert, ernst zu nehmen bleibt der Schmerz eines Vaters darüber, dass sein Kind groß wird. Und ihn verlässt.

In den 80er Jahren, als meine Freunde und ich von zu Hause aufbrachen, waren die Emotionen den Müttern vorbehalten. Ich erinnere mich zwar an eine gewisse Brummeligkeit der Väter, ein Noch-stiller-Werden, aber die großen Gefühle, die Benennung von Traurigkeit und Abschiedsschmerz war Sache der Mütter. Ihnen wurde dies auch zugestanden. Beziehungsweise es wurde geradezu erwartet. Eine »richtige« Mutter leidet, wenn das Kind weggeht. Allein schon deshalb, weil sie jetzt weniger zu tun hat, um ihre Aufgaben gebracht wird. Schließlich gehörte die Identitätsfalle, in die sie mangels Aufgaben und Lebensinhalt treten würde, zum Frauenbild ebenso dazu, wie der vom Auszug unberührte Vater zum Männerbild gehörte.

Verwunderlich ist das nicht. Die wenigsten Väter haben sich um uns Kinder gekümmert, allenfalls am Wochenende waren sie ein wenig für uns da, aber dass sie uns morgens zum Kindergarten brachten, dass sie mit uns zum Arzt gingen oder mit uns das Geschenk für die Geburtstagsfeier des Schulfreundes besorgen würden, zu der wir am Nachmittag eingeladen waren, kam nicht vor. Allenfalls mussten sie den

Fahrdienst übernehmen und uns im Winter abends, wenn es früh dunkel wurde, vom Schwimmen abholen. Schlicht, weil die Mütter keinen Führerschein hatten.

Heute ist das anders. Jeder weiß, dass heutzutage viele Männer ihre Vaterrolle aktiv ausfüllen, dass ihnen eine innige Beziehung zu ihren Kindern wichtig ist und dass der Unterschied in der Rollenzuschreibung schwindet. Wenn auch komischerweise das Kuchenbacken fürs Sommerfest und das Zuhausebleiben, falls die Brut krank ist, ein Mutterding bleiben. Das schaffen Männer irgendwie nicht. Vielleicht muss da die Evolution noch etwas am Zuständigkeitsgen schrauben.

Dass Väter heutzutage an der Aufzucht der Kinder aktiv beteiligt sind, liegt auch an einem anderen Fakt: Geht die Beziehung auseinander, einigen sich viele Paare darauf, das Kind oder die Kinder, wenn auch getrennt, so doch gemeinsam zu erziehen und zu versorgen. Ob begeistert oder aus der Notwendigkeit heraus – viele Männer übernehmen durch diese Situation Aufgaben, die lange Zeit den Müttern zugedacht waren, wodurch sich ihr Verhältnis zum Nachwuchs intensiviert und eine Nähe erreicht, wie sie früher häufig den Müttern vorbehalten war.

Aber auch jenseits dieser Aspekte gilt heute, dass wir ein partnerschaftliches Miteinander mit unseren Kindern suchen. Dass auch viele Väter nicht mehr so sehr auf die alters- und reifebedingten Unterschiede gucken, sondern das Verbindende, das Gemeinsame suchen. Und haben sie das zu fassen bekommen, ist ein enges Miteinander entstanden, bringt das häufig auch einen entsprechenden Schmerz.

Einer, der elementarer ist, als der Ärger oder das eifersüchtige Gebrummel, wenn die Tochter den ersten Freund mit nach Hause bringt.

Es ist für mich naturgemäß nicht möglich darzulegen, was Väter empfinden, wie sie die Situation erleben und welche

Gefühle das Großwerden ihrer Kinder auslöst. Deswegen habe ich zwei von ihnen, die die Situation sehr bewusst und auch als schwierig erlebt haben, befragt.

Im Anschluss kommt Nele zu Wort, jenes Mädchen, dessen Vater ich im Park traf, nachdem er sie anlässlich ihrer Moskau-Reise zum Flughafen gebracht hatte.

»Ich bin nicht komplett«

Matthias, 55, lebt mit seiner Frau Tanja, 53, und Sohn Paul, 18, in der Nähe von Hamburg. Ihr Sohn Noah, 22, ist vor zwei Jahren zum Studium nach Greifswald gezogen.

Ihr jüngster Sohn Paul ist noch zu Hause, haben Sie eine Ahnung, wie lange noch?

Matthias: Schwer zu sagen. Das hängt auch davon ab, wie er die Schule abschließt. Paul ist ein Mensch, der so im Stillen vor sich hin reift, der braucht länger. Zwei Jahre? Vier? Ich schätze, zwei.

Was fühlen Sie, wenn Sie an Noah denken, der vor gut einem Jahr ausgezogen ist?

Matthias: Ich habe körperliche Verlust- oder Schmerzgefühle, wenn ich daran denke, dass Noah jetzt gerade in Frankreich ist. Aber auch wenn er in Greifswald ist, wo er studiert, tut es mir weh, daran zu denken. Dass er mal hier, mal da rumschwirrt und durch die Welt geistert und so weit weg ist.

Was heißt das, »körperliche Schmerzgefühle«?

Matthias legt seine flache Hand auf die Bauchgegend unter der Brust.
   Matthias: Da fehlt was. Da fehlt einfach was.

Was ist dort, wo Sie die Hand hingelegt haben?

Matthias: Der Sitz der Seele.

Wie fühlt sich dieser Schmerz an?

Matthias: Es ist, als ob ein Teil von mir durch die Gegend schwirrt. Ich empfinde mein Kind wirklich als Teil von mir. Und ich würde gern mehr mitkriegen von diesem Teil. Aber ich bin der Letzte, der ihm hinterherhechelt, ständig SMS schickt oder so.

Sie sagen, es sei ein körperlicher Schmerz. Was ist das für ein Schmerz?

Matthias: Ich fühle mich einfach nicht komplett. Ich bin ein Familienmensch, und ich fühle mich nicht komplett, wenn die Kinder nicht da sind.
   Allerdings fühle ich mich auch im positiven Sinne nicht komplett. Das ist ganz wesentlich. Es ist auch ein tolles Gefühl. Denn ich habe noch nie so geliebt. Ich kann sehr kalt und abweisend sein. Aber die Liebe zu den Kindern habe ich nie infrage gestellt.

Das ist ja das Besondere an der Liebe zu den Kindern, dass sie so bedingungslos ist.

Matthias: Ja, total. Und das macht vielleicht auch den Schmerz aus. Dass es eben diese bedingungslose Liebe ist, die ich sonst noch nie kennengelernt habe. Wahrscheinlich hat eine Mutter das noch viel stärker. Weil die Körperlichkeit da noch viel ausgeprägter ist, mit dem Gebären und dem Stillen.

Graut Ihnen davor, dass Paul auszieht und dann keines der Kinder mehr bei Ihnen lebt?

Matthias: Ja, eigentlich graut mir schon davor. Man ist dann ja im wahrsten Sinne des Wortes ein wenig zurückgeblieben. Ich habe mich auch zurückgelassen gefühlt, als Noah ausgezogen ist.

Weil er einen verlässt?

Matthias: So empfinde ich es ja nicht. An diesem Punkt wird das Stichwort der Entthronung wichtig. Ich finde es ja toll, dass er zu Hause rauswill. Das zeigt ja eine funktionierende Erziehung, dass einer in die Welt will, um sein eigenes Leben zu leben.

Aber es bleibt das Gefühl zurückzubleiben. Das Bild, das ich vor mir sehe, ist das eines größeren Sterns im Weltall. Das ist die Familie. Und dieser Stern bewegt sich in eine Richtung. Und daneben ist ein kleinerer Stern, das Kind, und der geht noch schneller nach vorn ab, seinen eigenen Weg. Und da gibt es auch kein Zurück. Der Weg geht klar nach vorn.

Bei der Frage, ob es einem davor graut, dass das letzte Kind geht, muss man vielleicht trennen, ob es einem davor graut, jetzt mit seiner Ehepartnerin dauernd allein zu sein.

Oder ob man einfach darunter leidet, dass die Kinder weg sind. Das sind ja zwei Paar Schuhe.

Aber letztendlich weiß ich auch nicht, wie es dann sein wird.

Ich habe eigentlich auch eine ganze Menge Pläne, sodass ich keine Befürchtung habe, in einem leeren Nest hocken zu bleiben.

Wobei ich auch nicht weiß, ob wir in unserer Wohnung wohnen bleiben.

Ist das die Frage nach einem Zuhause?

Matthias: Ja, ich glaube, zu der Frage, wie es sein wird, wenn das letzte Kind aus dem Haus ist, kommt noch etwas anderes dazu. Eben diese Frage: Was ist mein Zuhause? Gibt es ein Zuhause? Ist das ein Ort? Und was macht es zum Zuhause? Bisher war es so, dass die Kinder das Zuhause ausgemacht haben. Aber auch die Wohnung ist für mich Zuhause. Die Vorstellung, dass die Kinder weg sind und die Wohnung auch noch weg wäre – das wäre heftig für mich. Richtig heftig.

Aber ist das nicht auch Teil dessen, was es so schwermacht? Weil man zurückbleibt. Es geht ja nicht nur darum, dass nun die Räume leer sind, sondern auch, dass sie ihrer Bedeutung beraubt sind. Es wird sehr deutlich, dass etwas zu Ende ist. Und das kommt vor allem auch sehr schnell.

Matthias: Stimmt, ich finde das auch ein wenig plötzlich. Aber ich glaube, die zentrale Frage ist, was dieses Zuhause ist, was es ausmacht. Das ist auf jeden Fall stark geschwächt, wenn die Kinder weg sind. Leere Hallen – seelenlos. Davor kann man Angst haben. Ich hab auch manchmal Angst davor, weil ich nicht weiß, was Tanja und ich dann machen.

Das ist ja das Thema von vielen Paaren. Wenn das Bindemittel Kind weg ist, steht die Frage im Raum, wie geht es mit uns als Paar weiter? Geht es mit uns als Paar weiter?

Matthias: Ich habe dazu einen Cartoon gesehen: Zwei uralte Leute, beide am Stock, und sie sagt: »So, jetzt sind beide Kinder gestorben, jetzt können wir uns endlich trennen!«

Selbst der Witz zeigt – es geht ums Abschiednehmen. Und das auf mehreren Ebenen.

Matthias: Ja. Eben war ich noch der junge Mann mit dem netten, kleinen, süßen, knuddeligen Kind auf dem Arm, jetzt bin ich in Gefahr, bald Opa zu werden.

Trotzdem glaube ich, dass ich noch wichtig bin für meine Jungs. Und das gibt mir Zuversicht für die Zeit, wenn sie nicht da sind und ich daran leide. Und sie sollten auch wissen: Mein Vater glaubt an mich. Das ist für mich zukunftsweisend.

Ist es für Sie wichtig, eine Zukunftsperspektive für die Beziehung zu Ihren Kindern zu haben?

Matthias: Ja, unbedingt. Ich bilde mir ein, dass ich in den letzten Jahren unwahrscheinlich schöne Erlebnisse mit den Jungs hatte, und ich bilde mir ein, dass ich das ein bisschen weiterpflegen kann. Wir sind zusammen segeln gefahren, und hatten superintensive Wochen. Wahnsinnig intensiv. Und ich hoffe, dass wir das beibehalten. Das ist meine Perspektive. Ob sich das bewahrheiten kann, wird sich zeigen. Wahrscheinlich müssen wir dann immer weiter wegfahren, damit die noch mitkommen. Weiter und weiter. Noch geilere Ziele. Irgendwann werden sie sagen: »Hör mir auf mit Ostsee!« Aber diese Vorstellung, dass wir weiter gemeinsame Dinge tun, ist eine, auf die ich hoffe. Das ist so ein Faden, der in die Zukunft geht.

»Wie unter einem Sternschnuppenregen«

Oliver, 53 Jahre alt, lebt in Berlin. Er ist seit zehn Jahren von seiner Frau getrennt, die beiden Kinder Clara, 19, und Ronny, 17, pendeln im Wochenrhythmus zwischen den Eltern. Ronny besucht das Gymnasium, Clara macht eine Ausbildung zur Bürokauffrau.

Sie sagen, Sie hätten ein intensives Zusammengehörigkeitsgefühl zu Ihren Kindern. Was macht dieses Gefühl aus?

Oliver: Es ist nicht nur das Leibliche. Es ist auch die viele Zeit, die wir im Laufe der Jahre miteinander verbracht haben. Die vielen Momente, die vielen Dinge, über die ich mir als Vater Sorgen und Gedanken gemacht habe. Und die Mühe, die man sich als Eltern macht, dass es den Kindern gut geht. Das ist etwas, das einen verbindet. Im wahrsten Sinne des Wortes. Ich stelle mir Schnüre vor und dass man durch Bande verbunden ist. Bande, durch die man um die emotionalen Zustände des anderen weiß. Dass man am Gesichtsausdruck, an der Gestik, erkennt, was mit dem anderen los ist. Ob er traurig ist, fröhlich oder Sorgen hat. Diese nonverbale Kommunikation.

Das klingt, als sei es etwas Gegenständliches, Greifbares.

Oliver: Für mich ist das Energie. Zuneigung. Vertrauen. Sympathie. Zuspruch. Man gibt. Sagt, ich lieb' Dich so, wie Du bist, und bekommt diese Liebe auch wieder zurück. Aber nicht so oberflächlich wie bei den Amis, die alle naselang sagen: »I love you, I love you!« Meine Kinder und ich signalisieren das auf andere Art und Weise. Indem wir über dieselben Situationen lachen, ohne groß etwas zu sagen. Dass man in einem Moment das genau Gleiche sagt, weil man das genau Gleiche dachte. Das ist ja so ein Zeichen dafür, dass man eine Wellenlänge erwischt hat, dass die Trägerfrequenz gesund ist und stimmt. Natürlich bekommt man als Vater auch viel vor den Latz geknallt. Aber es geht darum, dass man spürt, man mag sich. Für mich ist das eine Energieform.

Liebe als Energielieferant?

Oliver: Ja. Das empfand ich schon so, als sie Babys waren. Dann wird die Energie intuitiv übertragen. Sie lächeln Dich an, und Du bringst sie zum Lachen, das geht sofort hin und her. Die Energie kommt zurück. Eigentlich ist es jetzt, wo sie groß sind, auch so. Es gibt viele Momente, in denen das fast greifbar ist. Wie ein Solarpanel merke ich, jetzt strömt wieder was in mich rein. Da werden Akkus aufgeladen.

Brauchen Sie die Kinder, um sich komplett zu fühlen?

Oliver: Wenn man davon ausgeht, dass man sich komplett fühlt, weil man Kinder wollte und sich in der Rolle als Elternteil total wohlfühlt, dann ist es schon so, dass man die Kinder braucht, um sich wohlzufühlen. Und dass mit ihrem Großwerden ein Loch entsteht. Dass da etwas aufreißt. Das empfinde ich tatsächlich so.

Tut das weh?

Oliver: Absolut. An manchen Tagen ist es, als sei der Schmerz körperlich spürbar. Das macht mich ziemlich fertig. Ich hätte nicht gedacht, dass mich das so erwischen würde. Dass es mich so packt und auch festhält.

Ist das ein wehmütiger Schmerz?

Oliver: Ja. Ganz schlimm. Der wehmütige Schmerz. Ich behaupte, den kann keiner spüren, der nicht Eltern ist. Dieser Schmerz, dass einem was fehlt. Das ist wie Phantomschmerz. Wie jemand, der ein Körperteil verliert. Wie jemand, der denkt, ihm tut die rechte Hand weh, obwohl sie gar nicht mehr da ist.

Es fühlt sich nicht nach Kälte an, es fühlt sich nicht an wie frieren. Oder wie eine Stichverletzung. So fühlt es sich nicht an. Sondern eher wie Heimweh. Wenn ich mich daran erinnere, wie es sich als Jugendlicher anfühlte, wenn man auf Reisen Heimweh bekam – ich glaube, das ist ein ganz greifbarer Vergleich. Dass man sich nach seinem Zuhause sehnt.

Sie gehören zu denen, die schon sehr früh diesen Schmerz empfunden haben, weit vor einem möglichen Auszug Ihrer Kinder. Wissen Sie, woran das liegt?

Oliver: Ich denke, es liegt an der Trennung. Weil ich die Kinder nur noch im Wechsel sah, war ich früh damit konfrontiert, was es bedeutet, wenn sie nicht da sind. Und schon damals fiel mir das schwer, wenn Mama-Woche war. Ich habe das gedanklich und emotional durchgespielt, und die Frage »Was macht das mit Dir, wenn die Kinder weg sind?« ist früh sehr schmerzhaft spürbar geworden.

Ihre Tochter ist bald 20 Jahre alt und beendet demnächst ihre Ausbildung. Danach könnte sie arbeiten und Geld verdienen, vielleicht will sie aber auch studieren. So oder so, sie könnte bald ausziehen.

Oliver: Ich denk ja immer, dass sie, sollte sie studieren, noch hier wohnen bleibt. Weil es sehr praktisch ist. Die Uni ist nicht weit. Und wenn ich ehrlich bin, stelle ich fest, dass hinter dem Gedanken natürlich der Wunsch steht, sie möge hier wohnen bleiben.

Das ist genau dieses fiese duale Gefühl, dass man denkt, das ist sicherlich gut, wenn die Kinder dann mal ihrer eigenen Wege gehen und sich organisieren lernen und nicht immer darauf vertrauen, dass Dinge wie Essenkochen und der Einkauf schon irgendwie passieren.

Aber wenn ich mir vorstelle, dass sie nicht mehr da ist und man sich nicht mehr häufig sieht, dann setzt eine unglaubliche Wehmut ein. Und eine Traurigkeit darüber, dass es keinen Automatismus mehr gibt, kein natürliches Miteinander mehr, sondern dass man alles organisieren muss, jedes Treffen, jedes sich Sehen.

Jetzt sind die beiden noch da, und ich genieße es, die Wärme und die Nähe zu haben, die virtuelle Nabelschnur.

Sie benutzten das Bild der Schnüre. Haben Sie das Gefühl, dass die Schnüre sich auflösen?

Oliver: Ich weiß es nicht. Vielleicht werden es weniger. Die werden dafür aber umso wichtiger.

Ist es emotional ein Unterschied, ob eine Tochter groß wird oder ein Sohn?

Oliver: Von der Komponente »mein geliebtes Kind« und was die Gefühlsströme anbelangt eigentlich nicht. Aber natürlich – und da kann man gar nichts gegen machen – denkt man bei der Tochter: »Mein Gott, hoffentlich sucht sie sich den Richtigen aus und schleppt hier nicht so einen Honk an!« Natürlich hoffe ich bei meinem Sohn auch: »Komm mal nicht mit so einer Tusse!«, aber irgendwie ist es bei der Tochter doch noch ein wenig anders. Aber eigentlich ist beides Quatsch.

Auch wenn es Ihnen zusetzt, dass die Kinder jede zweite Woche bei der Mutter sind, so ist doch der altersbedingte Ablösungsprozess ein anderer. Wann ist Ihnen bewusst geworden, dass das Miteinander mit Ihren Kindern endlich ist?

Oliver: Ich habe es gemerkt, wenn das bei Freunden, die ältere Kinder haben, ein Thema wurde. Es gibt ja auch einen Werbespot mit jubelnden Eltern, die sich freuen: »Endlich zieht das Kind aus, wir können das Zimmer anders nutzen!« Bei manchen meiner Freunde hat sich das genau so angehört. Die waren total begeistert und haben gesagt: »Ich finde das super, ich freu mich drauf!« Mir war in dem Moment schon klar, dass das bei mir nicht so ist. Ich freu mich da nicht drauf. Ich sehe mich heulen. Durch solche Situationen wurde mir klar, der Tag wird für Dich kommen, das musst Du jetzt mal thematisieren.

Was heißt »thematisieren«?

Oliver: In mich reinhorchen.

Und wenn Sie in sich reinhorchen, was hören Sie?

Oliver: Mich. Heulen.

Ich denke oft: »Wenn einer auszieht, bleibt ja ein Kind noch zu Hause. Das geht ja noch.« Aber wenn beide weg sind … das ist dann ja so, als wäre man in einer Wohnung, wo der Partner weggestorben ist, und man soll dann dort noch weiterwohnen. Und dann geht man in so ein Ex-Kinderzimmer, das ich wohl als Büro vollstopfen würde, das ja aber trotzdem das Ex-Kinderzimmer ist, und denkt: »Oh, hier hat sie immer …« So, wie man überall in der Wohnung erinnert wird. Das könnte mir schon schwerfallen. Deswegen habe ich den Gedanken: Dann ziehe ich auch gleich aus. Ich denke, ich mach vielleicht besser selbst 'nen Schnitt! Dann fühlt sich das vielleicht nicht so schlimm an. Dann spürt man das nicht so, dieses Unkomplette und Unvollständige und den Wehmutsschmerz, den man ständig empfindet, wenn man wieder eine Kiste mit Sachen von den Kindern entdeckt.

Ich gebe zu, dass ich überrascht bin, dass es mich so dermaßen erwischt hat mit den Kindern. Dass mit dem Verstorbenen ist ein harter Vergleich, denn natürlich ist der Tod eines Menschen noch etwas anderes. Aber das Thema Loslassen ist schon ähnlich.

Empfindet man das vielleicht als so ähnlich, weil man zurückbleibt mit den Erinnerungen und mit dem weiterleben muss, das mal das Gemeinsame war?

Oliver: Ja, genau. Und ich bin eben weder der Mensch, der das ins Positive wendet, indem er sagt: »Endlich!« Noch derjenige, der das kompensiert und sagt: »Jetzt kann ich all die Dinge tun, auf die ich vorher verzichtet habe!«

Warum nicht? Viele Eltern freuen sich auf genau das.
Auf Dinge, die sie seit Jahren nicht mehr getan haben.

Oliver: Ich habe die Situation mit den Kindern, das Vater-sein nie als defizitären Verzicht oder Ähnliches betrachtet. Ich war immer zufrieden. Es war für mich immer ein Glück, dass die Kinder da sind.

Das heißt aber nicht, dass ich hier Relikte halte und das Zimmer nicht verändere. Genauso wenig, wie ich mir vor-stellen kann, dass die Kinder herkommen und die Wohnung nicht mehr erkennen, weil ich eine WG daraus gemacht habe oder etwas in der Art. Wenn ich daran denke, erinnert mich das an meinen Tinnitus. Da war auch nach relativ kur-zer Zeit klar: Gewöhn Dich einfach dran. Der verschwindet nicht. Ende der Durchsage. Und ich habe gedacht: »Was, ich muss jetzt mein Leben lang dieses Piepen hören?! Mein Rest-leben lang? Das ist doch grausam!« Jetzt lebe ich seit zehn Jahren damit. Es piept seit zehn Jahren. Und jetzt werde ich mich für den Rest meines Lebens daran gewöhnen müssen, dass ich diesen Wehmutsschmerz mit mir rumtrage. Dass ich Vater bin, ohne dass das so spürbar für mich ist, wie es das früher mal war.

Ist es vielleicht so schwierig und schmerzhaft, weil
man gern in einer Rolle bleiben würde, aus der man
zwangsläufig hinausgestoßen wird?

Oliver: Ja, das kann man so sagen. Die Jahre, als Paar zusam-menzufinden, ein Kind zu zeugen und zu versorgen, waren die besten Jahre. Obwohl es beruflich auch sehr anstren-gend war, weil alles gleichzeitig passierte. Fürsorge zu ge-ben und der Fürsorgeverantwortliche zu sein ist super! Die Energieflüsse und die Befriedigung, die man daraus zieht — da hatte ich enorm viele Glücksmomente. Früher kannte ich solche Momente von tollen Konzerten, wenn ich dachte: »Jetzt hat es klick gemacht, jetzt ist alles aus einem Guss!« Die Musiker sind in totalem Einklang, man ist ganz nah dabei, und dann springt dieser geniale Funke zwischen den Musikern und dem Publikum über. Das waren singuläre Momente. Wie eine Sternschnuppe. Und wenn Du ein Kind hast, ein Baby, dann stehst Du unter einem Sternschnuppenregen.

Gibt es Trost?

Oliver: Vielleicht wenn Enkelkinder kommen, dann wird es wieder richtig lustig, denn dann bekommt es eine neue Dimension.

Deswegen sind die Eltern gesegnet, bei denen, kaum dass die Kinder ausgezogen sind, zack, die Enkel da sind. Da sagt man dann zu seinem Sohn oder seiner Tochter: »Du musst ja noch ganz viel studieren und arbeiten, bring die mal immer schön zu mir!« Da freuen sich ja alle Eltern drauf. Und da freu ich mich auch schon drauf.

»Peinlich ist er mir erstaunlich selten«

Nele ist 18 Jahre alt und lebt in Hamburg. Sie hat keine Geschwister und pendelt im Wochenrhythmus zwischen ihren getrennt lebenden Eltern. Sie ist im letzten Abiturjahr.

Was magst Du an Deinem Vater?

Nele: Ich mag, dass er einfach immer total lieb zu mir ist. Ich kann immer zu ihm kommen und irgendwas mit ihm besprechen, egal was. Das ist vielleicht auch ein bisschen anders als bei Mama. Er würde sich nie so doll mit mir über etwas, was ich getan habe, streiten. Selbst wenn ich voll den Fehltritt gemacht hätte oder irgendwie was richtig Doofes, dann würde er mich in den Arm nehmen und sagen: »Das ist halt jetzt so, und das ist auch okay so.«

Außerdem mag ich, dass er total lustig ist. Und er hat einen so richtig bösen Humor.

Unternehmt Ihr noch Dinge zusammen?

Nele: Richtig viel. Wir verreisen immer. Zwei- bis dreimal im Jahr. Wir waren jetzt im Sommer im Camper-Van in Irland unterwegs, und da ist es schon ziemlich eng drin. Ich habe da keinen anderen Vater gesehen, der mit seiner Tochter in einem Camper-Van gereist ist. Überhaupt eh keinen Vater, der allein mit seiner Tochter unterwegs war.

Etwas komisch war das manchmal schon. Mittlerweile bin ich ja nun so alt, dass manche Leute gucken, als wären wir ein Paar oder so. Das ist ganz schrecklich. Das ist mir total unangenehm und ihm auch! Oh Gott, dann kriegt man von alten Frauen so Blicke: »Das kleine Flittchen da mit diesem alten Typ.« Das ist so furchtbar!

Und gibt es noch mehr, das Ihr zusammen unternehmt?

Nele: Wir gucken auch viel Fernsehen, *Tatort* oder so. Im Alltag unternehmen wir wenig zusammen. Auch, weil nicht so viel Zeit ist und ich ja zur Hälfte bei Mama bin. Seine Masche ist, mich am Samstagmorgen, wenn ich am Wochenende bei ihm bin, auf den Markt mitzunehmen. Und das finde ich total schrecklich! Also mich interessiert der Markt nicht. Mich interessiert es auch nicht, im Stadtpark spazieren zu gehen. Er ist dann immer so ein bisschen beleidigt, wenn ich nicht mitwill. Dann wird er vorwurfsvoll, nach dem Motto: »Du warst in den letzten Monaten nie mit mir auf dem Markt!« Manchmal gehe ich dann mit. Jetzt hat er zum Glück eine Freundin, die geht mit ihm.

Erzählst Du ihm Privates?

Nele: Ich finde es ja toll, dass ich ihm alles erzählen könnte, aber über so Jungs-Sachen rede ich eigentlich nicht mit ihm. Vielleicht, weil ich nie so richtig damit angefangen habe. Aber mit Mama rede ich da auch eigentlich nicht drüber. Ich erzähle eher Sachen von meinen Freunden und irgendwelche Geschichten von denen.

Ist Dein Vater Dein Kumpel?

Nele: Nee. Irgendwie nicht. Wir reden zwar über viele Dinge, aber mit einem Kumpel würde ich auch noch über andere Sachen sprechen. Mit einem Kumpel würde ich auch abends irgendwo in eine Bar gehen und was trinken. Das würde ich mit meinem Papa zum Beispiel nicht machen. Mein Vater ist halt mein Vater.

Dein Vater ist Ende 50. Hast Du das Gefühl, dass Älterwerden für ihn ein Thema ist?

Nele: Ja, ziemlich.

Woran merkst Du das?

Nele: Er kann eigentlich kein älteres Foto angucken, ohne zu sagen: »Oh, da sah ich ja noch viel jünger aus!« Er sagt das eigentlich ständig. Es gibt ein Foto von uns von der Irland-reise. Immer wenn er das sieht, sagt er: »Ah, da sehe ich so alt aus!«

Auch der Tod seiner Eltern ist ein ständiges Thema. Die leben zwar noch und sind putzmunter, aber er sagt immer Sachen wie: »Wir müssen jetzt zu Omas Geburtstag fahren, denn es kann ja sein, dass sie bald stirbt.« Ich finde es voll blöd, das so zu sehen. Natürlich kann das sein, aber das gilt für alle. Jeder kann morgen tot sein. Also: Ja, Älterwerden ist schon ziemlich ein Thema. Aber ich glaube, er macht sich eher Sorgen, er könnte alt aussehen. Ich weiß gar nicht, wie er reagieren würde, wenn ich sagen würde: »Och Papa, bald wirst Du schon 60! Das ist ja schon richtig alt!«

Gibt es die Situation, in denen er Dir peinlich ist, etwa weil er zu jugendlich rumläuft?

Nele: Ja. Es gibt eine krass blaue Jacke, die voll peinlich ist. Er hat schon einen relativ jugendlichen Stil, aber der ist nicht aufgezwungen oder so. Er ist nicht jemand, der die ganze Zeit mit Sneakers rumläuft.

Was ist das Problem mit der Jacke?

Nele: Die ist so richtig eklig leuchtend blau. Voll künstlich. Und dann ist die sehr kurz. Und ein bisschen zu kurz auch noch. Das ist eine von diesen Plusterjacken, in denen man aussieht wie der Michelin-Mann. Die sieht einfach ganz unpassend an ihm aus. So bonzig. Als er die gekauft hat, habe ich gedacht: »Papa, das ist jetzt nicht Dein Ernst!« Er wurde dann auch bald im Stadtpark von einem Schwulen in der Schwulenecke angesprochen, und dann hab ich nur gesagt: »Das ist wegen Deiner Jacke!« Er trägt sie aber trotzdem. Das finde ich aber auch irgendwie gut.

Gibt es sonst noch Situationen, in denen er Dir peinlich ist?

Nele: Peinlich ist er mir erstaunlich selten. Eigentlich ist mir meine Mama eher peinlich als mein Papa. Aber er ist mir voll peinlich, wenn er in der Öffentlichkeit wegen irgendwas so richtig ausrastet. Letzten Sommer hat er sich im Hotel in Irland voll beschwert, dass das Zimmer so schlecht war. Und das auch noch mit seinem Englisch … Da habe ich mich so fremdgeschämt, denn ich mag das nicht, wenn Leute in der Öffentlichkeit so überreagieren. Ansonsten hat er ein ganz gutes Gespür dafür, was in welchen Momenten angebracht ist. Er tanzt auch nicht besonders peinlich.

Merkst du, dass es ihm schwerfällt, dass Du erwachsen wirst?

Nele: Er lässt es nicht so richtig raushängen, aber ich glaube schon, dass es ihm schwerfällt. Ich merke das, wenn ich irgendetwas zum ersten Mal mache, was ja mit dem Älterwerden so einhergeht. Das ist dann schon schwierig. Wir streiten auch viel häufiger als früher. Über so Alltagszeug. Daran merke ich, dass wir uns immer mehr voneinander loslösen und distanzieren. Er schläft auch immer die halbe Nacht nicht, wenn ich irgendwo anders bin. Ja, und wenn er sich so Sorgen macht, dann reagiert er auch etwas über. Wie bei dieser Russlandsache.

Was war da?

Nele: Ich war mit 16 drei Wochen allein in Russland, und davor war das Drama riesengroß. Es war eine Art Austauschprogramm, aber mein Vater hat sich solche Sorgen gemacht! Der hat mir Sachen ausgedruckt, »Was ich über Moskau wissen muss«, wo ich in Moskau nicht hingehen darf, weil da eventuell terroristische Sachen passieren könnten. Es gab so Tipps wie »Kein Wodka mit Russen trinken, weil die viel mehr abkönnen« und »U-Bahn fahren ist auch gefährlich in Moskau«, lauter so Dinge. Er hat meine Mutter und mich zum Flughafen gefahren, konnte dann aber nicht mit reinkommen, weil er das nicht ausgehalten hätte.

Er hat dann auch fast jeden Tag angerufen. Das war einerseits ganz schön, andererseits auch etwas viel. Wenn ich noch mal für länger wegfahren sollte, dann würde ich klipp und klar sagen, dass ich das nicht möchte. Dass ich in dem Land einfach da sein will und nicht so viel Kontakt nach Hause haben möchte, weil mich das ablenkt und es einem schwermacht, wirklich vor Ort zu sein.

Die Befreiung

Seit Ewigkeiten bin ich mal wieder auf einer Party, auf der getanzt wird. Und nicht nur, dass ich Lust habe zu tanzen, ich merke, dass ich anders tanze. Ich tanze »frei«.

Eben noch stand ich vor dem Spiegel, um mich zurechtzumachen. Nach langer Zeit habe ich mal wieder das Bedürfnis gehabt, nach »Party« auszusehen. Nicht wie sonst in Hamburg üblich, underdressed.

Es ist kurz vor acht Uhr. Ben und ich quetschen uns vor meinem schmalen Spiegel. Seine Freundin und er sind zu einer »Great-Gatsby-Party« eingeladen. Mara hat ihm eine Fliege mitgebracht. Ben hat sein Hemd gebügelt (»Mama, was bügelt man noch mal zuerst?«), jetzt steht er neben mir vor dem Kleiderschrank, betrachtet sich und versucht, den Binder zu schließen. Er will von mir wissen, welche Hose besser passt, die rote oder die schwarze, und ob ich Hosenträger habe oder einen schmalen Gürtel.

»Ich denke, Du wolltest Dich aufrüschen!«, sagt Ben mit Seitenblick auf mich, »wieso gehst Du dann im Cardigan?« Das, was die junge Generation »Cardigan« nennt, ist eine Strickweste aus den 70ern, von meiner Mutter. Ich verstehe. Ich ziehe mich um.

Zehn Minuten später sitzt die Fliege, das Kind sieht gut aus, ich habe was Passendes gefunden und gehe los, auf eine Party von Menschen aus meinem Metier.

Menschen aus meinem Metier müssen gegen 23 Uhr gehen, weil sie neunjährige Jungs zu Hause haben, die weinen, wenn der Vater aus der Tür geht, weswegen der Vater zusagt, um 23 Uhr wieder zurück zu sein. Menschen aus meinem Metier würden »gern länger bleiben, aber der Babysitter will noch ausgehen«.

Ich tanze. Und zum ersten Mal seit gefühlt hundert Jahren tanze ich nicht »trotzdem«. Ich tanze nicht »noch schnell« oder »bevor ich los muss«. Ich tanze nichts weg und nicht zum Vergessen. Ich tanze vor mich hin und merke, ich bewege mich anders. Ich habe mich selten beim Tanzen gut gefühlt. Oft habe ich das Gefühl, dass es meinem Körper schwerfällt, sich mit der Musik zu bewegen und nicht um sie herum. Selten fühle ich mich »bei mir«. Eher fühle ich mich weit weg. Bin in Gedanken beim Außen. Frage mich, wie ich wohl aussehe, ob es auffällt, dass ich mich fühle wie ein Würfel, der zu rollen versucht.

Dieses Mal ist es anders. Ich bin ganz bei mir. Ich bewege mich befreit, ohne Schwere, ohne Ballast, mit einer mir fast fremden, unbekannten Lockerheit. Gerade so, als schüttele ich mit jeder Bewegung etwas ab.

Ich habe mir nicht ausgesucht, auf dieser Veranstaltung, in dieser Situation, in diesem Moment an mein Kind zu denken. Und doch tritt es in mein Hirn ein. Es nimmt sich Platz, während die von mir so geliebten 60er-Jahre-Klänge meine Stimmung gegen die Raumdecke heben, die Arme schlenkern und die Haare fliegen. Und ich denke: »Ich habe das alles richtig gemacht. Ich habe einen Sohn, der 18 Jahre alt ist und der ein paar Kilometer weiter auch auf einem Fest ist und eine gute Zeit hat.« Ich weiß: »Ich habe das alles gut gemacht.« Mir ist klar, dass »richtig« nicht immer »gut« war, nicht »optimal«, aber ich habe es alles so gut gemacht, wie ich es in dem Moment tun konnte. Das war nicht immer das Beste.

Das war, das weiß ich, manchmal beschissen. Ich habe zu

197

oft geschrien, ich war ungeduldig und ungerecht. Aber es war nicht schlimm-schlimm. Ich habe nicht gesoffen, nicht geschlagen, keine psychische Gewalt ausgeübt. Ich war nicht über die Maßen verzweifelt, ich habe ihn nicht mit Depressionen gequält oder einem unsteten Leben. Ich habe mich nicht von Partnern schlecht behandeln lassen, ich habe ihm ein Frauenbild vermittelt, das mit Sicherheit dazu führen wird, dass er Frauen als gleichwertig wahrnimmt, respektiert und es als Unding empfinden wird, dass seine Freundin für die gleiche Arbeit schlechter bezahlt werden wird als er.

Mir ist bewusst, dass wenige Kilometer von mir entfernt das größte Wagnis meines Lebens, die größte Verantwortung, die ich jemals eingegangen bin, seine Unbeschwertheit feiert und die Leichtigkeit seines Daseins – »The Great-Gatsby«, mehr Symbolik geht nicht. Und ich begreife, dass sein Vater und ich etwas sehr, sehr gut gemacht haben.

Natürlich gibt es immer etwas, das man sich anders, das man sich »besser« gewünscht hätte, auch an seinem Kind. Mehr Engagement, mehr Ehrgeiz, mehr Verantwortungsgefühl, mehr … Aber, frage ich mich, was sind das für hochtrabende Ansprüche an einen jungen Menschen, der noch auf seinem Weg ist?! Dem man noch gar nicht vorwerfen kann, nicht »perfekt« zu sein, weil manche Dinge – Engagement, Ehrgeiz, Verantwortungsgefühl – das Ergebnis des Älterwerdens sind. Abgesehen davon, dass es diesen »perfekten« Menschen eh nicht gibt.

Also lasse ich diese Gedanken an das »Mehr«, an das, was noch nicht so super ist, beiseite und werde mir dieses schönen Umstands bewusst, der in diesem Moment seine volle Größe entfaltet: Bens Vater und ich haben trotz aller Fehler so viel richtig gemacht, dass dieser Mensch, den wir so klein in die Welt entlassen haben, jetzt an anderer Stelle tanzt. Aus diesem kleinen Etwas ist eine Person erwachsen, die in der Welt zurechtkommt, die sich ihr stellt und in der Lage ist, es schön zu haben, ganz ohne Mama und Papa. Ein Mensch, der uns nicht mehr braucht, der eigenständig ist und sich auf sein Leben freut.

Und während mir das bewusst wird, fühle ich mich zum ersten Mal frei. Noch beim Tanzen ist es, als schüttle ich die Verantwortung der letzten Jahre ab und fühle nur noch die Freude über das Gelingen und die Befreiung, die daraus erwächst.

Dass mein Kind jetzt in diesem Moment woanders feiert, während ich – kurz vor 50 und schon wieder in einem freudigen Was-kommt-nun-Zustand – tanze, als sei es die größte Selbstverständlichkeit, bringt nach all den grau-traurigen Jahren endlich das Gefühl der Freiheit. Ich habe alles getan. Und ich habe es gut getan. Es ist etwas Gutes dabei herausgekommen, mehr kann ich nicht wollen.

10

Rat und Tat

Ich wünschte, diese Krise wäre eine, der man mit Ratgebern zu Leibe rücken könnte. So wie in Erziehungsratgebern Tipps für den deeskalierenden Umgang mit dem Nachwuchs stehen oder Menschen mit Burn-out erzählt wird, wie sie sich vor sich selbst schützen können.

Dann würde ich, ganz die gute Ratgeberautorin, bis hierher die Symptomatik beschrieben haben und nun in einem Zehn-Punkte-Plan den Leserinnen Tipps für den Umgang mit dem Problem geben, auf dass sie zack, zack, zack ihr Leid anpacken und es in den Griff kriegen können.

So ist es aber nicht. Jedenfalls nicht von mir aus. Ich möchte nicht den Eindruck erwecken, ich hätte ein paar Tipps an der Hand, wie man aus diesem Schmerzprozess herauskommt oder wie man ihn bewerkstelligt. Ich bin so hilflos wie Tausende anderer Frauen auch, und das Einzige, das ich anzubieten habe, ist das, was ich für mich in den letzten Monaten und Jahren an Erkenntnis und Eindrücken gewonnen habe.

Ich könnte jetzt auf schlau machen und sagen, wie wichtig es ist, dass wir Frauen schon vor dem Auszug der Kinder andere Interessen haben. Dass wir Hobbys verfolgen, uns ehrenamtlich engagieren oder einen Beruf haben sollten, der uns ausfüllt, damit wir nicht komplett ohne Inhalt dastehen. Das wäre so ein Tipp. Man findet ihn überall, wo es um den Auszug der Kinder geht. Und so naheliegend er ist, so wirkungslos ist er doch in vielen Fällen. Etwa bei mir. Schließlich bin ich nicht nur die ganze Zeit über berufstätig gewesen, sondern ich übe auch noch einen Beruf aus, der mir Spaß macht. Der mich interessante Leuten treffen lässt und zu tollen Orten bringt. Ich war in den letzten drei Jahren in 12 Ländern. Hat das irgendwas an meiner Trauer geändert? Habe ich dadurch weniger gelitten? Nein. Es hilft nur dabei, nicht rund um die Uhr an das Thema zu denken.

Tatsächlich glaube ich, diese Trauer braucht Zeit. Wie jede Trauer. Sie braucht Zeit und Raum, um stattfinden zu können. Es nützt nichts, sie nicht fühlen zu wollen, sie zu ignorieren oder durch unablässiges Tun auszublenden. Denn dann kommt sie in einer Verkleidung um die Ecke. Womöglich im psychosomatischen Gewand irgendwelcher körperlicher Schmerzen oder Ausfälle, oder sie tut sich mit ein paar anderen Leidensthemen zusammen und bildet eine Gang, die regelmäßig vorbeischaut und einen mürbe macht, wie ein verrückter Nachbar in der Wohnung über einem, der nachts die Möbel rückt.

Nein, wenn die Krise da ist, ist sie da, und dann ist es richtig, sie zu spüren und zu erleben. Sie sich bewusst zu machen und ihr Raum zu geben. Und so, wie es Hinterbliebenen helfen kann, in eine Trauergruppe zu gehen, so kann es helfen, sich mit anderen auszutauschen, um mit dem Gefühl nicht allein zu bleiben. Und auch die vielen Gefühle drumherum wahrzunehmen. Denn oft sind wir in dieser Situation ja nicht nur traurig. Wir sind auch wütend. Enttäuscht, fühlen uns hilflos oder haben Angst vor dem, was kommt. Bei manchen von uns ist das Gefühl, dass das Leben in seiner Gesamtheit im Argen liegt, überbordend groß.

Es gibt eine wunderbare Szene zu dem Thema in dem Film »Boyhood«. Einem vielfach ausgezeichneten Film, der 2014 in die Kinos kam und die Geschichte der Kindheit und Jugend eines Jungen erzählt. Das Besondere an dem Film ist, dass der Regisseur über zwölf Jahre gedreht hat, immer mit denselben Darstellern. Wir sehen also auch den Schauspie-

lern beim Altern und ihrer Entwicklung zu. Dem Jungen El-
lar Coltrane, wie er groß wird, und seiner Filmmutter, der
Schauspielerin Patricia Arquette, wie sie sich von einer Mit-
dreißigerin zu einer Frau Mitte vierzig entwickelt und in
der Szene, in der es um den Auszug ihres Sohnes geht, stell-
vertretend für Millionen von Frauen, bitterlich weint. Die
Szene beginnt damit, dass Olivia im Wohnzimmer am Tisch
sitzt und etwas schreibt, wärend Mason damit beschäftigt
ist, in seinem Zimmer seine Sachen zusammenzupacken.
Der Sohn kommt in den Wohnraum, in der Hand ein ge-
rahmtes Foto, das er in der Umzugskiste gefunden hat und
fragt: »Hast Du das da wieder reingetan? Ich will es nicht
haben.« Sie sagt: »Ach, komm! Es ist das erste Foto, dass Du
gemacht hast!« Mason nimmt das Bild, geht damit zurück
in sein Zimmer und sagt: »Ein Grund mehr, es zurückzulassen.« Augenblicklich beginnt Olivia zu weinen. Als Mason
zurückkommt und seine Mutter sieht, fragt er: »Was?!«

Mutter: »Nichts.«

Sohn: »Nein, was ist?«

Mutter: »Nichts.«

Sohn: »Mama …«

Mutter: »Das ist der schlimmste Tag in meinem Leben!«

Sohn: »Wovon sprichst Du?«

Mutter: »Ich wusste, dass das kommen würde. Ich wusste
nur nicht, dass Du so verdammt glücklich sein würdest zu
gehen.«

Sohn: »Es ist nicht so, dass ich unglaublich glücklich
wäre. Was erwartest Du?«

Mutter: »Weißt Du, was ich gerade realisiere? Mein Leben geht dahin. Grad so. Das ist eine Serie an Meilenstei-
nen. Heiraten. Kinder bekommen. Sich scheiden lassen. Als
wir dachten, Du hättest Dyslexie. Als ich Dir zeigte, wie
man Fahrrad fährt. Wieder geschieden zu werden. Meinen
Studienabschluss zu machen. Dann den Job zu bekommen,

den ich immer wollte. Samantha ins College zu schicken. Dich ins College zu schicken. Weißt Du, was das nächste ist? Meine verdammte Beerdigung!

(Wird laut:) Geh einfach! Hau ab und geh aus meinem Blickfeld!«

Sohn: »Springst Du nicht gerade in die Zukunft? Ungefähr 40 Jahre?«

Mutter: »Ich dachte nur … da wäre mehr.«

Ich glaube, wenn dies ein manifestes Gefühl ist, sollte man damit nicht allein bleiben. Es hilft nicht und bringt einen nicht weiter, den Kummer, die Wut und die Hilflosigkeit allein bewerkstelligen zu wollen. Ich glaube, dass es gut ist, sich auszutauschen. In Berlin leitet Bettina Teubert seit einigen Jahren eine Selbsthilfegruppe für »Empty Nest Moms«. Teubert ist Heilpraktikerin mit einer Zusatzausbildung zur Familientherapeutin, und ihr Hauptansatzpunkt ist es, den Frauen mit ihrer Trauer oder dem diffusen Gefühl von »irgendwas stimmt nicht« Raum zu geben. »Manchen Frauen«, so sagt sie, »ist überhaupt nicht klar, was los ist. Die fühlen sich nicht so richtig wohl, reagieren vielleicht psychosomatisch und bekommen dann vom Gynäkologen Hormone oder vom Hausarzt Antidepressiva. Aber sie merken, dass es das nicht ist. Und wenn sie dann in die Gruppe kommen, wird auf einmal klar, was nicht stimmt. Dass sie quasi in Trauer sind und in einem schwierigen Prozess. Und dass sie mit der Trauer und damit, aus dem Gleichgewicht zu sein, nicht allein sind, löst den Makel, das Gefühl: ›Mit mir stimmt etwas nicht‹ auf.«

Im Netz gibt es vereinzelt Chats zum Thema »Leeres Nest«, deutlich häufiger jedoch in Amerika, wo Eltern diese nutzen, ihre Gefühlslage zu beschreiben.

Dazu passt die Wahrnehmung von Bettina Teubert, dass es einen großen Unterschied zwischen Deutschland und den

USA gibt. »In Amerika«, so sagt sie, »gehen praktisch alle Kinder zum gleichen Zeitpunkt aus dem Haus. Das heißt, die Mütter sind, wenn die Kinder aufs College wechseln, noch als Mütter verbandelt. Man sieht sich, man trifft sich und ist Teil einer Müttergemeinschaft. Bei uns versprenkelt sich das eher, und man hat nicht unbedingt das Glück, dass man eine Freundin hat, die in derselben Situation ist.« Und selbst wenn – auch Freundinnen fällt es schwer, darüber zu reden, so ihre Erfahrung.

Die ganz große Frage: Was will ich?

Es ist das eine, sich klar zu werden, was los ist. Es ist das andere, sich zu fragen, was nun? Was tu ich und was will ich tun? Wie soll mein Leben weitergehen? Wie soll es aussehen, wie hätte ich es gern? Wie hätte ich mich gern? Wie sehe ich mich, wenn ich mir meine Wunschsituation schaffen könnte? Bin ich in dieser Situation noch mit meinem Mann zusammen? Lebe ich noch in derselben Stadt? Trage ich noch die Kleider, die ich jetzt anhabe, oder ist es eine ganz andere Frau, die vor meinem inneren Auge erscheint?

Ich habe mich, bis ich mein Kind bekam, nie jemand anderem verpflichtet gefühlt als mir selbst. Genauso wenig habe ich jemand anderen für meine Zufriedenheit beziehungsweise Unzufriedenheit verantwortlich gemacht. Mir war immer klar, dass nur ich meine Lebensumstände ändern kann. Jetzt, wo Ben im Begriff ist zu gehen, ähnelt die Situation der vor dem Kind: Ich kann mich wieder stärker fragen, ob alles so ist, wie ich es gern hätte. Denn ich werde bald wieder sehr viel mehr Spielraum haben, mein Leben, meine Situation zu gestalten.

Ich habe das große Glück, dass ich superzufrieden bin mit meinem Leben. Meine Beziehung ist toll, meine Arbeit müsste zwar an der einen oder anderen Schraube weitergedreht werden, und auch die Stadt, in der ich lebe, ist mir zu lahm, aber insgesamt ist alles bestens.

Außerdem bin ich heilfroh, dass zu Bens Fortgehen nicht auch noch die großen Fragen dazukommen oder ich feststellen muss, dass auf der Abrechnungsliste zu viele Einträge im Minusbereich liegen. Wenn dem aber so wäre, so wäre ich fest entschlossen, das zu ändern, denn ich bin ja nicht auf der Welt, um dumme Dinge auszuhalten. Jedenfalls nicht solche, deren Veränderung in meiner Macht stehen.

Meine Überzeugung ist, dass der Schlüssel in der Selbstbestimmung liegt und darin, das Bewusstsein zu haben, sein Leben ändern zu können. Und das muss nicht zwangsläufig bedeuten, alles, was bisher von Bedeutung war, aufzukündigen. Im Gegenteil. Es ist doch großartig, wenn ich vor dem Hintergrund einer noch immer existenten Liebe und einem Zuhause, das ich mag, Dinge verändern kann.

Bettina Teubert betont in diesem Zusammenhang die entwicklungspsychologische Bedeutung einer Krise, in der wir leidenden Frauen uns zweifelsohne befinden. »Krise klingt natürlich schlimm!«, sagt sie. »Aber eine Krise ist super! Eine Krise bringt es mit sich, dass ich alle Dinge neu beleuchten und gewichten kann, ohne alles komplett über Bord schmeißen zu müssen. Nur aus der Krise heraus können wir wachsen.«

Sehr ungewöhnlich und entgegen den gängigen Ratschlägen, möglichst schon vor dem Auszug eine Aufgabe zu haben, berufstätig zu sein, ist Claudia an ihre Krise herangegangen. Sie, 52, lebt mit drei Kindern alleinerziehend in Köln und merkte schon seit Längerem, dass sie feststeckt, dass sie sich in den Jahren zwischen einer ungeliebten Berufstätigkeit und Kindererziehung »abhandengekommen« war. Zu dem Zeitpunkt, als ihre beiden ältesten Kinder, Melina, 19, und Elias, 18, zeitgleich aufbrachen, nahm sie sich eine berufliche Auszeit von fünf Monaten.

Sie erzählt: »Am 1. August flog Elias nach Indien, und am 1. August begann meine Auszeit. Fünf Monate habe ich mir freigenommen, um mich neu zu sortieren. Ich bin in meinem Beruf seit Ewigkeiten so was von unglücklich gewesen! Tatsächlich haben mich die Kinder sehr lange vom Beruf abgelenkt haben. Weil sie da waren, weil so viel los war, weil Du als Alleinerziehende mit all den Aufgaben und der Verantwortung für drei Kinder zu gar nichts mehr kommst, kommst Du natürlich auch nicht dazu, beruflich was zu verändern. Beziehungsweise, Du hast genügend Ausreden, es schön vor Dir herzuschieben. Jetzt ist nur noch Henry da, der ist 15, und da habe ich gedacht, wenn schon, denn schon. Dann die ganze Packung. Kinder weg, Auszeit her. Natürlich besteht das Risiko, in ein Loch zu fallen. Ich bin auch häufig gefragt worden, ob ich wegfahren würde, weil es sonst ja gar nicht auszuhalten wäre, als verlassene Mutter ohne berufliche Aufgabe und so. Und am Anfang habe ich auch gedacht, ich fahre vielleicht tatsächlich länger weg, acht Wochen irgendwohin. Aber dann habe ich gemerkt, das Gegenteil ist gerade angesagt. Für mich ist angesagt, hierzubleiben und zu gucken, wer bin ich eigentlich, wenn die Kinder weg sind?

Ich sag das nicht gern, und ich habe es auch noch nie offen gesagt, aber die Kinder waren mein Beziehungsersatz. Statt eine Beziehung zu führen, waren meine Kinder mein Gegenüber. Mit aller Überforderung, die da für sie drinsteckt.«

Die Lücke, die der Auszug der beiden Großen gerissen hat, und ihre Freistellung von der Arbeit haben es Claudia erst ermöglicht, zu spüren, was mit ihr los sei. »Das war natürlich nicht lustig, zu merken, was für Gefühle da kommen«, erzählt sie. »Wie sehr ich mich an den Kindern festgeklammert habe. Aber nun weiß ich, was ich brauche, und woher ich das, was ich vielleicht bisher von meinen Kindern bekommen habe, kriege. Ich habe verstanden, dass es nicht darum geht, die Kinder wieder in mein Leben zu holen und nicht darum, jetzt an dem Kleinen, der ja noch da ist, umso doller festzuhalten, sondern darum, wieder andere Dinge in mein Leben zu lassen.«

Doch was so klug und rational klingt, ist hart erkämpft. »Leicht war das nicht«, sagt sie. »Als Elias nach etwa sechs Wochen in Indien Typhus bekam, habe ich hier drei Tage lang gesessen und geheult. Dabei ging es nicht darum, dass Elias Typhus hat. Irgendwann war klar, der ist im Krankenhaus gut versorgt, der stirbt nicht, und die haben das im Griff.

Es war eher wie ein Nachbeben. Ich hatte schon begriffen, die Kinder gehen weg. Das eine ins Ausland, das andere zieht aus, aber diese Sorge um Elias war noch mal ein Anlass, so richtig, richtig traurig zu sein. Und die Trauer nicht wegzuschieben, sondern sie in dieser vielen Zeit, die ich durch meine Auszeit hatte, wahrzunehmen. Elias' Typhus war der Auslöser, um das noch mal richtig spüren zu können: Da ist jetzt was zu Ende, und der braucht mich nicht mehr.«

Viele Frauen meinen, immer alles allein schaffen zu müssen oder haben den Anspruch, Dinge ohne Hilfe hinzubekommen. Ich finde das Quatsch. Ich hätte kein Problem damit, mir therapeutische Unterstützung zu holen oder eine Selbsthilfegruppe aufzusuchen. Zumal alles besser ist, als sich einreden zu lassen, das sei nun mal bei Frauen in dem Alter so, und ich müsse mich mit einem Leben, das mich unglücklich macht, abfinden. Oder, schlimmer noch, es auszuhalten, dass die Pharmafirmen und die Ärzte Frauen in die Krankheitsecke abschieben. Uns als zu behandelnde Mangelwesen darstellen, denen man mit dem ein oder anderen Medikament auf die Sprünge helfen kann und muss.

Sicherlich wird manche Pille oder Hormonsalbe helfen können, einige der ganz unangenehmen körperlichen Wechseljahrseffekte zu mindern oder auch zu lindern. Aber ich wehre mich dagegen, als »behandlungsbedürftig« abgeschoben zu werden, nur weil so ein schwieriges Thema in dieser Gesellschaft keinen Platz hat. Es kann nicht sein, dass Frauen, deren gesunder biologischer Alterungsprozess auch körperliche Veränderungen mit sich bringt, behandelt werden, als seien sie in der Auflösung begriffen und müssten wiederhergestellt werden.

Ich jedenfalls muss nicht wiederhergestellt werden. Ich würde mir ein wenig mehr Unterstützung in diesem Veränderungsprozess wünschen. Bei der Schwierigkeit, sich teilweise von der verabschieden zu müssen, die ich war. Also mehr Wertschätzung für Frauen, die nicht mehr in die Hosen ihrer Töchter passen und nicht mehr nach drei Gläsern Wein beschwerdefrei aufwachen. Und diese Medikamentenhörigkeit, diese Glückseligkeit versprechenden Hormonersatztherapien ebenso wie die Schreckensszenarien von »Oft sind die Wechseljahresbeschwerden ohne Therapie nicht zu lindern« (Frauenaerzte-im-Netz.de) würde ich den Pharmazeuten und Medizinern gern rückwärts ins Ohr schieben.

Ein Liebhaber

Ich bin recht überzeugt davon, dass vielen Frauen ein Liebhaber guttun würde. Ein Mann fürs Bett. Nicht mehr und nicht weniger. Da muss keiner daherkommen, durch den wir unsere Beziehung infrage stellen, es muss keiner sein, mit dem man noch einmal das Gefühl hat, 25 zu sein und, getragen von Luft und Liebe, nach Frankreich trampen will. Es reicht ein Mann mit Lust auf Sex, der sich über das Abenteuer freut und vor lauter Begeisterung schöne Sachen sagt. Ein Mann (oder ggf. eine Frau), der (oder die) das geben kann, was in langjährigen Beziehungen oft eingeschlafen ist. Begeisterung, Zuspruch, Ermunterung, Anerkennung.

Dass wir es uns so wenig trauen – anders als Männer – aus einer weniger emotionalen als vielmehr pragmatischen Situation heraus eine Affäre zu haben, liegt nicht nur an unserer moralischen Erziehung. Es ist, so glaube ich, auch Ergebnis des Umstands, dass viele Frauen sich recht schnell verlieben oder zumindest verknallen. Bei vielen von uns beginnen die Funken der Verzückung aufgeregt zu sprühen, kaum, dass ein Mann zugewandt ist und hübsche, warme Worte findet. Die Vorstellung, sich nach x Ehejahren, in denen oft genug der Glanz unseres Partners einer krisenbeständigen Allwetterbeschichtung gewichen ist, auf eine solche Situation einzulassen, birgt schlicht ein Risiko für die Beziehung.

Das ist ein wenig schade, denn mein Eindruck ist, dass Frauen hier etwas wirklich Elementares für sich tun könnten. Etwas, das weitergeht, als an der Volkshochschule einen Sprachkurs zu besuchen oder mit Pilates anzufangen.

Natürlich kann ich das nur sagen, weil es mir an dieser Stelle an den üblichen Moralvorstellungen fehlt. Zudem glaube ich schlicht nicht an die Monogamie. Diese Vorstellung stammt aus einer Zeit, als die Menschen mit 13 Jahren heirateten und mit 35 an Altersschwäche starben. Heute aber heiraten die Menschen mit 30 und werden 85 Jahre alt.

Deshalb betrachte ich es pragmatisch. Und sehe in meinem Umfeld tatsächlich einige Geschlechtsgenossinnen, die mit diesem Vorgehen ihre Ehe stabilisieren. Ich weiß von drei Frauen aus meinem Bekanntenkreis, die einen Liebhaber haben. Interessanterweise aus ganz unterschiedlichen Gründen. Die eine führt eine recht lieblose Ehe, in der man aber wegen der Kinder zusammenbleiben will, bei der anderen will der Mann seit einigen Jahren keinen Sex mehr, und die Dritte liebt ihren Partner, möchte auch mit ihm zusammenbleiben, steckt aber mit ihm in der typischen Alltagstristesse von Leuten mit Kindern fest. Sie braucht den Liebhaber, damit sie eine Situation, die sie und ihr Mann als unveränderlich erleben, aushalten kann.

Ich bin mir sicher, dass all diese Partnerschaften nicht mehr bestünden, hätten die Frauen nicht ab und zu jemanden fürs Bett. Bis auf die Erste, die lieblose Ehe, wäre das schade. Insofern hat das Fremdgehen überraschenderweise einen stabilisierenden Charakter. Und während ich keine Ahnung habe, was mit den Ehemännern meiner Bekannten ist, so weiß ich doch, dass die Männer, die als Liebhaber im Spiel sind, gleichfalls gebunden sind.

Wäre ich also die Ratgeberin, die zu sein ich mich wehre, würde ich sagen: Sie fühlen sich schlapp und ausgebrannt? Sind traurig, dass die Zeichen der Zeit so gnadenlos Ihren Körper mit sich reißen, möchten mal wieder Vitalität und Lebensfreude spüren und haben das Bedürfnis, dem Auszug Ihrer Kinder eine eigene Aufbruchstimmung entgegenzusetzen? Dann besorgen Sie sich einen Liebhaber! Vögeln Sie, was das Zeug hält, oder lassen Sie sich auch nur stundenlang mit der Federboa den Rücken streicheln – ich bin mir sicher, Ihre Lebensgeister erwachen, Sie fühlen sich frisch und beschwingt und haben wieder mehr Energie im Alltag!

Natürlich kann man auch mit seinem Partner oder der Partnerin einen (sexuellen) Auf- oder Ausbruch versuchen. Wichtig scheint nur, dass überhaupt irgendetwas in Bewegung kommt.

Sein Aufbruch ist mein Aufbruch

Ich für meinen Teil habe mich entschieden, in eine andere Stadt zu ziehen. Ich bin Hamburgerin, ich habe hier bis auf drei Jahre mein ganzes Leben lang gelebt, und wenn ich mir die Stadt so anschaue, muss ich sagen: Sie ist oll geworden. Sie ist eine fette, reiche Dame, die sich nachmittags im Café in Eppendorf die Tortenstücke reinzieht und hofft, dass die, die sich die teuren Wohnungen nicht leisten können, nicht am Café vorbeigehen und die Stimmung trüben. Hamburg ist für mich schlicht zu wohlgenährt, zu behäbig, zu selbstzufrieden und fantasielos.

Als fast 50-Jährige habe ich das verrückte Gefühl: Ich bin zu jung für diese Stadt. Ich brauche es wilder, aufregender – lebendiger. Ich bin zu jung für dieses Gesetzte, für die Schwerfälligkeit des Wohlstands und seine Gleichgültigkeit. Ich möchte dahin, wo Leute leben, bei denen nicht das ganze Dasein ein festgezurrtes Konstrukt ist, sondern Brüche spürbar sind und nicht klar ist, wie die nächsten 30 Jahre aussehen.

Mir geht es nicht so wie dem Vater, der im Gespräch über das Großwerden seiner Jungs sagte: »Ich war alt, als ich jung war. Ich habe mein Leben lang gebraucht, um jung zu werden.« Aber auch mich hat das Erwachsenwerden meines Kindes wieder lebendiger werden lassen. Ich fühle mich – wenn auch unfreiwillig – herausgeschubst aus einer schützenden Haut, aus einer alles umschließenden Blase. Jetzt will ich das Beste daraus machen.

Es gibt noch einen zweiten Aspekt, der bei dem Entschluss, aus Hamburg wegzuziehen, eine Rolle spielt: Ich habe keine Lust zurückzubleiben. Ich merke ganz deutlich, dass die Vorstellung, Ben zieht aus in das neue, aufregende Leben eines Jungerwachsenen, und ich bleibe zu Hause, mir das Gefühl gibt: »Ich bleibe zurück«. Mehr noch, ich habe den Eindruck, in den Trümmern zurückzubleiben. Und die Trümmer sind in dem Fall die gemeinsame Wohnung, die nun nicht nur deutlich zu groß ist, sondern eben auch noch unsere gemeinsame war und nun ihrer Bestimmung beraubt scheint. Ich wäre dann die Mutter, die betrübt in der traurig leeren Wohnung sitzt. Weder möchte ich das sein, noch möchte ich solche Gefühle haben.

Meinen Sohn in seinem Erwachen und der Zeit des Aufbruchs beobachtet zu haben, hat die Lust auf Veränderung zurückgebracht. Auch ich möchte jetzt noch mal eine große Neuerung erleben, möchte aus dem, was war, ausbrechen, und das, was kommt, anders gestalten. Tatsächlich denke ich: »Sein Aufbruch ist auch mein Aufbruch!«

Ich habe in einem US-amerikanischen Chat-Forum etwas Verrücktes gefunden. Dort beschrieb eine Mutter, wie schwer es ihr und ihrem Mann fallen würde, dass der Sohn wegen des Studiums weit weggezogen sei. Skype aber mache es möglich, gut Kontakt zu halten. Manchmal, so schrieb sie, ließen sie Skype den Abend über einfach an. Sie in ihrem Wohnzimmer und der Sohn Tausende Kilometer weit weg. Dann sei es, so sagt sie, als sei er im Nebenzimmer.

Ich bin hin- und hergerissen, wie ich das finde. Einerseits begeistert mich der Pragmatismus, andererseits weiß ich nicht, ob ich so tun will, als ob. Ob das »weg« nicht tatsächlich auch ein »weg« sein sollte. Und ob diese Skype-Sache nicht schlicht ein Weg ist, sich etwas vorzumachen. Ob dem nicht der eigenartige Hauch anhaftet, Dinge nicht hinnehmen zu wollen. Gerade so, wie manche Menschen ihr Haustier ausstopfen lassen, wenn es tot ist, um weiter mit ihm »zusammenzuleben«.

Ich habe noch keine Ahnung, wie das gehen kann, den Kontakt zu halten und die Balance zu finden zwischen dem Dranbleiben und dem Loslassen. Wie oft sieht man sich? Wie häufig telefoniert man? Was geht mich noch etwas an? Wo halte ich mich raus?

Bettina Teubert, die Leiterin der »Empty Nest Moms«-Selbsthilfegruppe, hat beobachtet, dass es das Schwierigste für die Frauen sei, von einer aktiven zu einer passiven Mutter zu werden. Den Kindern den Raum und die Zügel zu überlassen. »Zu sagen, okay, ich helfe Dir, aber Du bestimmst, wie es geht.« Es gehe, so Teubert, darum, »nicht mehr die Macherin zu sein, die Terminplanerin, sondern sich in die zweite, dritte Reihe zu setzen und nur noch reinzureden, wenn wir gefragt werden.« Auch sie hat eine erwachsene Tochter und einen erwachsenen Sohn und weiß, dass dies nicht nur »ein harter Schritt« ist, sondern auch einer, den man immer mal wieder aus den Augen verliert. »Am besten ist es dann zu sagen: ›Ups, da bin ich wohl übers Ziel hinausgeschossen!‹ und mit den Kindern darüber zu lachen. Das löst die Situation für beide Seiten auf, und die Kinder nehmen wahr, dass man sich bemüht und ihnen ihre neue Rolle zugesteht.«

Teubert erzählte von Müttern, die täglich mit ihren Kindern telefonieren. Von SMSen, die zum ständigen Austausch hin- und hergeschickt werden. Auf so eine Idee komme ich schon jetzt nicht. Und schon jetzt vergesse ich so manches Mal, mich bei meinem Kind zu melden, wenn ich mal ein paar Tage weg bin. Das ist noch von früher drin, aus der Zeit, als Ben klein war. Ich wusste ihn bei seinem Vater oder der Oma bestens versorgt – was sollte ich mich da melden?

Schwierig finde ich den Anspruch der Passivität. Des Sichraushaltens. Das beginnt schon mit der Volljährigkeit und damit zu akzeptieren, nicht mehr für alles verantwortlich zu sein. Ich übe das jetzt. Ich versuche, mich nicht einzumischen. Nicht nachzufragen, wenn ich merke, dass keine Unterhosen von ihm in der Wäsche landen. Nicht morgens zu sagen: »Es ist neun Uhr. Musst Du nicht los?!« Neulich habe ich das grandios hinbekommen. Noch heute schwillt meine Brust vor Stolz. Mir war aufgefallen, dass Ben nur sehr wenig isst. An diesem Montag stand ein Elf-Stunden-Tag an, er würde wahrscheinlich, wie die Tage zuvor auch, ohne Frühstück in den Praktikumsbetrieb aufbrechen. Also sagte ich: »Mir fällt auf, dass Du zur Zeit sehr wenig isst. Ich glaube, es wäre ganz gut, Du würdest heute Morgen mal was frühstücken.« Da hielt Ben einen Moment beim Sockenanziehen inne, überlegte kurz und sagte: »Stimmt. Machst Du mir was?« Und noch bevor ich nachdenken konnte, schnellte es aus mir raus: »Nö.«

Das war ein gutes Gefühl! Das war ein richtig, richtig, saugutes Gefühl. Ich liebe mein Kind. Ich liebe mein Kind wirklich über alles. Aber jetzt ist es mal gut.

Ich versuche mir dieses tolle Gefühl des Neinsagens zu erhalten. Die Chancen stehen gut. Befreiung ist eine geile Droge.

Aber es geht nicht nur um die Abgrenzung dem Kind gegenüber, sondern auch darum, generell zu realisieren und zu akzeptieren, dass wir nicht mehr für alles zuständig sind. Zu merken »ist nicht mein Problem« oder »liegt nicht in meiner Macht«.

Für Claudia, die Mutter von Melina, Elias und Henry, war es die Typhuserkrankung ihres Sohnes in Indien, die ihr diesen Lernprozess beschert hat. Etwa sechs Wochen nach der Ankunft erkrankte er, und wie es wohl den meisten Müttern gegangen wäre, hat Claudia zunächst die »Mutter-Nummer gefahren«, wie sie das nennt. Hat gedacht: »Das Kind ist krank! Ich bin als Mutter gefordert! Ich muss die Organisation anrufen, fragen: Wie ist das geregelt? Wird er abgeholt?« Dann aber, so erzählt Claudia, kam der Moment, in dem ihr klar wurde »Es ist auch nicht mehr ganz mein Job«. Statt sich weiter verantwortlich zu fühlen, dachte sie: »Elias ist 18, er hat sich dafür entschieden, nach Indien zu gehen. Er ist in einem Krankenhaus, er ist da gut aufgehoben, es ist alles organisiert. Und mehr kann ich auch nicht machen.« »Bislang« so sagt sie heute, »war ich ja immer die Erziehungsberechtigte. Aber das bin ich jetzt nicht mehr.« Aber mit dem Selbstverständnis, es zu sein, hatte sie zunächst bei der Organisation angerufen. »Und in diesem Telefonat war ganz klar rauszuhören, die behandeln Elias auf Augenhöhe, wie einen Erwachsenen. Die sagen nicht: ›Ihr Kind ist so und so.‹ Sondern die sagen: ›Herr Schreiber ist im Krankenhaus.‹ Mir ist in diesem Gespräch sehr deutlich geworden, die reden über ihn nicht als meinen kleinen Elias, sondern über einen Erwachsenen.« Dies sei ein gutes Erlebnis gewesen, zu merken, das Kind ist kein Kind mehr. Da draußen ist ein junger Mann, der von anderen als das wahrgenommen wird: als junger Mann.

Auf der anderen Seite finde ich es manchmal erstaunlich, wie bedürftig die Jugend doch noch ist. Denn Elias beschwerte sich aus den Tiefen Indiens heraus: »Du, die Mutter von der und der Freundin hat mich schon angerufen,

aber Du nicht. Wieso rufst Du denn nicht an?«< Und auf die
Antwort, er sei ja nun weit weg und sie wolle ihm nicht auf
die Nerven gehen, entgegnete er: »Doch, tu das!«

Klar ist ja, in der Regel machen wir die Dinge falsch. Das ist
ja eh so eine Muttersache. Dinge falsch machen. Rufen wir
an, nerven wir, rufen wir nicht an – was einer meditativen
Durchhalteübung gleichkommt – ist es auch nicht recht.

Und wenn es nicht die Kinder sind, die uns unsere Un-
zulänglichkeit vorhalten, dann findet sich bestimmt jemand anders. In meinem Fall waren es die, die es wissen
müssen: die Psychologen. Da Ben mir schon seit Monaten
von seiner WG erzählt, wie die sein soll, wie er sich die
vorstellt und wie sehr er sich darauf freut, denke ich: »Super. Dann kann ich ja auch meiner Wege gehen!« Was in
meinem Fall umziehen bedeutet. Aber ebenso gut bedeuten könnte, das Zimmer neu zu nutzen. Eine Werkstatt für
Alva daraus zu machen, es unterzuvermieten oder Flücht-
linge unterzubringen. Aber auch das ist wieder falsch.
Denn Psychologen raten davon ab, zu schnell das Zimmer neu zu besetzen und umzufunktionieren. Wenn allzu
schnell Fitnessgeräte oder Arbeitsutensilien den Platz ein-
nähmen, würde das als verletzend wahrgenommen. Sich
wie ein Rausschmiss anfühlen, so als seien die Kinder
nicht mehr gewollt. Die Jugendlichen, so heißt es, bräuchten eine Art Übergangszeit. Sie bräuchten das Gefühl, das
Zuhause sei noch da und sie seien eben nicht durch Hob-
byutensilien zu ersetzen. Oder wie Konstantin, 34 Jahre,
es formulierte: »Beide Kinder komplett rausrenoviert. Das
ging ratz-fatz.«

Interessant und ermunternd finde ich den Umstand, dass
auch wir Mütter mit der Zeit, die uns das Thema beschäftigt, reifen. So ähnlich, wie ich jetzt denken kann, nee, Ben,

mach Dir mal schön Dein Frühstück selbst, oder wenn die Wäsche nicht im Sammelbehälter landet, wird sie auch nicht gewaschen, beschreibt auch Claudia ihre Haltung gegenüber ihrer Tochter, die sich auch nach ihrem Auszug noch nicht so richtig lösen kann.

Als wir zum ersten Mal darüber sprachen, was es für sie bedeutet, dass die Kinder flügge werden, saß mir ein Mutterwrack auf dem Sofa gegenüber. Melina, ihre Tochter, war gerade ausgezogen, Elias würde in einer Woche nach Indien aufbrechen und Henry, der 15-Jährige, das wusste Claudia, »dem steht es total bevor, mit seiner Mutter allein zu sein. Der ist die ganze Zeit unterwegs und kommt nur noch nach Hause, wenn es nicht anders geht.« Entsprechend war ihr Gefühl, wie sie erzählt: »Es löst sich alles auf. Die Kinder gehen weg. Ich muss sehen, was ich will. Ich muss einen Plan bekommen, wie es weitergeht. Es ist alles total offen. Gleichzeitig habe ich das Gefühl, ich bin offen. Letzte Woche habe ich auf einmal angefangen zu bluten. Ich konnte nicht mehr aufstehen, so stark waren die Blutungen. Es ist einfach nur noch aus mir rausgeflossen. Ich glaubte, das hat mit den Kindern zu tun: Es ist alles offen und fließt nur noch aus mir raus.«

Im Krankenhaus wurde ihr die Gebärmutter ausgeschabt. »So was ist hormonell bedingt« sagte sie, »aber es passt natürlich zu der Situation.«

Bei unserem zweiten Gespräch, vier Monate später, scheint es, als habe sich »das Offene« geschlossen. Die Haltung den Kindern gegenüber hat sich verändert. Aus der Frau, die hilflos der Trauer um ihre Kinder und einer vergangenen Zeit gegenüberstand, war eine Frau geworden, die die Orientierung wiedergefunden hatte und somit auch ihren Kindern wieder Orientierung geben konnte. Denn überraschenderweise ist es die mittlerweile 20-jährige Melina, die mit ihrem Auszug nicht klarkommt.

»Tatsächlich«, erzählt Claudia, »ist Melina im Moment relativ häufig hier. Und richtig überrascht war ich, als sie fragte, ob es okay sei, dass sie bei mir übernachte, wenn es ihr schlecht ginge. Das ist natürlich okay. Aber ich wäre überhaupt nicht auf die Idee gekommen, ihr das anzubieten, nachdem sie hier sehr fröhlich ausgezogen ist.« Vier Tage hat Melina zwischenzeitig wieder bei Claudia gewohnt und nach zwei Tagen, so Claudia, »dachte ich, jetzt muss sie aber auch mal wieder gehen. Das ist einfach nicht mehr der Status quo, auf dem wir sind. Ich glaube, dass es für sie extrem wichtig ist, jetzt ihr eigenes Leben zu leben.« Und wenn sie morgen wieder bei ihrer Mutter schlafen wollen würde, würde Claudia sagen: »Du, in zwei Wochen ist das wieder okay. Aber jetzt ist erst mal Pause.«

Für mich zeigt diese Geschichte gut, was ich auch an mir wahrgenommen habe: Veränderung. Vor einem Jahr noch hatte ich mir das nicht vorstellen können, aber so ist es: Wir verändern uns. Wir bleiben nicht die traurigen Mütter, die nicht wissen, wie es weitergehen soll. Die wie ein liebeskranker Hund mit Trottelblick die Kinder anstarren und ihr Fortgehen nicht ertragen können. Wir reifen mit. Aber eben nur, wenn wir uns diese Trauer gönnen. Dieses Volle-Kanne-traurig-Sein. Das Heulen und Zetern, und vielleicht, wie bei Claudia, das Drei-Tage-Weinen. Anders, glaube ich, kommt man nicht dorthin, wo man es sich trotz der Trauer um die Kinder gut gehen lassen kann.

Und so würde ich, wenn ich denn eine gute Ratgeberautorin wäre und eine Zehn-Punkte-Liste mit Tipps für die Leserin erstellen würde, unter 1. den furchtbar pathetisch klingenden Satz schreiben: »Lassen Sie die Trauer zu!« Und unter 2. und 3. auch. Klingt bescheuert, scheint aber das Einzige zu sein, das hilft.

Unter Punkt 4 bis 10 fänden sich dann Ermunterungen,

wilde Dinge zu tun. Ichbezogene, sinnliche Dinge, die helfen, dem Seelenschmerz ein Gefühl entgegenzusetzen, das
es mit der Kraft der Bedrücktheit aufnehmen kann: Lebendigkeit.

Loslassen: die Lektion

Ich dachte immer, das Problem, den volljährigen Nachwuchs »nicht loslassen zu können«, würde bedeuten, am Kind zu hängen, es nicht auszuhalten, dass es auszieht, ständig darauf zu drängen, dass es zum Essen vorbeikommt, und im allerschlimmsten Fall der ausgezogenen Brut noch die Wäsche zu machen oder in der neuen Wohnung zum Putzen vorbeizukommen. Und vor seinem Urlaub anzurufen, um daran zu erinnern, auch die Mückensalbe einzupacken. Pustekuchen. »Loslassen« ist viel schlimmer. »Loslassen«, so musste ich erfahren, bedeutet, sich nicht einzumischen, wenn das Kind Dinge tut, die man nie im Leben machen würde. Und von denen man nie gedacht hätte, dass das Kind sie tun würde. Schlicht, weil diese Dinge auf der Skala des Unvorstellbaren weit oben rangieren. Weil man gedacht hatte, mit seiner ganzen Mühe, seiner ganzen Liebe und überhaupt mit seinem gesamten Ich einer solchen Entwicklung entgegengewirkt zu haben.

»Loslassen«, das musste ich in einer nervenaufreibenden Lektion lernen, bedeutet, es auszuhalten, dass das Kind etwas tun will, das ich als Mutter als indiskutabel bewerte. Dass mein Kind mich indirekt in etwas hineinzieht, das für mich nicht okay ist, aber denken zu müssen: »Es ist sein Leben. Er muss seine Erfahrungen selbst machen.« Das ist »Loslassen«. Das ist »Das Kind erwachsen werden lassen«.

Ben hatte beschlossen, sich in der Werbung auszuprobieren und war im Anschluss an das Abitur an einer Schule für Werbetexter angenommen worden. Diese Ausbildung sollte ein Jahr dauern und im Oktober beginnen. Schon mit der Zusage der Schule im Juli war mir klar, er würde nun bald ausziehen. »Spätestens im November würde er weg sein«, dachte ich. Ben aber zeigte ungewohnten Willen zur Gestaltung der Gegenwart sowie der nahen Zukunft und war recht schnell mit zwei Mädchen aus seinem Freundeskreis übereingekommen, zusammenzuziehen. Diese Idee zerschlug sich bald, warum auch immer. Wahrscheinlich war sie an den Realitäten des Wohnungsmarktes zerschellt. Es war in der ersten Augustwoche, als er die Zimmersuche wiederaufnahm und im Internet nach WGs Ausschau hielt. Und dann nahmen gleich zwei Herausforderungen ihren Lauf:

»Ich hab was!«, sagt Ben, als er in die Küche kommt.

»Wie, Du hast was?«, frage ich und wundere mich, dass mein Kind nach anderthalb Stunden was gefunden haben will, wo doch andere Monate suchen.

»Na, ein Zimmer. Total geil. 20 Quadratmeter und 300 Euro Miete. 300 Euro sind doch okay, hast Du gesagt. Oder?«

»Ja«, entgegne ich, »300 Euro sind okay. Wo denn?«

»Das ist voll geil«, sagt der Sohn, »da am Rotherbaum. In 'ner Villa. So 'ner richtig geilen Villa!«

Ich wundere mich ein wenig, die Millionärsgegend ist so gar keine, die je auf unserer Wohnagenda stand, oder die für Schloddertypen wie meinen Sohn infrage kommt.

»Wo soll die denn sein?«, frage ich.

»Weiß auch nicht so genau«, sagt Ben, »irgendwo nahe der Alster.«

Rotherbaum, Villa, Alster, in meinem Kopf rattert es.

»Ben«, sage ich, »das klingt nach Verbindung!«

»Ja, stimmt«, sagt er, »das ist 'ne Studentenverbindung. Klingt super.«

»Ben«, sage ich und hätte am liebsten schon geschrien, »das sind Burschenschaften, das sind Rechte! Das ist nix, wo man mal einzieht, weil die ein Zimmer haben!«

»Die sind nicht rechts«, sagt Ben.

Ich, die Stimme schon etwas schrill, entgegne: »Das sind schlagende Verbindungen! Die sind total rechts. Oder zumindest deutschnational!«

»Nee«, sagt das Kind, »die sind total unpolitisch.«

Und dann schildert er mir, dass die Verbindung, um die es geht, mit all dem Übel nichts zu tun hätte, aber eben total günstige Zimmer anbiete.

»Du kannst da nicht einziehen! Ben, das ist eine VER-BINDUNG. Da geht es um Werte wie Treue, Vaterland und so Zeug.«

»Nee«, sagt er, »das sind einfach Studenten zwischen 18 und 24 Jahren. Das ist voll harmlos. Also ich schreib' da jetzt mal hin, dass ich Interesse habe.«

Gut, denke ich mir, da kann ich nicht viel tun. Soll er denen schreiben. Wenn die so sind, wie ich sie mir vorstelle, merken sie eh, dass er nicht passt. Weder sozial noch inhaltlich.

Am nächsten Tag eröffnet er mir, dass er am frühen Abend einen Termin in der Villa habe und dass er glaube, dass er und die Jungs, die dort wohnen, gut zusammenpassen. Ja, und wenn es etwas wird, »dann ziehe ich Mitte September aus«. Ich weiß, dass ich in dem Moment sehr, sehr blöd geguckt habe. »Wie, Mitte September?!?« Es ist jetzt August. In meinem Kopf feuert es in Nanosekunden: »Mitte September. Nicht Oktober. Jetzt ist August. Fast Mitte August. Vier Wochen.« Wie das manchmal so ist, wenn man sich allein seine Gedanken macht und sie nicht überprüft, krachen meine Vorstellung und die Realität zusammen. In meinem Kopf war Oktober das Datum. Frühestens. Nicht »Mitte September«. Oktober ist noch ewig hin. Aber Mitte September ist in vier Wochen! Da war nie die Rede von. Jedenfalls nicht bei mir. Ich fühle Panik in mir aufsteigen. Wieder einmal hatte ich gedacht, ich hätte noch ewig mit meinem

Kind. Zumindest ein begrenztes »Ewig«, und nun sagt es, »Nein, morgen ist Schluss!«

»Mitte September« sind tatsächlich noch fünf Wochen, aber egal, ich habe das Gefühl, es seien nur vier, und »vier« ist morgen. Es fühlt sich so beschissen an, er hätte genauso gut sagen können, »morgen ziehe ich aus«. Das hätte mich kaum mehr umgehauen. Ich weiß nicht, wie naiv ich war, wie sehr ich die Realität verdrängt habe, aber jetzt denke ich: »19 Jahre«. Alles, was mir von 19 Jahren bleibt, sind vier Wochen. Ich kann es nicht anders sagen, ich fühle mich wie unter Schock. Ich könnte heulen. Ich möchte mit den Fäusten trommeln und schreien. Wie schon zuvor, wenn mir bewusst wurde, wie wenig Zeit doch bleibt, fühle ich mich betrogen. Von der Realität. Die Situation, wie er dasteht und sagt, »Mitte September« erwischt mich kalt und hilflos und erinnert mich an das Ende, das Liebesbeziehungen manchmal nehmen. Wenn man sich in einer halbwegs sicheren Beziehung wähnt, die von jetzt auf eben zu enden droht. Wenn das Gegenüber völlig überraschend sagt: »Ich trenne mich.«

Dann steht man auch einfach nur da, perplex, und denkt, man hört nicht richtig. Immerhin bleibt in dem Fall aber doch die Möglichkeit, zu fragen, wieso und warum, und häufig kann man den anderen von der Entscheidung abbringen, indem man Veränderung und Besserung gelobt.

In der Situation mit dem Kind aber geht es nicht um Veränderung und Besserung. Es bringt auch nichts zu diskutieren. Was der andere will, ist ja richtig. Also bin ich als Mutter zur Passivität verdonnert. Jetzt zu weinen oder zu zeigen, wie traurig mich das macht, wäre unfair. Es würde Ben ein schlechtes Gewissen machen, in einem Prozess, der richtig und notwendig ist. Also versuche ich meine Überraschung und meine Enttäuschung für mich zu behalten, was nur unzufriedenstellend gelingt, der Sohn ist ja nicht blöd.

Am späten Abend, nach seinem Termin bei den duften Studenten, rufe ich Ben an. Er ist unglaublich angetan. Es sei wahnsinnig nett gewesen. Man hätte sich total gut verstanden, und zwei hätten ihm schon gesagt, dass sie sich für ihn aussprechen werden. Die seien zwar schon sehr anders drauf als er, »die trugen alle Hemden, die sie in die Shorts gesteckt hatten – da sah keiner so aus wie ich«, sondern »als wenn ihr Vater Zahnarzt wär'« –, aber die Stimmung wäre bestens gewesen. Morgen ginge er dort gleich noch mal hin, sie hätten sich schon verabredet. Und, wie gesagt, seien sie voll unpolitisch und nähmen »das Ganze« auch nicht so ernst. Es könne auch nicht sein, dass die rechts wären, schließlich käme einer aus Italien, ein anderer sei Brasilianer, und wenn Ben erst einmal Mitglied wäre, könne er dort für 150 Euro wohnen.

Ich höre ihn reden und bin einfach nur schockiert. »Mitglied werden«. Mein Sohn will in einer Verbindung »Mitglied werden«, nur, um für 150 Euro zu wohnen. Gerade so, wie man einer Baugenossenschaft beitritt in der Hoffnung auf eine Wohnung, oder einem Turnverein, weil man dann abends in die Schwimmhalle kann. Ich frage mich, was Ben sagen würde, wenn Scientology ihm ein Zimmer anböte, und begreife, dass er schlicht keine Ahnung hat, auf was er sich einlässt. Brasilianer hin oder her.

»Hast Du Dich mal über die informiert?«, frage ich.

Nö.

»Wie heißt die Verbindung denn?«, will ich wissen.

»Harmodingsda. Weiß auch nicht. Irgendwas mit ›Harmo‹.«

Wir beenden das Gespräch, und ich gebe entsprechende Suchbegriffe bei Google ein. Er hatte mir ein Foto des Hauses gezeigt, und so finde ich die Homepage schnell. Tatsächlich handelt es sich bei seinem potenziellen neuen Zuhause um eine schlagende Verbindung. Aber auch um eine, die sich gegen Rassismus ausspricht, die sich offen anderen Nationen und Religionen gegenüber darstellt und sich bewusst vom rechten Altherrennationalismus klassischer Studentenverbindungen distanziert. Die Selbstdarstellung klingt geradezu hübsch und harmlos, nur unter der Rubrik »Werte« taucht dann doch das auf, was mir den Grusel über den Rücken treibt. Ihr Spruch heißt »furchtlos und treu«, sie bekennen sich zu »Ehre« und »Vaterlandsliebe«, das Europabild, das sie vertreten, ist das eines »Europas der Vaterländer«.

Ich rufe Ben noch mal an. Ich habe mir einen Zettel gemacht, mit Stichworten. »Treue« steht darauf, »Mensur« und »Europa der Vaterländer«. Es ist spät am Abend, er ist mit Freundinnen in der abendlichen Sommerwärme unterwegs, im Hintergrund höre ich die Mädchen lachen.

Ich sage: »Ben, ich habe die im Netz gefunden. Das ist eine schlagende Verbindung!«

Es ist offensichtlich, dass er nicht weiß, was das ist.

»Die fechten!«, sage ich.

Und Ben: »Ja, mein Gott, dann lass sie doch fechten!«

Ich würde jetzt gern aus der Haut fahren und meinem Kind Vorhaltungen machen wegen seiner Unkenntnis, Unwissenheit und Naivität.

»Der Untertan« von Heinrich Mann, der als Paradebeispiel für den verführten deutschen Verbindungsesel gelten kann, ist in meinem Kopf längst mit Sack und Pack eingezogen. Aber ich höre an Bens Tonfall, das Mutter-Gespräch ist gleich beendet. Sein Eltern-Zuhör-Account ist kurz vor leer. Deshalb bleibe ich sachlich und sage:

»Ich schicke Dir gleich mal den Link zu denen. Da steht drin, wie die drauf sind. Stichwort ›Treue‹, ›Vaterland‹ und so. Bitte guck Dir das an, bevor Du da morgen hingehst.«

Ich soll mal chillen, sagt das Kind. Und: »Ich bin jetzt 18. Wenn die mich nehmen und ich da einziehen will, zieh ich da ein. Egal, wie Du das findest!«, und dann legen wir auf, es ist ja alles gesagt.

»Egal, wie Du das findest« – die Worte hallen nach, und vor meinem inneren Auge sehe ich mein Kind als besoffenes Etwas mit schief sitzender Schirmmütze und Verbindungsband im Kreise anderer vollgekotzter Verbindungsschwachmaten, die bierselig vor dem Treppenaufgang ihrer Villa in eine Kamera grinsen, während im Hintergrund Wildschweinköpfe die Wände zieren. Es fühlt sich an, als habe ich mein Kind bereits verloren, als risse mit seinem Vorhaben, dort einzuziehen, unsere Verbindung ab.

Ein paar Minuten nachdem ich ihm den Link gesendet habe, kommt eine WhatsApp-Nachricht: »Danke«, schreibt er. Ich wundere mich, denke, »immerhin«, und weiß, solange so was kommt, ist das Kind noch nicht gänzlich in den rechten Brunnen gefallen. Dann ist da noch die Bereitschaft, sich auseinanderzusetzen, sich die Einwände der Gegenseite anzuhören. Es gibt noch Hoffnung.

Da Ben dieser Tage bei seinem Vater ist, fällt ihm die Aufgabe zu, noch mal mit ihm zu reden. Ich bin darüber froh, denn zwischen Ben und mir ist es ja bereits etwas hakelig. Mit seiner Aussage, er sei volljährig und tue, was er für richtig halte, ist er bereits auf die Machtebene gegangen, da wieder runterzukommen, wird schwierig. Ich schicke meinem Ex eine SMS: »Houston, wir haben ein Problem!« Meine Eingangsfloskel für ernstere Angelegenheiten. Ich schildere kurz, worum es geht, schicke Christoph den Link und bitte ihn, mit Ben zu reden. Es kann doch nicht sein, dass ich all die Jahre meine Menschlichkeit, meine Liebe und das Selbstverständnis von Miteinander, Toleranz und Freiheit ebenso wie die Ablehnung von unterdrückenden Strukturen in dieses Wesen gepflanzt habe, damit es jetzt zu irgendwelchen Rechten mit Hochschulabschluss und Villa läuft, um da dem Gedanken von Vaterland und Treue anheimzufallen.

Zum Glück antwortet Houston gleich und will morgen mit Ben sprechen.

Ich schlafe beschissen. Es fühlt sich an, als tauche nur der Körper ein wenig ab, der Geist rattert die ganze Zeit. Ich bin ziemlich verärgert. Ich bin sauer auf mein opportunistisches Kind, das nur die billige Miete sieht und alles andere ignoriert. Das so tut, als sei das alles eine lustige Bootsfahrt. Das bereit ist, das ein oder andere unschöne Moment an einem ansonsten überzeugenden Produkt zu übersehen. Als ob etwas verginge, wenn man nicht so genau hinguckt.

Dabei ist Ben eher im linken Gedanken-Umfeld unterwegs. Er ist skeptisch und kritisch den Politikern und den Versprechen der Wirtschaft gegenüber. Er ist aufgeschlossen denen gegenüber, die andere Lebenswege suchen. Vor ein paar Wochen noch zeigte er mir begeistert das neue Trikot vom FC St. Pauli, für ihn ein erneuter Beweis für die Großartigkeit des Vereins. Der Saum des Ärmels ist in Regenbogenfarben gehalten – den Farben der Schwulenbewegung. Als wir aus dem wohlhabenden und von mir so geliebten Spießerstadtteil Volksdorf wegzogen und er die Schule wechseln musste, fand er es super, dass an der neuen Schule »endlich auch mal Ausländer sind«. Und zwar nicht so welche, bei denen ein Elternteil aus Frankreich kommt, sondern »richtige«. Menschen aus dem Iran, der Türkei, mit anderem kulturellen Hintergrund, mit einer anderen Geschichte und Erfahrung. Etwas, das er als Bereicherung zu begreifen scheint. Mir war in seiner Erziehung wichtig, dass er den Potenzgedanken von Geld als solchen erkennt, seine billigen Insignien und ihre Wirkungsweise durchschaut. Das hat geklappt. Mein Sohn ist ein kritischer, wacher Geist, der auf Materielles nicht viel gibt. Der solidarisch ist mit Minderheiten und sensibel gegenüber Schwachen.

Ich nehme an, dass alle Eltern es als schön erleben, wenn die Saat so aufgeht. Wenn das, was einem wichtig ist, in dem Kind weiterlebt. Vor diesem Hintergrund kann ich sogar diese komischen Konservativen verstehen, die mit Stolz auf ihren Sohn (seltener auf ihre Tochter) blicken, weil die die Familientradition oder das -unternehmen weiterführen. Weil ihre Kinder ein Stück, ein Abbild des eigenen Selbst sind und einem das schöne Gefühl geben, das, wofür man steht, lebe fort.

Aber dann kommt so etwas wie bei uns: Dann kommen die beknackten Rechten oder vielleicht nur die Reaktionären des Weges, und das alles zählt nicht. Wegen 150 Euro Miete und einem 20 Quadratmeterzimmer mit Balkon.

Ich denke: »Das habe ich nun davon.« Hätte ich nicht diesen kritischen Blick auf Materielles in ihm verankern wollen, dann würde er jetzt nicht abfahren auf eine Villa und Jungs in Papas Zahnarzt-Outfit. Dann würde er nicht von jetzt auf eben dort einziehen wollen, wo man aus Bekenntnis zu lebenslanger Treue und dem Vaterland mit bunten Bändchen rumläuft und sich gegenseitig mit dem Degen bespielt wie zu Kaisers Zeiten.

In der Zwischenwelt, worin der schlechte Schlaf meinen Geist diese Nacht über festhält, driftet mein Sohn unweigerlich ins reaktionäre Lager ab. Dorthin, wo Alte Herren die Zimmerbewohner nach rekrutierbarem Nachwuchs beäugen, im Keller, dessen Wände mit Waffen und ausgestopften Jagdtrophäen behangen sind, Saufgelage mit Treue zur deutschen Eiche stattfinden und Erwachsenenstatisten im städtischen Festsaal in Abendkleidung Elite spielen.

Irgendwann schlafe ich doch tief und fest, und als ich am Morgen aufwache, hat das Unterbewusstsein seine Arbeit getan, und ich habe die Lösung meines Problems: Ich werde ihm dafür keinen Unterhalt geben! Niemand kann, das sehe ich nun sehr klar vor mir, von mir verlangen, dass ich meinem Kind eine Unterkunft bezahle, deren ideologische Verankerung zutiefst meiner Überzeugung zuwiderläuft. Mit diesem Gedanken geht es mir etwas besser, und ich telefoniere mit Bens Vater. Aber anstatt zu sagen: »Ja, das ist eine gute Überlegung, so machen wir das!«, sagt er: »Das geht rechtlich gar nicht. Du musst dem was zahlen.« Wobei ich mich frage, woher er das nun schon wieder wissen will. Jurist ist er so wenig, wie ich es bin. »Sicher muss ich ihm Unterhalt zahlen,« sage ich, »aber niemand kann von mir verlangen, dass ich jede Form der Unterkunft bezahle. Der soll sich ja nur was anderes suchen!« Davon abgesehen ist das Gespräch sehr konstruktiv. Wir sind uns einig darin, dass das Kind angefixt und verblendet ist und auch bei den Linksautonomen einziehen würde, wenn die ihm ein Zimmer mit Hafenblick anböten.

Ich finde meine Überlegung, den Unterhalt zu verweigern, immer noch gut und rufe die Oma an, weil Unterstützung ja nicht schaden kann. Und als hätte die Oma sich mit ihrem Sohn, meinem Ex, abgesprochen, sagt auch sie, das ginge nicht. Ich müsse Ben das zahlen. Der armen Oma gegenüber werde ich, die ich mich mal wieder allein auf weiter Flur empfinde, etwas ungehaltener und sage, man würde ja auch nicht von mir verlangen, dass ich ihm sein WG-Zimmer zahle, wenn er bei Junkies einzöge.

Da gibt die Oma mir recht, und ich stelle fest, dass es in der öffentlichen Wahrnehmung noch immer einen Unterschied zwischen Junkies und Reaktionären gibt, was die Akzeptanz des Umgangs anbelangt.

Ansonsten ist die Oma ganz bei mir, atmet tief ein in Bezug auf die Aktion Sorgenkind und sagt: »Oh Mannomann!«

Aber sie sagt auch Dinge wie: »Da kannst Du nichts machen. Du musst vertrauen. Vertrauen darauf, dass er alles Wichtige mitbekommen hat und merken wird, dass das nicht das Richtige ist.« Ich weiß, dass sie eigentlich recht hat. Aber sie hat nicht mit Ben gesprochen. Ich habe mit ihm gesprochen. Und mein Kind, dieses reflektierende, wache Kind, war nicht mehr da. Da war nur ein junger Kerl, der ein günstiges Zimmer sieht und »alles nicht so schlimm« findet.

Ich rege mich erst ab, als meine Freundin aus dem Urlaub wieder zurück ist. Alva ist die Erste und die Einzige, die die richtigen Worte findet. »Das gehört zum Erwachsenwerden dazu. Du musst ihn seine eigenen Erfahrungen und Fehler machen lassen«, sagt sie und: »Das bedeutet Loslassen. Es auszuhalten, dass er Sachen macht, die Du falsch findest.«

Aber sie sagt auch Sätze wie: »Der ist halt jung. Er ist verführbar. Er kann manche Sachen noch nicht sehen, die uns klar sind. Er wird das schon merken, wenn es da eigenartig zugeht. Der ist doch nicht blöd. Außerdem«, wendet sie ein, »warte mal ab. Wenn der da fechten muss, ist er ganz schnell wieder weg.« Da hat sie recht. Mein Sohn und die körperliche Aktivität sind keine guten Freunde.

Und erst jetzt, erst bei diesen Sätzen beginne ich zu begreifen, dass diese blöde Situation auch mein Thema ist. Nicht nur Ben hat etwas zu lernen, auch ich. Für einen Moment fühlt sich das ganze Debakel nicht mehr bedrohlich an, sondern ich kann die Lektion darin erkennen. Ich verstehe, dass ich mich verändern muss. Ich begreife, dass ich nicht länger die Mutter sein kann, die ich bislang war. Die Einfluss und Kontrolle ausübt, damit ihr Kind das tut, was sie als das Richtige erachtet.

Es ist über die Jahre so, dass die Kinder Dinge tun, die man nicht gut findet, Schießen spielen, zu viel Süßigkeiten essen, zu lang vor dem Computer hängen, später dann kiffen. Das sind alles Dinge, bei denen man sagen kann: Finde ich nicht gut, lass das. Ob es was nützt, sei dahingestellt.

Aber das ist unsere Aufgabe als Eltern, dass wir an solchen Stellen eingreifen und versuchen, das Geschehen in andere Bahnen zu lenken. Wir sind es gewohnt, zu bestimmen und Vorgaben zu machen. Wir suchen den Kindergarten aus und mindestens zwei Mal die Schule. Wir bestimmen unter Umständen, welches Zimmer das Kind in der Wohnung bekommt und wohin es im Urlaub fährt. Jahrelang kaufen wir die Textilien und geben vor, welches Erscheinungsbild es abgibt. Manchmal nehmen wir sogar Einfluss auf die Freunde, die es trifft. Oder sagen ihm, welches Musikinstrument das Richtige ist.

Ich bin es gewohnt, alle Lebensumstände zu bestimmen. Dass ich das auf einmal lassen soll, fällt mir schwer. Ehrlich gesagt, kommt es bis zu diesem Ereignis in meinem Bewusstsein nicht vor. Denn selbst wenn ich an seinen Auszug gedacht habe, ist er in meiner Vorstellung natürlich immer in eine WG gezogen, die mir genehm war. Ich habe überhaupt nicht daran gedacht, dass mein Sohn etwas machen könnte, das nicht meine Akzeptanz findet. Außer, dass er sich tätowieren lassen könnte. Was für mich ein echter Albtraum ist.

Ehrlich gesagt, das nicht mehr tun zu können, finde ich auch schade. Es ist Teil des Mutterseins, Entscheidungen zu fällen, vorzugeben, wie Dinge gemacht werden. Und mir hat das Spaß gemacht.

Das jetzt aufzugeben, bedeutet, Macht aufzugeben. Die Hoheit und die Befugnis zu verlieren. Viele von uns Müttern haben eh nicht viel auszurichten. Oft genug stecken wir beruflich in ausführenden, aber nicht in Entscheidungspositionen fest und mit dem Partner muss man ständig Kompromisse finden. Da macht es schlicht Spaß, wenigstens beim Kind mal sagen zu können, wo es langgeht.

Ich habe mich schon vor Jahren gefragt, warum viele Frauen so tun, als seien ihre Partner in puncto Kinder total beschränkt. Es sind dieselben Frauen, die sich aufregen, dass sie alles allein machen müssen, weil der Mann die einfachsten Dinge nicht hinkriegt. Er kann nicht wickeln, er kann den Brei nicht kochen, er kann nicht die richtigen Kleidungsstücke für das Kind raussuchen. Ist der Mann dran am Kind, stöhnen diese Mütter auf, schubsen ihren Partner weg und sagen in angestrengtem Ton: »Lass mal, ich mach das schon!« Wenn man sie fragt, warum sie ihn die Dinge nicht erledigen lassen, heißt es, er stelle sich so töffelig an, er mache das zu kompliziert und es dauere so lange.

Tatsächlich habe ich das bei Bens Vater auch gedacht. Wenn ich ihm beim Wickeln zugesehen habe, habe ich mich gewundert, wie man das so kompliziert machen kann. Ich konnte gar nicht hingucken ohne den Impuls, zu sagen: »Lass mal, ich mach das schon!« Weil mir aber klar war, dass es dann immer ich sein würde, die mit dem Kind beschäftigt wäre, habe ich gedacht: »Wenn ich nicht hingucken mag, dann lass ich es doch einfach!« Und so habe ich es getan. Ich bin aus dem Raum gegangen. Denn es ist ja klar, Christoph liebt Ben genauso wie ich. Er hat ebenso ein Interesse daran wie ich, dass das Kind sich wohlfühlt, dass es ihm gut geht. Er wird dem Kind nicht schaden. Und wenn das Windelwechseln zehn Minuten dauert oder die Socken nicht zueinander passen, dann macht das gar nichts.

Es gibt also keinen Grund, an meinem Partner zu zweifeln und ihn die Dinge nicht tun zu lassen. Zumal die Handgriffe ja nicht runder werden, nicht geschmeidiger und vielleicht zielgerichteter, wenn die Übung fehlt. Indem so viele Mütter den Männern die Dinge aus der Hand nehmen, lernen diese sie nicht. Aber die Frauen beschweren sich weiterhin, dass sie mit der ganzen Arbeit allein dastehen.

Ich habe dazu eine These entwickelt. Und zwar die, dass es den Frauen ein Genuss ist, die Männer unter schwerem Genervtsein von den Aufgaben zu entbinden. Obwohl sie so tun, als quäle es sie, gefällt es ihnen. Denn die Hoheit über das Wohl der Kinder ist eines der wenigen Machtmomente vieler Frauen. Die Selbst-Suggestion, die Einzige zu sein, die vernünftig für das Kind sorgen könne, befriedigt das Ego und sichert eine gute und anerkannte Position innerhalb der Familie. Der Mann ist zu doof – zum Glück gibt es die Frau! Das war bislang sogar eine staatlich anerkannte Denke.

Aber auch eine, die den Müttern um die Ohren fliegt. Denn ein Mann, dem in den ersten Monaten suggeriert wird, er sei zu blöd, wird sich auch die nächsten Jahre zurückhalten, was das Kümmern um die Kinder anbelangt. Manchmal denke ich, so blöd können auch nur Frauen sein, ihr eigenes Rollengrab zu schaufeln.

Die Worte, die Alva in Bezug auf Bens Verbindungspläne gefunden hat, haben mir nicht nur geholfen, den Kern des Loslassens besser zu verstehen, sie haben auch dazu geführt, dass ich mich selbst und meinen Machtverlust nicht mehr so ernst nehmen musste. So, wie es im Laufe der Jahre in schwierigen Situationen oft gut war, Abstand zu sich selbst zu bekommen, so war es das auch in diesem Fall. Und wie meist hat es geholfen, zu lachen, die Komik des Ganzen zu entdecken, um der großen Wucht und auch meiner Ernsthaftigkeit den Schrecken zu nehmen. Wir haben uns etwa ausgemalt, wie ich als liebende Mutter richtig nervig oft in dem Verbindungshaus vorbeikomme, mit Antifa-Anstekkern und dem Nazi-Papierkorb Emblem auf dem T-Shirt. Und dass ich linke Flyer, Flugblätter der Flüchtlingshilfe und Demoaufrufe in der Villa liegen lasse.

Bens Vater und ich hatten die richtige Strategie. Das Gespräch zwischen den beiden, ein ruhiges, informatives Gespräch, hat Ben dazu gebracht, sich noch mal zu informieren und letztlich auf Abstand zu gehen. Als wir telefonieren, ist er wie ausgewechselt. Der kluge, reflektierende Mensch ist wieder da. Der, der sagt, er fände es sehr schade, weil die Jungs wirklich nett seien, aber das, worum es bei der Verbindung ginge, sei so gar nicht seins. Er habe ihnen eine Mail geschrieben, in der er sein ungutes Gefühl geschildert habe. Seine Ambivalenz.

Auch hätten die Jungs bereits geantwortet und ihn eingeladen, noch mal darüber zu sprechen und die Punkte zu diskutieren. Und ich, die ich ja auch etwas gelernt habe, versuche, das Schwarz-Weiß ein wenig aufzuweichen und sage, er könne die ja gern treffen, so mit ihnen befreundet sein. Aber ich habe den Eindruck, das will er gar nicht. Ich glaube, ihn beschäftigt, wie es zusammenpasst, dass Leute so nett sind und dennoch so eigenartigen Dingen anhängen.

Meine Erleichterung nach diesem Gespräch bezieht sich gar nicht so stark darauf, dass er sich gegen den Einzug entschieden hat – das hätte ich ja jetzt als gereifte Mutter irgendwie ausgehalten – sondern darauf, dass mein Kind wieder da ist. Dass das Wesen zurück ist, das ich kenne und schätze, und eben nicht mehr dieser verblendete Halbstarke, der meint, alle anderen seien dumm.

Ein paar Tage später steht er mit einem Freund in der Küche, und als das Gespräch noch einmal auf die Verbindung kommt, sagt er: »Mann, was ein Glück, dass ich da nicht eingezogen bin! Wir haben im Netz einen Beitrag über Verbindungen gesehen und da wurde gezeigt, wie die fechten. Und gerade, als ich echt froh war, dass die Verbindung bei der ich war, nicht vorkam, zeigen sie die. Und dann stehen da zwei Typen mit blutverschmiertem Hemd, dem einen läuft das Blut nur so aus dem Gesicht, und er sagt: ›Och, geht schon wieder!‹ Mann, was für ein Schwachsinn!«

11

Und nun?

Die Amerikaner sind eine eigenartige Nation. Es scheint bei ihnen kulturell verankert zu sein, aus schier jeder Begebenheit, jedem Schritt im Leben einen Partyanlass zu generieren. Entsprechend gibt es das erste Fest, noch bevor der Feieranlass geboren ist. »Baby Shower« nennt sich die Party, bei der die werdende Mutter im Vordergrund steht. Eine Festivität, die als eine Art »Geschenkedusche« verstanden wird, bei der auf die Schwangere niederprasselt, was sie für das Baby brauchen könnte. Mit einer Industrie dahinter, die bereitstellt, was für den Anlass an Begleitmusik erdenklich ist: Grußkarten, Schärpen, Geschenkkörbe, T-Shirts, Luftballons, Backzubehör und Kaffeebecher.

Warum sollte es für einen Anlass wie den Auszug der Kinder anders sein? Also breiten sich die »Empty Nest Partys« in Amerika aus wie anderenorts die Chinesische Wollhandkrabbe. Und die Industrie hält auch hier wieder bereit, womit sich in diesem Zusammenhang Geld machen lässt: Grußkarten, Schärpen, Geschenkkörbe, T-Shirts, Luftballons, Backzubehör und Kaffeebecher. Und: Computerhüllen und Armbanduhren mit »Leerem-Nest«-Motiv. Kissenhüllen, Schirmmützen, Einkaufsbeutel und Autoaufkleber. Auch Weihnachtsschmuck mit dem Aufdruck »Empty Nesters erstes Weihnachten« liegt bereit. Auch in Deutschland sind die Dinge im Angebot. Ein Internetversandhandel hat 746 (!) »Empty-Nest«-Produkte im Programm und importiert wohl aus dem Land des unbeschränkten Schwachsinns alles, worauf sich das Foto eines leeren Nestes oder die Wörter »Empty Nest« drucken lassen: Handtaschenhalter, Halsketten, Hundebodys, Mousepads und Thermobecher.

Wahrscheinlich wird man bald die ersten Autos sehen, auf deren Heckscheibe steht: »Empty Nest 2016«.

Ich finde das absurd. Weniger, weil der Gedanke, ein fröhliches Fest zu feiern, nicht so recht zu meiner Gefühlslage passt, sondern, weil es mir so eigenartig vorkommt, sich über den Umstand des leeren Nestes definieren zu wollen. Als »Empty Nester« bezeichnet zu werden, kommt mir nicht in den Sinn. Ich bin nicht die, deren Kind weg ist. Ich bin nicht die, die im leeren Nest sitzt. Der Umstand ist Teil meiner Lebenssituation. Aber ich käme nie auf die Idee, ihn zur Definition meiner Person zu machen.

Und doch kann ich dem Gedanken des Feierns etwas abgewinnen. Ein Ritual zu schaffen oder zumindest mit einem besonderen Ereignis auf dieses besondere Ereignis zu reagieren. Es muss ja nicht diese blödsinnigen Ausformungen bekommen mit Grußkarten oder T-Shirts, auf denen allen Ernstes steht »Mein Nest ist leer, aber mein Leben ist voll« oder »Nein, Liebes, das ist unser Raum, den wir Dir für 18 Jahre geliehen haben«. Aber ich könnte mir vorstellen, dass es hilft, dem Aufbruch des Kindes etwas Eigenes, etwas Schönes entgegenzusetzen. Damit wir herauskommen aus dieser Passivrolle der Verlassenen und es uns gelingt, die »Hoheit« über die Situation zurückzugewinnen – und eben auch die Lust finden, die Zeit, die jetzt anbricht, gestalterisch anzugehen. Also aktiv zu werden, statt wie ein Blatt im Wind hin und her geweht zu werden.

Vielleicht ist es richtig, Freundinnen zum Sektabend einzuladen und in einer Mischung aus Sentimentalität und lustigem Weiberirrsinn die Zeit abzuschließen. Vielleicht kann es eine gute Idee sein, mit dem Partner, der Partnerin schön essen zu gehen und darauf anzustoßen, dass man etwas sehr, sehr Großes zusammen gut hinbekommen hat. Oder vielleicht macht man wirklich eine große Party. Vielleicht eine, wie man sie schon seit Jahren nicht mehr veranstaltet hat oder wie man schon auf Jahren keiner mehr war. So eine »wie früher«. Denn es ist ja Quatsch anzunehmen, das wilde, das aufregende Leben sei ein Privileg der Jugend oder hätte irgendetwas mit Alter zu tun.

Ich glaube nicht, dass es darum geht, in die gleichen Klamotten zu passen wie unsere Kinder, den gleichen Style zu tragen, um »jung« zu sein. Wir sind nicht jung. Wir sind so alt, wie wir alt sind. Aber in jedem Alter kann man es lustig haben. Lebendig. Interessant. Anregend. Aufregend.
»Dabei zu sein«, sein Leben zu gestalten, ist keine Frage der Jahre. Und auch keine der Straffheit der Haut. Es ist eine der Neugier und der Lebensfreude.

Während ich dieses Buch geschrieben habe, bin ich 50 und mein Sohn ist 19 geworden, und es fühlt sich an, als hätte ich ein sehr, sehr ausgedehntes, sehr graues, trübes und gerölliges Tal durchschritten. In Schuhen, deren Sohlen durch sind.
Und obwohl ich glaube, aus dem Tal raus zu sein, heißt das nicht, dass ich nicht weinen werde, wenn der Tag des Abschieds, der räumlichen Trennung, kommt. Im Gegenteil: Wenn Ben auszieht oder wenn sich unser Zusammenleben auflöst, weil meine Freundin und ich in die andere Stadt ziehen, wird sehr viel Wasser mein Gesicht runterlaufen. Das weiß ich schon jetzt, weil mir allein bei dem Gedanken die Tränen kommen. Aber so ist das eben. Das gehört dazu. Aber anders als noch vor einem Jahr fühlt es sich nicht mehr bodenlos an. Es reißt mich nicht mehr in einen Abgrund, es ist nicht länger, als stürbe mein Kind. Nein, es ist einfach ganz normal total traurig. Punkt, Ende, aus.

Ich bin froh, dass ich das – endlich – so sehen kann. Auch habe ich mich in dieser Zeit mit dem angefreundet, was mit meinem Körper passiert, mit diesem ollen Abbau. Auch hier denke ich: »So ist das eben.« Aber ich denke auch: »Das macht nichts. Das ist so, und das ist okay. Etwas schade vielleicht, aber schon in Ordnung.«

Geholfen hat mir die Wut, die bei der Auseinandersetzung mit dem in seiner Gesamtheit so vielschichtigen Thema spürbar geworden ist. Die Wut auf das ganze Drumherum, auf die Gesellschaft, vor allem aber auf die Industrie mit ihrem verächtlichen »Ideal« von Frau. Ein Ideal, das uns alles Mögliche abspricht, nur weil wir nicht mehr 30 sind. Und so, wie ich als kleines Mädchen unsagbar sauer wurde, weil ich anders als mein bester Freund Kai die Brause nicht aus der Flasche trinken durfte, spüre ich auch jetzt wieder diese Wutenergie in mir aufsteigen und denke: »Leck mich am Arsch! Du scheiß Industrie, mit Deinen Pillen und Deinem Mangelblödsinn, Deinem genormten Schlankheitsirrsinn und Jugendideal, Du gehst mir so auf den Geist!«

Und es ist ganz klar: Ich werde mich nicht anpassen. Ich werde nicht die Haare kurz tragen und aufhören, über Sexualität zu reden und in der Öffentlichkeit zu küssen. Ich werde, wenn ich das will, auch mit 70 noch in knallroten Hosen rumlaufen und meinen Enkeln erzählen, dass sie nicht auf der Welt sind, um sich an Vorgaben zu halten, sondern um die Welt zu gestalten.

Ich habe zwei Frauen im Kopf, die mir meine Angst vor dem Altwerden nehmen konnten. Schlicht, weil sie sich nicht »alterskonform« verhalten. Das eine ist die Amerikanerin Iris Apfel, die auch mit über 90 Jahren in irren Klamottenensembles herumläuft und wie ein Tannenbaum behängt ist, mit allem, was an ihren dünnen Gelenken Platz findet. Die andere ist eine Österreicherin, die mit Ende 70 wegen Schlafstörungen zum Arzt ging und die Diagnose bekam, ihr fehle nicht Schlaf, ihr fehle Sex. Woraufhin sie eine Anzeige aufgab, um die 30 Jahre, die sie seit ihrer Scheidung keinen Geschlechtsverkehr mehr hatte, nachzuholen. Mit 83 antwortete sie auf die Frage, ob sie immer noch so viele Herren treffe, sie habe das reduziert. »Ich habe jetzt drei Feste.«

Iris Apfels Stil ist nicht mein Stil. So will ich nicht aussehen. Und ich weiß auch nicht, ob ich mit 83 noch Sex haben möchte oder ob mir das nicht viel zu anstrengend ist, wegen des Rückens oder der Gelenke oder was einem als ältere Dame so zusetzt. Aber ich will die Freiheit haben, so denken und handeln zu können. Jetzt und in Zukunft. Ich will, dass mir diese Optionen offenstehen. So zu sein, wie ich bin und wie ich vielleicht noch werden möchte. Und dafür gibt es kein Alter.

Wenn dies das Ergebnis der Qual der letzten Jahre ist, so ist es hart erkämpft. Aber immerhin ist es eines, mit dem sich nicht nur gut das großartig wohlgeratene, erwachsene Kind in die Welt entlassen lässt, sondern auch eines, mit dem ich wohl gewappnet in die nächsten 40 Jahre aufbrechen kann. Leider ohne kleines Kind. Aber dafür mit einer Lust und einer befeuernden Energie im Gepäck, mit denen sich die Zukunft durchaus aufregend gestalten lassen sollte.

Nachklapp

Kurz bevor dieses Buch in die Produktion geht, zieht Ben aus. Er hat ein Zimmer in einer WG bei zwei Mädchen gefunden, im angrenzenden Viertel.

Er trifft die Vorbereitungen mit der ihm eigenen Gelassenheit. Das Zimmer vor dem Einzug auf eventuellen Renovierungsbedarf anzugucken, den Mietvertrag einzusehen, zu fragen, ob eine Kaution fällig ist – alles nicht wichtig. Nichts, weswegen man sich stressen müsste. Wieder einmal bin ich der Störfaktor in dieser Welt, in der alles ganz gechillt laufen könnte, würden Eltern (und die Oma) nicht so nerven und mit Dingen ankommen, die völlig unwichtig sind und sich schon klären. Wenn es so weit ist.

Ich hatte in den Wochen vor seinem Auszug noch einmal eine schwierige Phase. Dass die Trauer wieder so zuschlagen würde, hat mich völlig überrascht. Immerhin hatte ich doch alles aufgeschrieben, war monatelang sehr bewusst durch das Tal der Tränen geschritten und hatte gedacht und gehofft, damit sei alles erledigt.

Pustekuchen. Alles schlimm. Alles elend.

Zwei Wochen vor dem Auszug wollte Ben mit mir zu Ikea. Viel war es nicht, das er brauchen würde, Bettwäsche und Teller, aber klaro fährt man zu Ikea.

Ich hatte mir vorgenommen, eine gute Mutter zu sein. Eine, die mit Leichtigkeit und frohen Mutes durch den möblierten Irrgarten schwebt. Kein Trauerklotz, der mit gebeugtem Haupt durch die Gänge schlurft. Ich wollte keine

Mutter sein, die jeden Besteckkasten, jede Teelichtpackung als Symbol autonomer Lebensweise begreift, und, von einem Trauerschauer nach dem anderen erfasst, dem Kind ein schlechtes Gefühl macht.

Erstaunlicherweise gelang mir das. Es gelang mir sogar ausnehmend gut. Bestens gelaunt schritt ich mit Ben die Wege des Konsumhorrors ab und fragte, ob er nicht vielleicht noch dies und das brauche. Es machte mir Spaß, ihm bei seinen Entscheidungen zur Seite zu stehen und unnützes Wissen über Baumwollqualitäten beisteuern zu können. Unser Ausflug verlief ungewöhnlich entspannt. Es war lustig. Wir stritten nicht, und Ben war nicht von mir genervt. Und ich nicht von ihm. Schon da fiel mir auf: Irgendetwas ist anders als erwartet. Ich bin anders. Irgendwie ist das, was hier passiert, auch gut.

Ein paar Tage vor dem Umzugstermin fing Ben an, Kisten zu packen. Das war ein wenig eigenartig. Ein paarmal schlich ich zu Alva, klagte: »Bald ist mein Kind weg!«, und drückte ein paar Tränen in ihr T-Shirt.

Ich durfte nicht helfen. Das fand ich blöd. Ich hätte gern dabei geholfen, einzupacken, was er für sein neues Leben braucht. Ihn ausstatten, sein Rüstzeug zusammensuchen, das Alte wegwerfen, damit er mit leichtem Gepäck in sein neues Leben aufbrechen könnte. Zwei Mal habe ich gefragt: »Soll ich helfen?« Und beim zweiten Mal sagte das schlaue Kind: »Du würdest gern, richtig?« Er hat mir dann zugesagt, mich beizeiten dazuzuholen, aber auch als er im Chaos eines völlig auf dem Kopf stehenden Zimmers zu ersticken drohte, wollte er mich nicht dabeihaben. Seine Freundin half ihm, ihn aus dem überfordernden Dickicht aus Kindheit, Jugend und Gegenwart zu befreien, und tatsächlich war Bens Umzug perfekt vorbereitet. Am Samstagmorgen – einen Tag vor Muttertag – war alles eingepackt, alle Möbel auseinandergeschraubt, die jeweiligen Schrauben in beschriftete Tütchen gepackt und genügend Freunde organisiert.

Der Umzug verlief problemlos, und nachdem alle Bretter und Kartons im neuen Zimmer abgestellt waren, haben sein Vater und ich die Helferinnen und Helfer zum Mittagessen eingeladen, dann haben wir uns verabschiedet. Ich wäre gern den Weg nach Hause zu Fuß gegangen. Hätte gern diese Strecke, unsere Verbindung, Schritt für Schritt zurückgelegt, aus Bens Jetzt quasi rückwärts dahin, wo ich von nun an ohne ihn leben würde. Aber das Auto stand vor der Tür. Alva bot an, vorzufahren, aber so sehr ich zu Fuß gehen wollte, so wenig wollte ich das allein tun.

Zu Hause fühlte es sich an, als habe ich Ben zum Flughafen gebracht und in eines dieser Austauschjahre verabschiedet, die das Kind ans andere Ende der Welt bringen, nach Costa Rica oder El Salvador. Dorthin, wo man sich nicht mehr einmischen kann, auch weil dort eigene, fremde Regeln gelten, die es zu respektieren gilt. Ich fühlte mich wie eine Mutter, die nun nichts mehr tun kann, weil andere übernehmen. In diesem Fall weil das Leben übernimmt. Und überraschenderweise fühlte ich mich leichter. Ich hatte das Gefühl, als fielen 19 Jahre Verantwortung von mir ab. Es war überhaupt nicht schlimm. Ein klein wenig bitter vielleicht, aber ein großes Gefühl von Freiheit war in seiner wohligen Süße viel stärker. Ich hatte beste Laune. Gleichzeitig war ich unglaublich müde. Zwei Tage lang schlief ich ständig.

Morgen ist mein Kind seit einer Woche weg. Ich weiß, dass es hilft, dass Bens Wohnung so nah dran ist, dass wir quasi im selben Ökosystem wohnen – und dennoch. Was in den letzten Tagen passiert ist, ist, nach allem, was war, unglaublich. Nie hätte ich damit gerechnet. Und auch Alva kann es kaum glauben, die sich auf schwierige und schlimme Situationen eingestellt hatte. Die damit gerechnet hatte, dass ich ziemlich am Ende wäre.

Aber nix da! Es sieht so aus, als sei es schlicht richtig gewesen, der Trauer und der Traurigkeit nach und nach Raum zu lassen, sich all diese elenden Gedanken zu machen, um jetzt eben nicht in ein Loch zu fallen, sondern den Aufbruch meines Kindes auch als den meinigen erleben zu können.

Mit dem Moment des Auszugs hat sich – kaum war die Müdigkeit weggeschlafen – eine mir seit Jahren unbekannte Energie eingestellt. Dinge gehen auf einmal. Immer habe ich Sachen vor mir hergeschoben, jeder Angang war schwer. Jetzt ist das kein Thema. Ich habe endlich blöde Termine vereinbart, die ich seit Ewigkeiten aussitze. Ärzte, Behörden. Schon am Montag haben Alva und ich Bens Zimmer sauber gemacht, und beide haben wir einen ungewöhnlichen Aufräumdrang. Ich wache vor dem Weckerklingeln auf und hüpfe voll Lust aufs Tun aus dem Bett. Zum ersten Mal seit Jahren bin ich zum Yoga gegangen. Morgens, um sieben. Auf einmal fahre ich unglaublich gern mit dem Fahrrad und empfinde es nicht mehr als lästige Anstrengung, die ich nur auf mich nehme, weil Autofahren so schlecht für die Umwelt ist. Und, vielleicht das Verrückteste von allem: Ich mag nicht mehr Einkaufen gehen. Einkaufen war in meinem Leben ganz groß. Ich liebte es, Dinge ranzuschaffen, damit es allen gut geht. Damit der Kühlschrank voll ist und keine Atomkatastrophe, kein Orkan diese Familie in den Hunger zwingt. Seit Bens Auszug habe ich einmal mit Mühe das Nötigste herangeschleppt. Obst und Taschentücher. Ich denke: »Einkaufen – Ohne mich!«

Und ich fühle mich unglaublich leicht. Ich habe sogar die kühne Vorstellung, abnehmen zu können, allein, weil mich jetzt nichts mehr hält. Das alles resultiert aus dem Gefühl: Es ist etwas weg. Etwas, das auch belastend war. Verantwortung. Ich habe sie nicht mehr. Sie ist weggeflogen wie ein

Luftballon mit einem Zettel dran. »Mach´s gut!«, steht darauf.

Ich habe, als ich am Umzugstag Bens Wohnung verließ und er mich verabschiedete, ein Foto gemacht. Mein Sohn steht in der Tür seiner neuen Wohnung, fast so groß, wie die Tür hoch ist. Ich habe das Foto mit dem Satz: »So, das Kind ist weg!« an zwei Freundinnen und an die Frau, bei der ich Au-Pair war, geschickt. Sie hat fünf Kinder und stand mir oft mit Rat zur Seite. Sie simste zurück: »Da blutet das Mutterherz!! Du wirst sehen – alles halb so schlimm!! Die kommen immer wieder!!«

Am nächsten Nachmittag höre ich auf einmal Geräusche an der Haustür. Ein Schlüssel wird gedreht. Herein kommt Ben. Mit Kuchen. »Es ist doch Muttertag!«, sagt er. Muttertag hat bei uns noch nie eine Rolle gespielt.

Dank

Ich möchte mich auf das Herzlichste bei all denjenigen bedanken, die mir für dieses Buch von sich und ihrer Situation erzählt haben. Das gilt für die Mütter ebenso wie für die Väter und auch für die Jugendlichen, die ihre Gedanken und Gefühle so offen dargelegt haben, auf dass sie in dieses Buch einfließen.

Außerdem gilt mein Dank Sylvia Heinlein, Katharina Jakob, Juliane Hain, Carita Marie Rabe und meiner Agentin Barbara Wenner, der ich dieses Mal viel Durchatmen abverlangt habe. Und natürlich Martin Breitfeld, ohne den Kiepenheuer & Witsch gerademal ein Viertel so prima wäre. Ganz großartig war der Einsatz von Silke Pfeiffer, die als Lektorin dieses Buch begleitet hat und beneidenswert schlau und geduldig ist.

Dank auch an Klaus Lemke, dessen Gnadenlosigkeit sich wie ein Schutzfilm um die alte Schachtel Angst gelegt hat.

Ein besonderer Dank gebührt meiner Freundin, die über die Jahre immer wieder die richtigen Worte fand, die Muttertränen zu trocknen.

Silke Burmester. Beruhigt Euch! Taschenbuch.
Verfügbar auch als E-Book

Silke Burmesters unterhaltsames Pamphlet gegen die Hysterie im Alltag soll helfen, das Panik-Karussell anzuhalten. Und sich zu erinnern, worum es eigentlich geht: Liebe, Nahrung, Miteinander. Wem das gelingt, der wird sich getrost wieder beruhigen können.

Silke Burmester. Das geheime Tagebuch der Carla Bruni.
Taschenbuch

Das geheime Tagebuch der Carla Bruni: Nur hier steht, was sie wirklich über ihren hyperaktiven Ehemann Nicolas Sarkozy, seine weißen Socken und sein schlechtes Englisch denkt.

»Angesichts von so viel Bosheit wird einem die Première Dame sympathisch.« *L'Express*

»Ein großer Spaß!« *Die Zeit*